ICH, DU, WIR & VIELFALT

47 magische Wege wie Einheimische und Nichteinheimische einander begegnen

SUSAN OMONDI

Impressum

Deutschsprachige Erstausgabe Januar 2023

Susan Omondi

Silcherstrasse 10, 78224 Singen

Covergestaltung und Satz: Wolkenart - Marie-Katharina Becker, www.wolkenart.com

Lektorat: Nadja Bobik - lektorat-mit-herz.com

Herstellung und Verlag: Sinaveria

1. Auflage

Taschenbuch: 978-3-910567-47-4

Hardcover: 978-3-910567-17-7

E-Book: 978-3-910567-77-1

ICH, DU, WIR & VIELFALT

47 magische Wege wie Einheimische und Nichteinheimische einander begegnen

Susan Omondi

Für Thomas, Sammy,
Amora und Obera, Mathilde und
Werner, Carmen und Martin,
Adriana und Florian

Über dieses Buch

Wir und die anderen? Oder ich und du zum wir?
Deutschland ist ein Migrationsland. Statistiken belegen, dass Deutschland dabei Top 1 innerhalb von Europa ist.

Davon profitieren alle Involvierten. Es ist dennoch ein spannendes Phänomen zu beobachten: die Bereitschaft, Entwicklungshilfe oder Spenden zu leisten und zugleich die Zurückhaltung, wenn es um eine Wohnungs- oder Jobvergabe geht.

Ich bin überzeugt, dass Großartiges nur entsteht, wenn wir jedem in seiner Einzigartigkeit mehr zutrauen und bereit sind, unsere Perspektive zu wechseln. Eine Führungsaufgabe also. Doch wie kann uns das gelingen, mit all diesen alltäglichen Herausforderungen und den „Nichteinheimischen"? Wie schaffen wir es, uns aufeinander einzulassen? Wer macht den ersten Schritt? Wie gelingt uns eine wahrhaftige Begegnung mit den Einheimischen und den Nichteinheimischen? Reicht es, wenn wir auf Gesetze und politische Korrektheit setzen? Genügen uns die Quoten?

Lass dich nicht vom ersten Eindruck täuschen. Genau solche Menschen wie du und ich machen diese magische Begegnung aus. Ich bin überzeugt davon, dass eine positive Haltung zur Vielfalt sowie der konstruktive Umgang mit den damit verbundenen Herausforderungen mit sich selbst und zu Hause beginnt und nicht erst, wenn wir in den Unternehmen feststellen, dass Menschen aufgrund ihres Geschlechtes oder Andersseins systematisch schlechter behandelt werden. Jeder von uns kann den ersten Schritt machen. Dabei spielen die persönlichen Erlebnisse eine magische Rolle.

Es ist an der Zeit, dass wir Vielfalt positiver und wirkungsvoller angehen. Es ist an der Zeit, jede Chance zu nutzen, um das Land der Vielfalt selbst zu gestalten – von WIR und DIE ANDEREN zu Ich und Du und damit zu WIR. Auf diesem Weg begleitet dich dieses Buch. Mit wahren Storys und ausgewählten Anekdoten aus dem Alltag untermauert fasst dieses Buch für dich 47 einfache und magische Wege zur Integration zusammen – bewusst für Einheimische und Nichteinheimische.

Jeder Mensch ist vielfältig. Du bist vielfältig in deiner Persönlichkeit und deinen Talenten. Wenn du dich immer besser kennenlernst und das, was dich einschränkt, identifizierst und

eliminierst, ebnest du einen wunderbaren Weg für magische Begegnungen. Dieses Buch zeigt dir, wie du diese Magie und die Vielfalt in dir entfesselst.
Wahre Vielfalt zu erleben, fängt mit Kleinigkeiten und zufälligen Begegnungen im Alltag an – mit überraschend großer Wirkung – ob daheim, bei der Arbeit oder unterwegs. Es ist mir ein Anliegen, dich mit ausgewählten Anekdoten dabei zu begleiten.

Warum also solltest du dieses Buch lesen?
Weil du neugierig bist. Neugier ist der magische erste Schritt zu gemeinsamen Erfolgen. Ein kurzweiliges Buch mit vielen überraschenden Erkenntnissen erwartet dich. Unterhaltsam, humorvoll und zugleich mit klaren Botschaften, die dich weiterbringen.

Was du mitnimmst:

- Du lernst, magische Momente im Alltag zu entdecken und zu nutzen.
- Nichts ist, wie es scheint. Du kannst auch den ersten Schritt machen, indem du dich selbst hinterfragst und empathisch auf Menschen zugehst. Oft ist das einfacher, als du denkst.
- Uns verbindet mehr, als wir zunächst wahrnehmen. Dialoge und Fragen eröffnen neue Wege.

Es braucht beide, Einheimische und Nichteinheimische, um unsere Gesellschaft und unser Umfeld so zu gestalten, wie wir es uns für unsere Kinder wünschen.

Es beginnt mit mir und mit dir selbst, dann finden WIR gemeinsam einen besseren Weg für eine gelebte VIELFALT in der Gesellschaft. Ich möchte nicht von dir und von anderen etwas erwarten, das ich selbst nicht bereit bin zu tun. Wenn ich die Vielfalt und die Magie in mir nicht anerkenne, kann ich nicht in anderen das Gleiche anerkennen. Zudem bin ich nicht in der Lage, selbst Wertschätzung zu empfangen und magische Begegnungen zuzulassen.

Nur durch bewusste Vielfalt und Integration sind wir gemeinsam erfolgreich. Daher lautet der Titel ganz bewusst: **ICH, DU, WIR & VIELFALT** – ob du bereits hier deine Heimat gefunden hast oder nicht. Vielfalt erleben bleibt ein Prozess.

Herzlichen Dank, dass du dich darauf einlässt.
Willkommen in Deutschland: eine Liebe auf den zweiten Blick.

Inhalt

7

Unterwegs

8

So klappt es auch mit den (Nicht)Einheimischen

Vorwort

von Obera Bergmann

Mindestens 48 Monate lang hatte meine Mutter jeden Sonntag einen kurzen Beitrag über Vielfalt gepostet. Ich erinnere mich daran, dass sie durch einfache Sätze und Begegnungen inspiriert wurde, besagte Beiträge zu schreiben.

Eines Tages kam sie schließlich mit der Idee zu mir, dass sie ein Buch schreiben wolle. Ein Buch, dass dir helfen soll, die Magie und Vielfalt in dir zu entfesseln. Und so schrieb sie jeden Morgen ein Kapitel, basierend auf einem ihrer Beiträge, zusammengefasst auf 5 Seiten. Dass in diese kurzen Kapitel so viel Inhalt und Humor hineinpasst, hätte ich nicht gedacht.

Ihr Motiv war, Menschen zu inspirieren, sich in einem fremden Land besser einzugewöhnen und andere Menschen und Kulturen besser zu verstehen. „Für Einheimische und Nichteinheimische" war ihr Sprichwort (welches sie immer in ihre Sätze einbaute, sobald sie über ihr Buch sprach).

Auch ich bin zuversichtlich, dass dieses Buch dich begleiten wird, sodass sich neue Wege für dich eröffnen. „Für Einheimische und Nichteinheimische".

Obera Bergmann, 2023

01

Teil 1:

Willkommen in Deutschland.

Willkommen in einem Deutschland voller Ausländer

Wenn du dir täglich vor Augen führst, dass jeder Mensch, ob einheimisch oder nicht einheimisch, die gleichen Bio-Bedürfnisse hat, wirst du keine Hemmungen in Bezug auf Begegnungen haben. Solltest du – von deinem Umfeld geprägt – denken, dass andere dir über- oder unterlegen sind, dann stelle dir vor, ihr wärt zusammen in einem
vergessenen Wald, noch dazu ohne Kleidung.
In diesem Szenario wärt ihr total aufeinander angewiesen,
nicht wahr?

#1

Täusche es vor, bis du es schaffst

„Was ziehe ich an?“

Ist es nicht herrlich, dass wir uns diese Frage immer stellen, egal ob wir viel Geld haben oder nicht?

In meinen Vorträgen erzähle ich immer eine Story über das Projekt meines Lebens, von dem mich eine wichtige Frage beinahe abgehalten hat: „Was ziehe ich an?“

Da ich selbst nichts Ansprechendes hatte, durfte ich meine Nachbarn um Hilfe bitten und sie haben mir das Projekt gerettet. An dieser Stelle frage ich mich immer, wie es heute wäre, meine Nachbarschaft hier in Deutschland nach einem Kleid zu fragen. Die Vorstellung, sie aus dem Konzept zu bringen, finde ich amüsant. Ebenso die Vorstellung, wie es umgekehrt wäre.

Zurück zum Thema.

Vor Jahren, als ich noch an vielen Laufveranstaltungen teilnahm, wurden wir vor der Veranstaltung zum gemeinsamen Aufwärmen und zum Feiern jedes Mal als Gäste beim Onkel meines Mannes empfangen, – einem hervorragenden Läufer. Der Gastgeber, sehr humorvoll, fragte uns am Tag vorher: „Gell, und die wichtigste Frage ist: Was ziehen wir an?“ Weil er recht damit hatte, lachten wir herzhaft darüber. Ich für meinen Teil nahm viele Kleidungsstücke mit und entschied mich erst in letzter Minute. Du ahnst gar nicht, was die schwierigste Entscheidung bei mir sein kann. Nicht etwa Geld auszugeben oder ein Projekt zu stoppen, sondern die Frage, was ich anziehe. Oberflächlich? Keineswegs für mich: Die richtige Kleidung entscheidet über meine Performance und in der Dunkelheit sogar über meine Sicherheit.

Was hat das mit Vielfalt zu tun? Zu erkennen, dass wir alle die gleichen Grundbedürfnisse haben, die gleichen Fragen, wenn auch in unterschiedlichem Kontext, nimmt uns den Druck, wenn wir mit anderen in Kontakt treten. Denn wenn du dir täglich vor Augen führst, dass jeder Mensch, ob einheimisch oder nicht einheimisch, die gleichen Bio-Bedürfnisse hat, dann wirst du keine Hemmungen vor Begegnungen haben. Solltest du – von deinem Umfeld geprägt – denken, dass andere dir über- oder unterlegen sind, dann stelle dir vor, ihr wärt zusammen in einem vergessenen Wald, noch dazu splitterfasernackt. In diesem Szenario wärt ihr total aufeinander angewiesen, nicht wahr?

Ich erinnere mich noch genau, wie einige Menschen zu mir sagten: „Susan, du machst hier Entwicklungshilfe." Unter anderem wurde mein Umgang mit Farben als Grund genannt. Ich gehe stark davon aus, dass hier die Farben meiner Klamotten gemeint waren, und nicht meine Hautfarbe. Mein Umfeld weiß mittlerweile, dass ich Entwicklungshilfe ablehne. Mehr dazu in Kapitel 4. Doch solche Sätze zeigen mir, dass es auch hier nötig ist, Menschen bei ihrer Weiterentwicklung zu begleiten. Wir sprechen ja auch von Personalentwicklung. Das ist positiv belegt.

Jeder Mensch hat Herausforderungen. Die ersten Begegnungen in einem fremden Land oder mit Fremden zeigen dir, dass Menschen in dieser Hinsicht Berührungsängste haben. Du bringst als Nichteinheimischer mindestens eine Stärke aus deinem Land mit. Diese gilt es zu nutzen und Menschen damit zu erreichen. Manchmal kommst du selbst darauf, welche das ist. Manchmal wird es dir durch die Rückmeldungen von außen klar, die dir zeigen, wofür die Menschen dich bewundern. Nutze diese Fähigkeiten genau dort, wo andere nicht so stark sind, auch wenn das nur bedeutet, kontaktfreudig zu sein. Viele

Menschen, die es nicht sind, werden sich darüber freuen, zunächst heimlich und irgendwann offen dir gegenüber.
Bestimmt hast du bereits von diesem Satz gehört: „Täusche es vor, bis du es schaffst." In diesem Buch geht es nicht darum, äußere Werte und Erfolge vorzutäuschen. Hier geht es um innere Werte und darum, was dich ausmacht, kombiniert mit deinen Stärken, die nirgendwo in deinem Lebenslauf zu finden sind.

Wie möchtest du anderen begegnen? Wie möchtest du behandelt werden? Wie möchtest du andere behandeln? Möchtest du ein Opfer sein oder in die Eigenverantwortung gehen? Ich ermutige dich, deine Werte im Umgang mit Anderssein und im Umgang mit dir selbst zu definieren.

Ich habe vor Jahren entschieden, mich selbst und andere (trotz Ablehnungen und unschöner Erfahrungen) nicht zu limitieren. Diese bewusste Entscheidung hilft mir darauf hinzuarbeiten. Es funktioniert. Immer besser. Reflektiere genau: Vielleicht lehnst du jemanden aufgrund seines Andersseins ab, bevorzugst andere, weil sie dir ähneln, entwickelst Produkte, die andere ausgrenzen, fühlst dich als Opfer, sodass deine Handlungen nur noch zu selbsterfüllenden Prophezeiungen werden oder neigst aufgrund einer negativen Erfahrung zum Verallgemeinern. Das sind alles Anzeichen dafür, dass du dich selbst oder andere limitierst.

Die Idee ist nicht, dass du hundertprozentig vorurteilsfrei wirst, denn Vorurteile sind teilweise nützlich. Du kannst jedoch toxische Vorurteile vermeiden. Eine bewusste Entscheidung zu treffen und jede deiner Handlungen und Entscheidung mit deinen Werten abzugleichen, gibt dir eine Richtung für magische Begegnungen. In meinen Vorträgen betone ich, dass Vielfalt und die damit verbundenen Herausforderungen nicht erst anfangen, wenn wir Frauen merken, dass unsere Gehälter geringer sind als die unserer männlichen Kollegen oder wenn wir als Nichteinheimische hier ankommen. Vielfalt und die damit verbundenen Herausforderungen fangen zu Hause an. Wenn du in Deutschland nicht einheimisch bist: Sei ehrlich zu dir selbst. Dort, woher du kommst, womit hattest du da bereits zu kämpfen und was hat dir Mut verliehen?

Hier ist meine kurze Story:

Ich habe meine Geburt knapp überlebt, weil ich das sechste Mädchen meiner Mutter war. Das sechste Mädchen in Folge. Dort, wo ich aufgewachsen bin, wurde meine Mutter „die Mutter von Mädchen" genannt. Zu Beginn dachte ich, das wäre ein Kompliment. War es aber nicht.
Mehrere Tage hintereinander zu verbringen, ohne etwas zu essen, war auch keine Seltenheit. Nicht allen in meiner Nachbarschaft erging es so. Wir haben vorgetäuscht, dass es uns gut ging, damit wir nicht bemitleidet wurden. Wir pflegten uns so, dass keiner merkte, was wir tatsächlich durchmachten. Zueinander sagten wir: „Arbeite hart, damit deine Kinder nicht bei den Nachbarn fernsehen."

Das, was für dich gerade wie ein negativer Glaubenssatz klingen mag, hat uns Mut verliehen und wir durften träumen. Und ja, ich zumindest kann die Theorie bestätigen: Ohne Fernsehen gibt es viele Kinder. Wir ignorierten den Hunger und liefen zur Schule. Niemand bemerkte, dass wir nichts zu essen hatten. Zum Glück stellten andere Kinder uns nicht solche unverschämten Fragen wie: „Was gab es zu essen?"

Anmutig. Präsent. Hoffnungsvoll. Ich weiß, wie wichtig es ist, dir bewusst darüber zu sein, was du dir selbst erzählst.

Du siehst viele Hindernisse nehmen bereits in deinem Elternhaus und in deinem Heimatland ihren Anfang. Also sei offen und mache das Beste aus deiner Situation. Natürlich darfst und sollst du nach negativen Erlebnissen traurig sein, sie annehmen, aber bleib bitte nicht zu lange dort. Du hast es in der Hand.

Trau dich, einem Nichteinheimischen einen Job zu geben oder ihm deine Wohnung zu überlassen. Ich meine damit nicht die Art von Jobs, die mittlerweile nur noch von Nichteinheimischen erledigt werden, weil sich unsere Gesellschaft in Deutschland viel zu gut dafür ist. Ich meine genau den Job, der für den Einheimischen reserviert ist. Du darfst risiko- und wertebasiert handeln. Was nicht so mutige Kollegen sagen, ist irrelevant.

„Susan, deine Botschaft ist relevanter denn je", schrieb mir ein Kollege, der ebenfalls in Kenia geboren ist, nach einem meiner Vorträge. „Diese Dinge passieren immer noch. Und viele von uns wissen nicht, wie sie damit umgehen sollen", ergänzte er.

Es ist daher essenziell, darüber zu sprechen. Je mehr du darüber sprichst, – wem gegenüber darfst du wählen – desto schneller lernst du und ziehst wertvolle Erkenntnisse daraus, die dich weiterbringen. Denke daran: Du kannst andere Menschen oder Situationen nicht ändern. Du kannst aber deine Sicht auf die Dinge und deinen Umgang damit ändern. Du kannst es vortäuschen, bis du es schaffst. Dabei musst du:

- nicht härter arbeiten als die Einheimischen hier in Deutschland, Schweiz oder Österreich, um deine Fähigkeit zu beweisen.
- als Einheimischer keinen Regeln folgen – ob schriftlichen oder mündlichen –, wenn sie dir sinnlos erscheinen. Hinterfrage sie.

Mach es anders, es wird funktionieren. Wenn du andere akzeptieren und kein Opfer sein möchtest, dann handle wie jemand, der das bereits erreicht hat. Wage eine Ich und DU Begegnung aktiv, schaffe das WIR-Gefühl. Du kommst diesem Wert immer näher. Deine Ausstrahlung spiegelt deine Entscheidung wider. Deine Entscheidungen anhand deiner Werte zu messen, hilft dir, besser zu werden und dich selbst und andere zu akzeptieren.

Also merke dir **Weg Nummer 1: täusche es vor, bis du es schaffst.** Stelle dir vor, ihr wärt gemeinsam in einem vergessenen Wald, und zwar splitterfasernackt. Es tut nicht weh, versprochen. Es wirkt magisch und baut unnötige Mauern ab.

Lebe so, als ob es keine Mauer zwischen uns gäbe. Irgendwann wirst du recht behalten.

#2

Die Anderen und wir

„Dieser Workshop ist nur für die Bürger.“

Es ist nicht lange her, da wurden in meiner Stadt Bürgerworkshops mit tollen Themen organisiert. Wir konnten uns aktiv beteiligten und so die Stadt mitgestalten.

An einem tollen Samstag ging ich fröhlich hin. Ich war dabei, meinen Ausweis zu zeigen, da wurde ich mit den Worten begrüßt: „Dieser Workshop ist nur für die Bürger.“

Ich fragte nur: „Warum stehe ich dann auf der Liste?“

Ich war sehr überrascht und natürlich ein wenig gekränkt, – nein, sehr gekränkt.

Meine Hautfarbe vergesse ich oft. Bis jemand wie an diesem Tag meint er oder sie müsste mich vor mir selbst beschützen. Woran erkannte diese Person, ohne mich zu befragen oder mir zu erlauben, meinen Ausweis vorher zu zeigen, dass ich keine Bürgerin bin?

Eine Freundin hörte mir mitfühlend zu. Ich erzählte ihr auch, wie der Workshop war und wie überrascht einige, die mitmachten bei der Präsentation der Ergebnisse waren: „Wow, wo haben Sie gelernt zu präsentieren?"

Ja, solche Aussagen werden uns immer begegnen. Akzeptiert. Wie also weiter? Ich zeige mich weiterhin, gehe mit meiner Botschaft nach außen, nehme meine Verantwortung und meine Rechte wahr und gehe wählen. Was ich mich aber wirklich fragte, nachdem ich diesen Fall verarbeitet hatte: Warum war der Workshop nur für die Bürger? Für wen wird denn die Stadt gestaltet? Ich nehme an, für alle Einwohner – ob einheimisch oder nicht einheimisch. Zahlen nicht wir alle Steuern?

Ich finde, in diesem Punkt dürfen wir vom Finanzamt lernen. Für das Finanzamt ist die Hautfarbe egal. Nie vergessen sie mich; sie kommen sogar freiwillig auf mich zu, damit ich mich nicht vergessen fühle.

Wie sollen also Bürger aussehen? Brauchen wir in Zukunft Stempel – solche, die selbstverständlich auch auf einer dunklen Hautfarbe sichtbar sein müssen, versteht sich? Warum muss es die „anderen" und „wir" geben? Oder „wir" und die „anderen"? Meist sind mit „wir" die „Besseren" gemeint.

In einem anderen Zusammenhang erinnere ich mich noch daran, als ein Kollege Inliner fuhr. Er hatte große Freude daran, im Sommer die Strecke von Radolfzell nach Konstanz zu fahren, genau wie all die anderen Radfahrer, Inlinefahrer und Fußgänger. Es ist ein toller Weg am See entlang.

Einmal rief ihm ein Unbekannter zu: „Das ist unsere Straße! Die zahlen wir mit unseren Steuergeldern!"

Das Erste, was wir – eine Gruppe von Kenianern – uns fragten, war: Wo sind denn unsere Straßen? Denn Steuern zahlen wir auch. **Zweitens:** Woher kommt diese Verbitterung?

Aufklärungen würden hier helfen, aber seien wir mal ehrlich: Wenn wir Nichteinheimische nicht betroffen wären, würden wir auch denken, solche Dinge passieren nicht. Daher meine Ermutigung: Hilf mit, indem du Fragen an Einheimische und Nichteinheimische stellst; indem ihr euch einfach unterhaltet.

Egal wie unterschiedlich die Herkünfte sind, am Ende möchte jeder von uns einwandfreie Straßen, saubere Städte und gute Schulen für unsere Kinder. Warum also dieser Krieg, der uns im Inneren fertigmacht?

Noch eine Anekdote gefällig?

„Hier spricht man deutsch", sagte mir ein Unbekannter forsch, als ich mit meinen Zwillingen in der Stadt unterwegs war und wir Luo miteinander redeten, meine Muttersprache.

Ich schwieg, weil ich wieder mal sehr überrascht darüber war, wie sich jemand für so wichtig halten konnte. Er hatte recht. Hier spricht man deutsch. Was er jedoch vergaß, ist, dass manche Menschen mehrere Sprachen können und stolz darauf sind. Wer sagt, dass wir andere Sprachen vergessen müssen, um gut Deutsch zu können? Wie lange möchten wir parallel laufen: wir und ihr? Es gibt doch genug Platz in Deutschland für Tausende Sprachen. Es gibt genug Platz für Vielfalt. Du brauchst keine Angst haben, etwas zu verlieren, nur weil du Raum für Vielfalt lässt.

In anderen Begegnungen (nur, um zu zeigen, wie unterschiedlich Menschen auf so etwas reagieren), sind fremde Menschen begeistert, wenn sie erfahren, dass ich diese Sprache weitergebe. Mittlerweile antworten meine Kinder nur noch auf Deutsch, aber das macht nichts. Ein Stück Luo begleitet uns immer, und das ist wunderbar.

Übrigens: Mit Luo dranzubleiben, dazu hat mich der Ehemann meiner Schwägerin ermutigt, als ich ein paar Monate nach der Geburt meiner Kinder dahingehend unsicher war. Er und meine Schwägerin sind Einheimische, die Vielfalt schätzen, ohne Angst zu haben, etwas dabei zu verlieren.

Daher ermutige ich dich als nichteinheimische Person: Du musst nicht deine Wurzeln vergessen, um hier akzeptiert zu werden. Akzeptiere dich zuerst. Sei mutig, sonst wirst du unglücklich. Wenn du dich wahrhaftig und mit deiner Einzigartigkeit akzeptierst, erzeugst du ein WIR-Gefühl, denn dieses strahlst du aus. Deine Energie steckt an. Menschen werden sich mit dir verbunden fühlen.

Hier sind drei Möglichkeiten, die dir ab heute helfen können (mehr dazu in Kapitel 10):

1) Akzeptiere die Unterschiede und dein Anderssein.

Daran kannst du nichts ändern. Auch nicht daran, dass jemand dich mal blöd anmacht, sei es vor einer Diskothek oder auf der Straße. Es ist die Angst, die sie antreibt. Nicht was die anderen denken, ist entscheidend, sondern was du über dich denkst.

Was die anderen sagen, hat mit ihren Ängsten oder ihrer Unwissenheit zu tun. Als Kinder sagten wir uns (Ein bekannter Spruch, sehr wahrscheinlich von Mark Twain): „Never argue with a fool. People might not see the difference."

2) Finde deinen Weg und nimm dir Zeit.

Was für mich immer funktioniert, ist mich daran zu erinnern, mir Zeit zwischen Reiz und Reaktion zu nehmen, um meine Reaktion bewusst zu wählen. Ich wünsche mir sehr, dass ich schlagfertiger wäre. Coole Sprüche fallen mir aber oft erst viel später ein. Deshalb spreche ich mit meinem Mann oder meiner Familie darüber. Das hilft mir, andere Perspektiven einzuholen und stärkt mich.

3) Teile deine Geschichte, lache ab und zu darüber.

Erzähle sie nicht nur im eigenen Familienkreis. Teile deine Story mit Betroffenen, damit auch sie wissen, dass sie nicht allein sind und damit wir gemeinsam für Aufklärung sorgen.

Wenn du Speaker bist, teile deine Geschichte und Botschaft auf der Bühne. Wichtig ist, dass du dich nicht als Opfer darstellst, sondern deine Learnings und Momente der Klarheit mitteilst. Am Ende gibt es nicht WIR und DIE ANDEREN, sondern nur WIR – aus einer gesunden ICH und DU-Begegnung. Nur gemeinsam schaffen wir es, Herausforderungen wie Umweltthemen, Bildung oder Integration zu meistern. Wenn wir weiter mit Kleinigkeiten kämpfen, möchte ich mir Deutschland in fünfzig Jahren nicht vorstellen.

Wenn du einheimisch bist: Vielleicht hilft es auch, wenn du verinnerlichst, dass Bürger mittlerweile so schwarz wie ich sein können. Und wenn du unsicher bist, frage direkt, statt nur etwas anzunehmen. Schaue dir auch Nachrichten und Medienberichte kritisch an. Unterstütze auf keinen Fall die Verwendung von traurigen Kinderbildern, meist aus Afrika oder Asien für Spendenaktionen, denn diese schaffen Distanz. Diese Bilder verhindern Begegnungen auf Augenhöhe. Würdest du etwa wollen, dass wir das Bild deines Kindes für Spendenaktionen verwenden?

Mit unserer „Europa-hilft-Afrika-Einstellung" oder mit blinden Spenden rauben wir Menschen Mut und züchten systematische Trennungen statt ein WIR-Gefühl. Welches große Ziel verfolgst du, wenn du immer noch davon sprichst, den anderen in Afrika als Beispiel zu helfen? Mehr dazu in den Kapiteln 3, 4 und 30. Was du tun kannst, statt Geld zu spenden: Gib Menschen, die hierherkommen, eine Chance in deinem Unternehmen. Und bitte nicht, weil sie „billiger" sind. Diese Menschen sind ebenfalls Experten auf ihren Gebieten, wenn du sie zulässt. Sie sind keine „Bedürftigen".

Dein Weg Nummer 2 lautet: Schaffe die Trennung zwischen „wir" und „die anderen" ab. Pflege aktive Kontakte mit den „anderen" um ein neues WIR zu schaffen. Lass Nichteinheimische Teil der „Bürgerworkshops" sein. Springe nicht auf mediale Spaltung an. Die Nichteinheimischen sind ebenfalls Bürger und Einwohner. Wir sind alle Bürger und Einwohner, deren Kinder zusammen in die Schule gehen. Das kannst du heute verinnerlichen, um den Teufelskreis der irreführenden Wahrnehmungen zu durchbrechen. Du möchtest weitere Ursachen verstehen? Dann lies gerne Kapitel 3.

Es gibt keinen anderen Namen, der so missbraucht wird wie der des Teufels.
So einfach machen wir es uns: Für alle schlechten Dinge haben wir einen Schuldigen, und damit sind wir fein raus.
Er, der Teufel, bleibt mächtig.
Ein Teufelskreis.

#3

Der Teufelskreis die Ursachen

„Das sieht ja ganz normal aus“, sagte mir ein Kollege vor Jahren. Ich war in diesem Sommer in Kenia gewesen und kam natürlich mit Fotos zurück. Mein Kollege war neugierig. Neugierige Menschen sind super für Begegnungen. Das hast du mittlerweile bestimmt auch festgestellt.

Unter den Fotos war eines aus dem Haus meiner Freundin in Nairobi, die wir während unseres Aufenthaltes besucht hatten. Das Foto zeigte die Inneneinrichtung. Was ich zu zeigen beabsichtigte, war natürlich meine Freundin und das Zusammentreffen in ihrem Haus. Meinem Kollegen entging jedoch die westliche Einrichtung, und damit für ihn eine „vertraute“ Einrichtung nicht.

Ein liebevoll ausgebreiteter Teppich auf dem Boden, wunderschöne Lampen, ausgefallene Vorhänge, Möbel wie bei der Queen – okay, vielleicht ein bisschen übertrieben –, ein Couch- und Esstisch aus glänzendem Holz, ein Fernseher (oh ja, eine durchaus westliche Erfindung) und dann noch meine Freundin, die gar nicht in einen Massai-Umhang gehüllt ist. Optisch ist sie heller als ich, – vielleicht auch im Kopf, das haben wir nie ernsthaft gemessen.

Und seine Schlussfolgerung war: „Das sieht ja ganz normal aus." Definieren wir doch erst mal normal.

Ich verstand ihn, ging aber nicht darauf ein. Jahre später, als ich mich damit auseinandersetzte, warum es so schwer ist, eine Begegnung auf Augenhöhe zu schaffen, fiel mir wieder sein Kommentar ein.

Normal heißt gewohnt. Normal heißt: Wir haben mehr mit Ländern wie Kenia gemeinsam, als wir dachten. Es könnte auch bedeuten: So primitiv, wie die Medien die Afrikaner darstellen, sind sie gar nicht.

Mein Kollege war sicher nicht der Einzige mit solchen Auffassungen. Meine nichteinheimischen Kollegen und ich durften noch viele weitere Kommentare hören – ohne böse Absichten:

1. Gibt es dort Fernsehen (Fakt ist, ich selbst bin ohne aufgewachsen aber es gab/gibt Fernsehen)?
2. Schlaft ihr auf dem Baum mit den Affen?
3. Begegnet ihr wilden Tieren auf der Straße?
4. Habt ihr Löwen als Haustiere?

Du musst wissen, dass ich von Beruf unter anderem Qualitätsmanagerin bin. Daher lag es nahe, dass ich Schritt für Schritt nach den Grundursachen suchte und keine Symptome mehr bekämpfen wollte. Dabei kam ich auf diesen Teufelskreis.

Zum einen: Die Kategorisierung von Ländern und damit Menschen in erste und dritte Welt oder Entwicklungsländer und Industrieländer schafft eine toxische Abhängigkeit und eine Über-/Unterlegenheit, die eine Begegnung auf Augenhöhe erschwert. Zurück in Afrika beispielsweise erwecken wir den Eindruck, als ob es hier in Europa Geld regnen würde und wir das Leben von anderen – dank Reichtum – bestimmen dürfen. Selbst in den ersten Jahren nach der Ankunft von Nichteinheimischen bzw. Arbeitenden aus dem Ausland ist das noch in ihren Köpfen, bis die Realität Menschen eines Besseren belehrt: Die meisten Menschen hier stehen früh auf, um für sich und ihre Familien zu sorgen. Sie tun etwas für ihr Geld. Du wirst bereits festgestellt haben, dass ein armer Einheimischer jemand ist, der nicht in den Urlaub fährt.

Das heißt, die Mittelschicht fährt in den Urlaub. Mit unserem Verhalten im Urlaubsland bestätigen wir diese Denkweise – bewusst oder unbewusst. Da du in deinem Heimatland viel gespart hast, um dir etwas zu gönnen, wirst du dir das Beste leisten und das größte Trinkgeld geben, – was wiederum andere neidisch macht. „Wenn ich nach Deutschland fliegen könnte, würde ich reich zurückkommen", denken die Menschen im Urlaubsland dann. Auch Nichteinheimische bzw. Arbeitende in Deutschland, die in den Ferien zu ihren Familien zurückkehren, geben unbewusst an. Urlauber haben viel gespart, um sich etwas zu gönnen. Das Blöde ist, dass du das Bild nicht mehr aus den Köpfen bekommst. Hier in Europa regnet es Geld. Punkt. Deine Erklärungsversuche werden scheitern. Es geht um das, was du tust und unbewusst zeigst – nämlich: „Ich bin dir überlegen" und nicht darum, was du erklärst.

Wir haben uns mit diesen ersten Kategorien an Ursachen einen perfekten Nährboden für Ablehnung geschaffen, wenn es um Miete oder Jobs geht. Und kaum passiert die Ablehnung, bilden wir Gruppen und versinken in Selbstmitleid: Wenn diese Deutschen uns doch nicht ablehnen würden; sie mögen uns nicht. Dabei sind wir jetzt in der Phase der Verallgemeinerung, versteht sich. Da in unserer Vorstellung jeder Einheimische jeden Nichteinheimischen ablehnt, sind wir frustriert. Unbewusst beginnt ein Spiel aus Schuldzuweisungen und automatischen Distanzierungen von beiden Seiten.

Auch die Nichteinheimischen diskriminieren – und meist schaden wir uns selbst mit diesen Gedanken und dieser Haltung. Hinzu kommt, dass die Gesetze es offenen Menschen, die Nichteinheimischen eine Chance geben wollen, schwer machen, dies zu tun. Zum Beispiel bei der Frage: Wer darf wie lange arbeiten?

Zudem: Wenn energiegeladene Nichteinheimische im Land willkommen sind, ihnen aber dennoch sinnvolle Jobs verweigert werden, wo wirst du sie dann finden? An den Bahnhöfen natürlich. Dort, wo sie rumhängen und als Plage gesehen werden. Zugegeben, es gab eine Zeit, wo ich ebenfalls dachte, diese

Menschen sollten doch etwas Nützliches tun. Bis ich verstanden habe, dass nicht alle Menschen die Möglichkeiten hatten zu studieren und gleichzeitig einige Tage im Jahr zu arbeiten. Die Nichteinheimischen, die mit dem Glaubenssatz aufgewachsen sind, stets hart arbeiten zu müssen, arbeiten noch härter, um gesehen zu werden. Aber wer sagt, dass wir Frauen oder Nichteinheimischen noch härter arbeiten müssen?

Um meine These zu prüfen, fragte ich eine Gruppe von Führungspersonen im Rahmen meines Vortrags, ob sie jemanden, den sie als aus der Dritten Welt kommend, womöglich Hilfe empfangend und nur „schwarz" arbeitend abspeichern (okay, manche von uns werden immer schwarz arbeiten, die Farbe geht einfach nicht ab, glaub mir), wirklich so behandeln würden, wie sie vielleicht möchten. Ob es eine wahrhaftige Begegnung sein könnte. Die Antwort war eindeutig NEIN. Das ganze Spiel wird zu einer selbsterfüllten Prophezeiung, ein Teufelskreis, der schwierig zu durchbrechen ist.

Wie ist es möglich, dass wir mehr als bereit sind, Entwicklungshilfe zu leisten und uns zugleich zurückhalten, wenn es um eine Wohnungs- oder Jobvergabe geht? Ist es nicht eine Führungsaufgabe, jeden in seiner Einzigartigkeit zu schätzen? Doch wie kann es uns gelingen, mit all diesen Herausforderungen im Alltag mit „den anderen", wenn die Voraussetzungen so schwierig sind?

Du wirst mir sicher zustimmen, dass der Erfinder des Wortes „Teufelskreis" ein Genie ist – oder wir machen ihn zu einem. Wie durchbrechen wir nun diesen Teufelskreis? Wer macht nun den ersten Schritt?

Ich und du natürlich. Es braucht nicht viel, um den Teufelskreis zu durchbrechen. Wir brauchen auch nicht auf die mächtigen Organisationen zu warten. Sei einfach ehrlich zu dir selbst und setze dich mit allem auseinander, was deine Sichtweise einengt. Du musst es nicht selbst verursacht haben. Bist du bereit, über diese „definierte" Grenze hinauszugehen?

Zu verstehen, woher deine Angst oder die Angst deines Gegenübers kommt, hilft dir, Lösungen zu finden.

Daher merke dir **Weg Nummer 3: Finde die Ursachen deiner Ängste, deiner Ablehnung oder deiner irreführenden Gedanken. Bekämpfe keine Symptome. Durchbreche den Teufelskreis der systematischen Vorurteile.**

Sei neugierig und lasse dich geduldig auf Gespräche ein, die sich erst mit deiner Empathie für beide Seiten als wertvoll erweisen. Aber bitte leiste keine Entwicklungshilfe, bevor du die Auswirkungen von der Auswirkung deiner Hilfe hinterfragt hast. Aus meiner Sicht verlieren die vermeintlich „Bedürftigen" dadurch noch mehr, als wenn du dich nicht einmischen würdest. Warum ich das sage, erfährst du in Kapitel 4.

Ich raube dir den Raum, dich weiterzuentwickeln und deine Schätze, so wie es mir passt.
Danach werde ich dich darüber informieren, wie ich dir bei der Weiterentwicklung helfe und stehe damit als Gott da. Weil es so ist, werde ich dir nie auf Augenhöhe begegnen.
Du bist doch schließlich ein Spendenempfänger.
So ungefähr kommt es mir vor, wenn es um Entwicklungshilfe geht. Gebrandmarkt.
Für immer.

#4

Entwicklungshilfe verhindert Integration

„Susan, sie überleben ohne dich", sagte mir ein Freund und rüttelte mich damit wach.

„Dringende" Nachrichten aus Kenia haben mich zwanzig Jahre lang kontrolliert. Kennst du das vielleicht? Meistens gehen wir davon aus, dass es nur eine Ursache und eine Lösung für ein Problem gibt.
Als ich nach Deutschland kam, habe ich mich selbst vernachlässigt und neben dem Studium hart gearbeitet, damit ich für meine Familie in Kenia ebenfalls sorgen kann. Es ist die Meinung, die sich durchsetzt, welche uns weiterhin zu Sklaven macht. „Du hast Glück gehabt. Jetzt arbeite weiterhin hart und hilf deiner Familie", sagen viele zu mir und machen es zu ihrer und zu meiner Wahrheit. Denn die einzige Ursache für Probleme „daheim" war aus meiner Sicht Geld. Ich war die „Auserwählte", vergaß aber, dass ich mir das alles erarbeitet beziehungsweise die Chance genutzt hatte. Es gehörte sicherlich auch Glück dazu. Klingt harmlos, hat aber enorme Nachwirkungen...

Kinder sind mit der Denkweise aufgewachsen „Tante Susan ist ja da". Ich wollte mit allen Mitteln den Lebensstandard meiner Mutter erhöhen. Was ich vergaß, war, dass auch Nachbarn, Verwandte und Freunde das sahen und meine Mutter um Hilfe baten, mit der Begründung „Deine Tochter ist ja in Deutschland".

Das war falsch von mir. Ich habe den Eindruck erweckt, dass es hier „Geld regnet", dass sie nichts ohne mich hinkriegen. So geht es auch vielen Nichteinheimischen. So geht es dir wahrscheinlich auch, wenn du aus Afrika kommst.

Was ich daraus lerne:
- Die Erkenntnis „Ich bin keine Retterin" befreit.
- Retter sein zu wollen raubt anderen etwas Wertvolles: die Möglichkeit, selbst zu wachsen. Das gilt auch für uns in den Unternehmen.

Meine Haltung seitdem ist: Blinde Aktionen züchten toxische Abhängigkeit. Und so habe ich recherchiert und viele Stimmen gefunden, auch Stimmen aus den sogenannten Entwicklungsländern, die diesen Aktionismus kritisieren.

Hilfe zur Selbsthilfe ist nicht viel besser, denn da gehen wir in Deutschland beispielsweise davon aus, dass die anderen auf uns angewiesen sind. Es ist doch arrogant zu denken, dass die anderen nur auf unsere Hilfe warten, um zu überleben.

Wahre Hilfe macht nicht klein. Wenn das so ist, wie kann es dann sein, dass kluge Leute um die Welt reisen, um Entwicklungshilfe zu leisten? Arbeitsmigration ist das eine, der wahre Grund für die Hilfe ist ein anderer. Natürlich kannst du sagen: Wenn die Politik nicht so wäre, wenn die gemeinnützigen Organisationen nicht so wären, wenn Afrika nicht korrupt wäre…

Das alles hilft nicht, wenn du nicht bei dir selbst anfängst. Wenn du selbst spendest oder für solche Organisationen oder Programme arbeitest, frage dich bitte: Hast du den Purpose geklärt? Warum macht ihr das, was ihr macht? Und welche Botschaft sendet ihr?

Hier noch eine kleine Story:

Ich durfte für eine Organisation ein Projekt in Kenia begutachten. Der Auftrag war zu schauen, ob die bereits gespendeten Gelder vor Ort sinnvoll umgesetzt werden. Ich habe diesen Auftrag gerne durchgeführt, weil ich mehr verstehen wollte. Vielleicht waren meine Annahmen bis anhin ja falsch gewesen. So habe ich das Projekt besucht und als ich zurückkam, sachgemäß und wahrheitsgemäß berichtet, – bezogen auf den Auftrag.

Selbstverständlich habe ich nicht die Gelegenheit verpasst, beide Projektleiter vor Ort und auch meine Auftraggeberin etwas Spezifisches zu fragen. Es ließ mich einfach nicht los. Ich wollte erfahren, was meine Auftraggeberin wirklich dachte, um so ein Projekt zu unterstützen. Also fragte ich: „Du weißt doch, dass die Kenianer das auch alles alleine schaffen können?"

Die Antwort: „Ja, Susan, das weiß ich. Aber wenn ich es sie alleine machen lasse, dann habe ich keinen Job."

Die Frage ist also: Wem helfen wir wirklich mit unseren Programmen? Selbstverständlich müssen auch die Verantwortlichen in den Nationen, die Entwicklungshilfe empfangen bei sich beginnen und diese Vorgehensweise ebenfalls hinterfragen.

(Buchtipp: „It is our turn to eat" von Michela Wrong)

Dennoch: Du und ich, wir können unsere Entscheidungen und deren Auswirkungen auch jetzt hinterfragen und bessere Wege gestalten, um die Begegnungen auf Augenhöhe und gemeinsame Erfolge langfristig sicherstellen.

Nicht dass du mich falsch verstehst, du kannst überall helfen. Es spielt keine Rolle, in welchem Land. Die Frage ist aber: Welche Botschaft sendest du an die Kinder? Züchtest du Bettler oder gibst du Menschen Raum, sich weiterzuentwickeln? Wie wäre es, wenn du Businesspartner in Kenia beispielsweise aufbaust, anstatt Entwicklungshilfe im klassischen Sinne zu leisten?

Du erinnerst dich: „Susan, du machst hier Entwicklungshilfe“, sagte mir eine Dame. Als ich sie zunächst überrascht anschaute, fühlte sie sich gezwungen, diesen Satz zu erklären. Also fuhr sie fort: „Wegen deines Lächelns. Du bist einfach ein Sonnenschein für uns. Und deine Art, mit Menschen umzugehen, ist vorbildlich.“

Ein Jahr später sagte ein Dozent das Gleiche zu mir: „Frau Omondi, Sie machen hier Entwicklungshilfe wegen Ihres Umgangs mit Farben.“

Damals nahm ich das so zur Kenntnis. Mit der Zeit verstand ich es immer besser, je kritischer ich gegenüber „Entwicklungshilfe“ wurde.

Entwicklungshilfe einmal andersherum: Wir alle entwickeln uns weiter, zum Glück. Das Materielle steht jedoch, zumindest gemäß Medien und Mehrheit, so sehr im Vordergrund, dass ein spielendes Kind in Kenia ohne Kleider gleich als „arm“ definiert wird.

„Kenia ist ein schönes Land“, sagen viele sofort, „aber auch arm.“ Ich frage dann immer direkt nach: „Definiere arm.“ Mein Gegenüber lässt sich zum Glück auf das Gespräch ein und wir tauschen unsere Ansichten aus. Arm ist für mich nur derjenige, der engstirnig durch die Gegend läuft und andere aufgrund ihrer Herkunft oder ihres Andersseins „kleinmacht“.

Übrigens: Mut zur Farbe. Diese Art von Entwicklungshilfe hat noch viel Potenzial hier in Deutschland.

Eines möchte ich dir nicht vorenthalten. Es ist ein Zitat von einem Kollegen, wenn es um Nachhaltigkeitszertifikate geht. In diesem Modell (so unsere Wahrnehmung) kannst du dich jederzeit freikaufen.

Soziale Verantwortung und Nachhaltigkeit gehen Hand in Hand. So weit sind wir uns einig, oder? Daher finde ich das Zitat meines Kollegen auch in Bezug auf Entwicklungshilfe sehr krass und treffend: „Es ist, als ob ich meine Frau prügle, um ihr anschließend das Krankenhausgeld zu zahlen.“

Auch wenn wir der Meinung sind, dass wir Entwicklungshilfe oder ähnlichen Ansätzen mit Programmen, die andere klein machen, nicht morgen abschaffen, dürfen wir das in unserem Umfeld jederzeit hinterfragen.

Ich weiß noch, wie viele aus Kenia mich fragten, ob ich denn keine Kontakte hätte, die ihre Projekte unterstützen wollten (also mit Spenden, kein Geschäft). Oder ob wir hier nicht alte Laptops hätten, – ich brauche dir nicht zu sagen, was das bedeutet. Es gab eine Zeit, da habe ich das als sinnvoll erachtet, bis ich schmerzlich gemerkt habe, was es mit den Menschen macht, wenn wir so handeln. So zu handeln, beruhigt aus meiner Sicht nur die Kassen oder unser Gewissen. Als Nichteinheimische kompensierst du damit nur die Distanz zu deiner Familie.

Mache ruhig auch hier Entwicklungshilfe. Bei den vielen Menschen, die hier jammern, brauchen wir Kurse über das Übernehmen von Verantwortung. Da brauchen wir nicht nach Afrika gehen, um Entwicklungshilfe zu leisten.

Wenn du bereits in solchen internationalen Programmen bist, hinterfrage eure Mission. Warum macht ihr das, was ihr macht? Wem helft ihr wirklich? Was kannst du an diesem Konzept ändern? Binde die Nichteinheimischen oder Personen vor Ort mit ein und erschaffe gemeinsam Lösungen, welche die Vielfalt und gemeinsame Werte stärken.

Dein magischer Weg Nummer 4 ist es also zu erkennen, dass Entwicklungshilfe (oder vergleichbare Tätigkeiten) und damit verbundenes Mitleid eine Begegnung auf Augenhöhe und somit Integration verhindert.

Hinterfrage deine ähnlichen Projekte und deine Spendentätigkeiten. Treffe bewusste Entscheidung.

Wunderbare Freundschaften fangen beim gemeinsamen Essen an, auch wenn du dabei zu Beginn bei der Frage, ob dir etwas schmeckt, nicht ganz die Wahrheit sagst.

#5

Integration geht durch den Magen

„Ähm... so eine große Auswahl. Was für ein Sortiment“, wunderte sich meine Schwester, als sie uns zum ersten Mal besuchte und wir gemeinsam im Supermarkt waren. Sie war überfordert – und sie sprach mir aus der Seele. Ich war zu Beginn, zwischendurch und gelegentlich auch heute noch ebenfalls überfordert.

Zugegeben, mit der Zeit lernte ich, diese Vielfalt an Essen zu schätzen, weil ich nur so auch etwas bekam, was mir schmeckte. Wenn du neu im deutschen Supermarkt bist, wirst du die heiß begehrte bunte Vielfalt wahrnehmen – eine Einstellung gegenüber Vielfalt, die du sonst vermisst. Nicht nur Sortimente aus Ungarn und Spanien finden hier Platz, sondern auch Fisch aus Alaska und grüne Bohnen aus Kenia. Du wirst sogar Schnecken im Gefrierfach finden. Spätestens dann weißt du, wie viel Humor Einheimische haben. Wer kommt denn auf die Idee, die langsamsten Tiere der Welt zu fangen, zu züchten und zum Verkauf anzubieten? Wo bleibt der Spaß beim Schneckenjagen, so wie du Hühner in deiner Heimat jagst?

Wie schaffen sie es nur, fragst du dich, dass hier sogar Essen aus dem Ausland viel günstiger erscheint als das aus der Region? Weiterhin verstehst du nicht, wie sie es hinbekommen, dass Fleisch günstiger ist als Gemüse.

Überfordert bist du aber nicht, weil es Salami aus Ungarn und Mango aus Kenia oder viele Wurstsorten gibt, denn das überlässt du den Profis. Überfordert bist du, weil du Millionen Teesorten entdeckst. Zumindest kommt es dir so vor. In deiner Heimat hast du vielleicht nur eine Sorte gekannt. Mit der Zeit lernst du auch, Kaffee zu genießen. Du wirst feststellen, dass du dich schnell an den Geschmack gewöhnst. Zurück im Supermarkt wirst du zehn Fehlkäufe haben, bis du eine Marke deines Geschmacks triffst. Wenn du wie ich für eine Weile bei dem bleibst, was dir schmeckt, bist du für eine gewisse Zeit gerettet.

Bist du als Gast eingeladen, könnte dir die Lust auf Teetrinken vergehen. Das Gespräch wird wahrscheinlich so laufen:

„Möchtest du Tee?"

„Ja, gerne."

„Wir haben Grün-, Schwarz-, Früchtetee…"

„Früchtetee."

„Himbeere, Erdbeere, Holunderbeere…"

„Erdbeere." – Nicht, dass du Profi bist, was Teesorten angeht, du möchtest nur, dass die Fragerei aufhört.

„Mit welchem Geschmack? Vanille?"

Spätestens jetzt hörst du nicht mehr zu. Du bist überfordert, gib es zu. Aber du bist ja der Gast und darfst nicht unhöflich sein.

Du wirst feststellen, dass hier viele Menschen internationale Feste mögen. Köstliche Variationen aus verschiedensten Ländern lässt sich keiner entgehen. Interkulturelle Vielfalt scheint nur über das Essen definiert zu sein. Afrikaner und

Asiaten präsentieren ihre Gerichte und der Einheimische probiert alles aus, als ob es kein Morgen gäbe. Vielfalt geht durch den Magen.

Wenn du ein Restaurant suchst, kommst du nicht daran vorbei zu erkennen, welche Küchen hierzulande erfolgreich sind. Du wirst das Gefühl haben, dass die Einheimischen lieber türkisch oder asiatisch essen – alles, was sie nicht an ihr Zuhause erinnert. Wie ist es möglich, dass Einheimische es seit Jahren schaffen, sich den Magen mit vielfältigem Essen zu füllen, Menschen offen zu begegnen aber schwierig für sie bleibt?

Die afrikanischen Feste, die ich besuchte, waren leider sehr einseitig. Ich hatte den Eindruck, wir sind gut, um unser Essen zu präsentieren. Mehr aber nicht. Selbst schuld. Und doch weiß ich auch, dass gemeinsames Speisen durchaus wahrhaftige Bindung schafft. Rückblickend gab es immer noch eine Vertiefung, nachdem wir Gäste hatten oder selbst zu Gast waren. Wir ließen alle Fragen zu und lernten uns besser kennen. Wir akzeptierten unser „Anderssein" und alles. Außer wenn beim Kochen vom Kochlöffel probiert und dieser dann zurück in den Topf getaucht wird, du verstehst mich.

„Kannst du kenianisch kochen?"

Obwohl ich sicher war, dass es kein kenianisches Essen gibt, genauso wie es keine afrikanische Sprache gibt, antwortete ich auf diese Frage immer mit Ja. Denn wenn keiner es kennt, kannst du improvisieren und trotzdem begeistern. Wunderbare Freundschaften können mit solchen Annahmen beginnen. Annahmen, die wir mit der Zeit ausräumen. Verpass nicht die Gelegenheit, diesen Weg auch mal auszuprobieren: Lade andere Nichteinheimische oder Einheimische zu dir ein, lasse dich einladen und stell deine Fragen. Glaub mir, du machst keinen Fehler, wenn du wahrhaftig neugierig bist. Ihr werdet Jahre später daran zurückdenken und sogar hin und wieder über euch lachen dürfen.

Als Nichteinheimischer läufst du sicherlich Gefahr, dich zu fragen: Wie kann man Nudeln oder Reis kochen, mit kleinen Gemüsestückchen und Mayonnaise vermischen und das Ganze als Salat bezeichnen? Wo hat so etwas denn Platz in der Ernährungspyramide? Wie kann man Süßes als Hauptspeise essen? Wie kann man Reis mit Zucker essen? Wie kann man einen leckeren, saftigen Apfel mit Schokolade übergießen? Du dachtest, ich bin offen unterwegs? Hier hört der Spaß bei mir auf. Wenn du denkst, es geht nicht schlimmer: Wie kann es sein, dass solche Gerichte jahrelang Abnehmer haben?

Selbst die Haustiere haben eine enorme Auswahl. Kein Wunder, wenn man bedenkt, dass Deutschland in Europa nach Russland die meisten Haustiere pro Haushalt hat. Dir scheint, als ob sie ihre Haustiere mehr lieben als dich. Gewöhne dich dran, das ist eine Beziehung für sich, die ebenso Essensvielfalt erfordert. Dort, wo du herkommst, jagen Katzen Mäuse.

Du hast sehr wahrscheinlich zwar keine Haustiere, dennoch kann es vorkommen, dass du nach Kohlrabi Blättern fragst, weil du trotz dieser Angebotsvielfalt gerne ein Stück Heimat hättest. Denn sie erinnern dich, wenn du aus Ostafrika kommst, an *Sukuma Wiki.* Bei der Frage, ob du die Blätter mitnehmen kannst, da sie sonst ohnehin weggeworfen werden, wirst du aus Neugier gefragt: „Sind die für die Kaninchen?" Sag ruhig Ja und erspare dir lange Erklärungen.

Ein Schock kann für dich die Menge an angebotenen Fleischsorten in den Supermärkten sein, deren Preise im Vergleich zu jenen in deinem Ursprungsland unglaublich niedrig sind. Wo bitte schön ist denn Fleisch günstiger als Gemüse? Eine total verkehrte Welt, denkst du vielleicht. Ich weiß nicht, wie dieses Land es schafft, die Fleischpreise so gering zu halten. Zudem hast du seit deiner Ankunft auf dem Weg zu deinem Wohnort/Hotel kaum Nutztiere gesehen. Wie machen die das also? Warum lieben sie es, so viel Fleisch zu essen? Mit dem Begriff Sonntagsbraten kannst du noch nichts anfangen, bis dich jemand zu sich einlädt. Diese Freude beim Zuschneiden des Fleisches ist so ansteckend, dass du auch bald lernst, Sonntagsbraten zu lieben.

Ich weiß noch, wie wir als junge Studenten feststellten: Endlich ist Fleisch für den normalen Menschen bezahlbar. Es irritiert dich dennoch, dass Fleisch hier günstiger ist als Gemüse. Ich weiß nach konsequentem Ausprobieren nur, dass hier die Vernunft siegen wird. Also gewöhne dich nicht zu sehr an das Fleisch, denn bald wirst du eine neue Religion kennenlernen: vegane Ernährung. Aber die Sorte von vegan, dass du manchmal das Gefühl hast, du musst dich rechtfertigen, wenn du Fleisch magst. Falls es dich tröstet: Veganer haben auch damit zu kämpfen, akzeptiert zu werden.

Du siehst, es zählen nicht nur die äußerlichen Merkmale. Habe Verständnis für alle diese „Essreligionen“. Was du garantiert amüsanter finden wirst, ist die Tatsache, dass für Fleisch Werbung gemacht wird. Geht es noch schlimmer? Na klar: Du wirst sogar Einheimischen begegnen, die sich beschweren, weil der Fleischpreis gestiegen ist. In diesem Moment denkst du wieder mal: „Mensch, haben die Probleme.“ Nun ja, diese Probleme können ernst sein.

Fragst du direkt, warum sie Fleisch mögen, bekommst du meist diese Antwort: „Irgendein Laster muss man ja haben.“ Finde auch du deine Laster, denn bald wirst du danach gefragt. Meines ist mittlerweile Kaffee, so dass mein Sohn eines Morgens treffend anmerkte „Mama, wenn du stirbst, wirst du zu einem Kaffeezombie“. Seitdem trinke ich weniger Kaffee. Dennoch: beginnen nicht die die besten Begegnungen mit Kaffee?

Wichtig ist: Gerate nie zwischen einen Deutschen und seine Wurst. Da hört der Spaß auf. Noch mehr Wissenswertes: Die Einheimischen scheinen genau zu wissen, wann sie viel essen sollen, also zunehmen (z. B. an Weihnachten) und wann sie abnehmen müssen (z. B. für den Sommerurlaub). Es bleibt mir bis heute ein Rätsel, wie sie das schaffen. Es bleibt spannend.

Willkommen in Deutschland, Land der Vielfalt.
Dein Weg Nummer 5: Vergiss nie, Vielfalt geht durch den Magen. Liebe auch. Manchmal.

Du bist nicht dein Hintergrund.
Du bist das Licht.
Wenn jemand dir aufgrund deiner Vielfalt aus Versehen eine Stärke zuordnet, nutze sie.
Wenn jemand dir aufgrund deiner Herkunft oder deines Status eine Schwäche zuschreibt, schlüpfe nicht in diese Rolle.

#6

Dein Migrationshintergrund und du

Ich habe einen Migrationshintergrund.
Das hast du nicht gewusst, was?

Und ich habe mir jahrelang selbst Druck gemacht. Ich muss mich als Frau und als Mensch mit Migrationshintergrund mehr beweisen als andere. Sagt wer?

In Kapitel 4 wirst du bereits bemerkt haben, dass ich mich selbst unter Druck setzte. Weißt du, wie viel Druck wir uns selbst machen? Wir meinen zu wissen, was die Einheimischen von uns wollen und setzen uns dadurch noch mehr unter Druck.

Du wirst feststellen, auch wenn du gerade nicht darüber nachdenkst, gibt es viele Anlässe, die dich an deinen Migrationshintergrund erinnern, unabhängig davon, ob es aus deiner Sicht eine Rolle spielt oder nicht. Etwa, weil während der Pandemie entsprechende Statistiken erfasst werden. Weil du vielleicht noch keinen unbefristeten Aufenthaltstitel hast und deshalb gezwungen bist, diesen regelmäßig zu verlangen. Weil dich jemand fragt: „Woher kommst du wirklich?“ Weil du in den vielen Formularen immer angeben wirst, wo du geboren bist.

Weil auch dir jemand wie mir sagt: „Dieser Workshop ist nur für die Bürger."
– Siehe Kapitel 2.

Mach dir nichts vor, du wirst ab und zu gekränkt sein. Das ist in Ordnung und menschlich. Du möchtest hierhergehören, wirst aber immer wieder daran erinnert, dass du nicht dazugehörst. Wenn du aber ehrlich bist, wirst du feststellen, dass es meistens auch tolle Menschen gibt, die dich so akzeptieren, wie du bist. Außerdem gibt es einen Grund, warum du dein Land verlassen hast. Wenn du es freiwillig getan hast wie ich, wirst du auch wissen, dass es dort nicht unbedingt leichter für dich wäre. Im Hinblick auf eine Kategorisierung aufgrund von äußerlichen Merkmalen vielleicht, aber nicht unbedingt in anderen Aspekten. Sich dies bewusst zu machen und dankbar zu sein, sind einfache Mittel, die immer funktionieren.

Definiere dich nicht über deinen Migrationshintergrund. Pflege auch Kontakte mit Einheimischen.

Ich durfte im Sommer (als Ferienjobberin) oft mit tollen Frauen zusammenarbeiten, die mehrheitlich aus anderen europäischen Ländern kamen. Was ich mich damals gefragt habe: Wie können sie teilweise seit über dreißig Jahren hier sein und kaum gutes Deutsch sprechen?

Mit der Zeit verstand ich die historischen Entwicklungen sowie persönlichen Ziele verschiedenster Menschen immer besser. Manche möchten nur arbeiten und Geld verdienen. Da scheint gutes Deutsch zu sprechen oder sich mit Einheimischen auszutauschen unwichtig. Hinzu kommt, dass diese Personen in Gruppen hier eingereist sind. Sie haben es – in sozialer Hinsicht – nicht nötig, sich zuhause zu fühlen. Sie bringen die Heimat mit.

Wenn du dich als Hochschulabsolvent in der Arbeitswelt hier oder einfach in der Nachbarschaft mehr bewegen möchtest, dann gehört es dazu, dich „einzumischen". Die Sprache eröffnet dir coole Gespräche. Weitere Möglichkeiten sind Community- oder ehrenamtliche Tätigkeiten, sofern du dir das leisten kannst.

Du hast das Gefühl, alle werden in einen Topf geworfen und das stinkt dir ganz gewaltig? Integration funktioniert nicht einseitig. Merke dir eins: Hast du auch einen Migrationshintergrund? Ich meine damit nicht deinen virtuellen Hintergrund. Setzt du dich deshalb selbst unter Druck? Dann befreie dich zuerst davon. Ich habe das Wort „Migrationshintergrund“ nicht erfunden. Du wirst es aber häufig hören. Es ist nur ein Wort. Entweder gibst du ihm eine Bedeutung oder du tust es nicht.

Zwei Dinge gebe ich dir an dieser Stelle gerne mit. **Erstens:** Du musst nicht aufräumen, was andere Menschen mit Migrationshintergrund anscheinend kaputtgemacht haben und allen beweisen, dass es auch gute Nichteinheimische gibt. So etwas geht auch unbewusst. Sei sichtbar und mache es besser, als es erwartet wird. Gehe konsequent wählen, sofern du bereits dazu berechtigt bist. Zeige dich in deiner Stadt oder in deinem Dorf, auch wenn die Bewohner zuerst nur „schwarz sehen“. Falls du dich entscheidest, nach der Ausbildung hierzubleiben und/oder hier Kinder zu bekommen, wirst du die Früchte deiner Anstrengungen sogar dein ganzes Leben lang ernten und genießen. Nur so kannst du auch den Jüngeren zeigen, wie es geht, wenn wir mit uns selbst zufrieden sind.

Zweitens: Verstehe die Einheimischen zuerst, wenn du möchtest, dass sie dich verstehen. Wenn du Berührungsangst oder Ablehnung aufgrund von Ängsten vermutest, begründet oder unbegründet, dir jedoch ein Zusammenleben oder eine Zusammenarbeit mit diesen Einheimischen wichtig ist, dann suche den Dialog. Je nach Kontext musst du nicht einmal das Thema direkt ansprechen, sondern einfach konsequent höflich sein und dein Ding machen.

Manchmal ist das Einfachste, was wir tun können, unserer Arbeit und unserem Tun mit Freude nachzugehen. Du bist unterwegs? Sage einfach Hallo, sooft du kannst. In München Stadtmitte wird es zwar schwierig, aber in kleinen Städten oder wenn du spazieren gehst oder einfach in den Bergen wanderst, ist das kein Problem.

Ich weiß noch, dass ich früher meine Mutter über kilometerlange Strecken hinweg begleitete. Sie hat jeden begrüßt, dem wir begegneten. Ob die Person zurückgrüßte, war ihr egal. Sie galt als die Freundlichste. Als sie krank war und deshalb keine Einnahmen mehr hatte, hat uns diese Freundlichkeit viele Türen geöffnet, auch wenn es uns Kindern damals ziemlich peinlich war.

So mache ich es auch, seit ich in Deutschland bin. Ich sage nicht nur Joggern Hallo, sondern jedem, wenn ich zu Fuß unterwegs und nicht gerade in einer Großstadt bin oder zum Zug eile. Ich erinnere mich, wie einmal nach einem solchen Guten-Morgen-Gruß eine Frau zu einer anderen sagte: „Sie kann ja unsere Sprache." Ich glaube, ich war bereits ein Gesprächsthema und so schaffen wir eine weitere Verbindung und stellen dadurch fest: Es gibt vieles, was uns verbindet. Diese Gemeinsamkeiten bedeuten mehr als die äußerlichen Merkmale, die uns teilweise trennen. Sei offen und gib jedem die Chance, dich zu mögen, in dem Wissen, dass du nachhelfen darfst, ohne dich selbst oder andere kleinzumachen.

Bist du in Integrationskonzepten involviert? Dann beziehe die anderen, die Nichteinheimischen ein. Sie sind zuverlässige Migranten und lieben dein Land, der Umgang mit Vielfalt ist ihnen jedoch nicht fremd.

Bitte beachte bei Integrationskonzepten, dass Beteiligte oder Minderheiten jeglicher Art am besten wissen, wie sie sich einbringen. Traust du ihnen etwas zu? Oder machen dich „Ordnungskriterien" blind?

Vielfalt zu leben ist Selbstverantwortung. Es geht dabei um die Verantwortung, uns selbst und andere nicht unter Druck zu setzen und weder uns selbst noch andere kleinzumachen – mit oder ohne Migrationshintergrund.

Und deshalb lautet für dich der magische Weg Nummer 6: Wenn jemand dir aufgrund deiner Vielfalt aus Versehen eine Stärke zuordnet, nutze sie.

Wenn jemand dir aufgrund deiner Herkunft oder deines Status negative Eigenschaften zuschreibt, schlüpfe nicht in diese Rolle.

Das ist magisch.

Nun bist du angekommen: Du heißt dich selbst und andere in deinem Kreis der Neugier und der Entdeckungen willkommen. Entdecke mit Teil 2 dieses Buches weitere magische Wege während des Kennenlernens. Es braucht mich und deine Offenheit (oder umgekehrt) damit wir uns kennenlernen um gemeinsam durch Vielfalt und Integration erfolgreich zu sein. **ICH, DU, WIR und VIELFALT.**

02

Teil 2:

Deine Kennenlernrunden

Eigentlich wolltest du als Nichteinheimischer nur in Ruhe studieren und dann Kohle verdienen oder zurückkehren, um deinen Beitrag in deinem Heimatland zu leisten. Keiner sagt dir, welche Terminschwierigkeiten Dozenten, Kommilitonen
und andere Einheimische für dich vorbereitet haben.
Verzeihe dir, denn du warst einfach naiv.

#7

Der Weg zum Studium geht nur über Termine

„Haben Sie einen Termin?"

In diesem Land einen Termin zu haben, ist wichtig. Nein, es lässt dich wichtig erscheinen. Es ist fast, wie Freunde zu haben. Hast du keine Termine, bist du unwichtig.

Ich erinnere mich noch genau an den Kulturschock für uns junge Studierende in Deutschland. Immer diese Frage – egal ob du ins Auslandsamt, Versicherungsbüro, Hochschulsekretariat, zum Arzt oder – und das ist das Kurioseste – zu deinen Freunden gehst. In deinem Kopf denkst du: Freunde brauchen doch keine festen Termine, um sich gegenseitig zu besuchen. Weit gefehlt.

Geht es noch schlimmer? Na klar. Du möchtest an einem Sonntag endlich einkaufen, da du ja alle anderen Termine an den anderen Tagen wahrnimmst. Nur um festzustellen, dass die Supermärkte alle zu sind. Wer plant schon, was er wann isst?

Diese rhetorische Frage hast du dir aber gestellt, weil du keine Steigerung erwartest. Bis du Studierende kennenlernst, deren Eltern Mahlzeiten für jeden

Tag zubereitet haben (du erinnerst dich: An den Wochenenden warst du ziemlich allein in der WG, teilweise auch neidisch). Diese kommen mit gekennzeichneten Dosen zurück: Montag, Dienstag, Mittwoch, Donnerstag und Freitag.

Das Essen darin können und dürfen sie aber nicht mit dir teilen, es ist ja schließlich dosiert... zum Glück, denn dem deutschen Essen vertraust du noch nicht ganz. Ob du deins mit ihnen teilen darfst? Nicht immer, denn teilweise antworten sie dir so etwas wie: „Ich habe da noch etwas, das ich heute essen muss." Also quasi ein Termin mit dem eigenen Essen. Beachte bitte das Wort „muss".

Außerhalb des Studentenumfeldes gibt es Momente, in denen du wirklich möchtest, dass etwas pünktlich beginnt. Langsam hast du den Dreh raus. Du hast gelernt, pünktlich zu sein.

An diesen drei Orten bringt dir deine hart erlernte Pünktlichkeit jedoch nicht viel: Im Kino (der Film fängt nie pünktlich an), beim Arztbesuch (hier hast du gelernt, im Warteraum Abstand zu halten, lange vor Corona) und wenn du zum Essen eingeladen bist, aber vergessen hast, dass ihr zuerst gemeinsam kocht (wer kommt denn auf die Idee, mit Gästen zu kochen?).

Zu beobachten sind auch Menschen in der Schlange, die ihre Ungeduld offensichtlich zeigen, nur um später in Ruhe bei Kaffee und Kuchen zu sitzen. Das sind Prioritäten im Leben, welche dir bis dahin nicht begegnet sind. Wehe du zählst an der Supermarktkasse auch noch dein Kleingeld oder möchtest mit der Karte zahlen (echt wahr, Kartenzahlung dauert im Schnitt länger). Diese Blicke, diese Ungeduld! Alle haben Termine. Nur du nicht.

Wenn du hier studierst und einigermaßen erfolgreich sein möchtest, damit deine Freunde und Bekannten in deinem Heimatland nicht behaupten, du hättest versagt, solltest du dir diese drei Punkte merken:

Lerne Termine auszumachen, gehe nicht einfach ohne Termin los – egal wohin.

Lerne Termine einzuhalten – es kann sonst respektlos erscheinen, obwohl du in Wirklichkeit die Busverbindung nicht gleich herausgefunden oder auf der falschen Straßenseite auf den Bus gewartet hast.

Lerne Termine abzusagen – in manchen Organisationen oder beim Arzt kann es sonst teuer werden.

Es gibt sogar Bücher und Lernvideos dazu, die zeigen, wie du mit deiner Zeit und deinen Terminen umgehen sollst. Kein Witz. In diesem Land kannst du alles von Experten lernen. Wenn du reich bist, bist du sehr wahrscheinlich davon befreit. Mit Geld kaufst du auch Termine, das wirst du feststellen. Am wichtigsten sind aber Termine mit deinen Dozenten, denn das kann maßgeblich für deine Note sein, sollten sie die Termineinhaltung als relevant einstufen sowie Termine bei der Ausländerbehörde. Einmal vergessen kann ein abgelaufener Titel teuer werden.

An Gruppenarbeiten kommst du nicht vorbei. Auch hier wirst du lernen, Termine mit Kollegen auszumachen und einzuhalten. Diese sind sehr wahrscheinlich ohnehin bereits skeptisch, ob du zu der Gruppe passt. Mache dich jedoch nicht klein, auch wenn deine Sprache noch verbesserungswürdig ist.

Es gibt viele offene Menschen. Sei dir aber bewusst, dass auch genau das Gegenteil existiert. Lass nicht zu, dass Verspätungen zu einem Ablehnungsgrund werden. Obwohl, komm ruhig ab und zu spät, das Leben ist eh verplant genug. Teste deine Grenzen aus.

Um den Weg zum Studium zu bestreiten, ist Terminmanagement das A und O. Für das private Leben, weil ich nicht hoffe, dass du ewig studieren wirst – sei flexibel. Deine Freunde und Kollegen werden dir danken.

In Gesprächen mit Einheimischen wird mir immer wieder klar, dass vielen diese strenge Termintaktung und die Folgen dessen nicht bewusst sind. So sind sie dankbar und sagen so etwas wie: „Danke, dass du deine Wahrnehmung mit uns teilst." Oder: „Das macht mich nachdenklich." Viele sind sehr reflektiert und nehmen es mit Selbstironie. Das ist ein gutes Zeichen. Wir alle lernen voneinander, also entferne dich nicht ganz von deiner Kultur, sofern dadurch das Grundgesetz nicht verletzt wird, versteht sich.

Zurück zum Terminwahnsinn:

Nach und nach erlebst du im Geschäftsleben, wie Menschen pünktlich in Meetings erscheinen, teilweise zu pünktlich, trotzdem gehen sie ohne Entscheidungen wieder hinaus. Als ob es das alleinige Ziel sei, pünktlich zu sein. Natürlich fehlen dir da die Worte. Die werden dir noch häufig fehlen.

Aber gemach, gemach. Sei nicht so streng und werte nicht so schnell. Langsam findest du auch Vorteile darin. Schleichend bist du einheimischer als die Einheimischen. Du merkst, welche Vorteile Termine und Strukturen mit sich bringen. Etwa weil du dich darauf verlassen kannst, dass jemand da ist oder weil du dir nur Zeit für diese Person nimmst, ohne dass etwas dazwischenkommt. Wie bei mir kann es durchaus sein, dass dir diese Termineinhaltung fehlt, wenn du mal zurück „nach Hause" gehst. Es dauert aber eine Weile, bis du merkst, dass du deutsch geworden bist.

Heutzutage Termine zu organisieren, kostet mehr Zeit, als Termine wahrzunehmen – und deshalb machen clevere Anbieter sogar Geld damit. Für deine Effektivität empfehle ich dir, auch mal Platz und Raum in deinem Kalender für dich zu haben.

Du wirst sie brauchen, z. B. für Bewegung, denn alles, was du in dich reinfrisst, ohne den Inhalt genau zu prüfen, wirst du bald an deinen Rundungen merken. Nicht nur das, auch dein Kopf braucht Pause, ohne dass du etwas aus dem Internet konsumierst. Die besten Termine sind die mit dir selbst.

Ob einheimisch oder nicht einheimisch, diese Termine helfen dir sehr im Umgang mit Herausforderungen. Wer bei sich und mit sich im Reinen ist, empfindet keinen Hass für andere. So einfach ist das. Die größte Freiheit ist es, zwischen wichtigen und dringenden Terminen zu unterscheiden.

Dein Weg Nummer 7 lautet also:

Sei neugierig und pflege Termine mit Einheimischen und Nichteinheimischen. Lerne das in deiner Ausbildungszeit.

Denn manchmal ist das Einzige, was zwischen dir und einer magischen Begegnung steht, ein Termin. Offene Haltung zur Vielfalt ist keine Einbahnstraße.

Täglich treffen wir auch Entscheidungen für andere Menschen und bestimmen, wie sie sich fühlen. Gesetze sind das eine und richtig.
Wie wir sie rüberbringen und wie wir Menschen behandeln, macht den Unterschied.

#8

Die Huhn- oder Ei-Frage

„Es tut mir leid, Sie müssen sich zuerst an die Hochschule wenden“ – so das Auslandsbüro.

„Es tut mir leid, da muss das Auslandsbüro Ihnen zuerst eine Aufenthaltserlaubnis erteilen“ – so die Hochschule.

„Es tut mir leid, da müssen Sie zuerst in das Auslandsbüro, um eine Arbeitsbewilligung zu beantragen“ – so dein potenzieller Arbeitgeber.

„Es tut mir leid, da müssen Sie zuerst einen Vertrag mitbringen“ – so das Auslandsbüro.

Du kennst mittlerweile sicher das Huhn-Ei-Problem – vielleicht auch aus deiner Heimat. Was war zuerst da: das Huhn oder das Ei?

Gerade wenn du deine Umgebung kennenlernst und dir zugleich Papiere besorgst, wirst du als nichteinheimische Person hin und her geschickt, bis du dich fragst, ob dir wirklich jemand helfen möchte. Insbesondere dann, wenn der Satz mit „Es tut mir leid“ anfängt. Damit wird bei dir möglicherweise das Gefühl geweckt, dass dein Gegenüber dich bereits aufgegeben hat. Alles, was folgt, ist nur höflich gemeint. „Es tut mir leid.“

Ich weiß, dass du dir keinen strategischen Plan zurechtgelegt hast, bevor du zum Studieren hierhergekommen bist. Du hattest dein Visum und damit schienen erst mal alle Träume wahr zu werden. Dass die Verantwortlichen für Studentenwohnheime Wert auf Immatrikulationsbescheinigungen legen, verstehst du einigermaßen, aber auch auf eine Aufenthaltserlaubnis? Du scheinst in einer Virecks Situation gefangen zu sein: Wohnung, Aufenthaltsbewilligung, Immatrikulationsbescheinigung und Arbeitserlaubnis. Letztere wirst du aber nicht laut erwähnen, denn die Deutschen haben dir klar gesagt, was sie von dir erwarten, um für das Studium überhaupt ein Visum zu bekommen: Geld, viel Geld.

Dass du allein schon mit dem schwierigen Begriff Immatrikulationsbescheinigung Probleme hast, interessiert keinen. Du fragst dich allerdings, ob die Einheimischen dir mit solchen langen Worten die Freude auf Deutschland strategisch wegnehmen möchten. Du hast das Gefühl, das ist das Land der längsten Worte. Dass dies im ausländischen Studentenumfeld passiert, lässt dich an der Gastfreundlichkeit des Landes zweifeln.

Du erinnerst dich noch an die Verpflichtungserklärung? Gib nicht auf, immerhin musst du dich nicht um das Rindfleischetikettierungsüberwachungsaufgabenübertragungsgesetz kümmern. Du siehst, es könnte noch schlimmer kommen.

Zurück zum Geld.

Über Umwege hast du einen Kontoauszug bekommen, Freunde und Familie haben es geschafft, dass du in Deutschland ein Konto hast. Der Inhalt ist aber nicht für dich, so war die Abmachung. Aus Sicht der Behörde hast du Geld, also kannst du nicht laut sagen, dass du dringend nach einem Job suchst, um dir deinen Lebensunterhalt zu verdienen. Vielleicht hast du aber Glück und deine Eltern schicken dir Geld.

Wie kommst du nun aus diesem „Problemviereck" heraus? Sprich mit anderen Studierenden, sprich mit anderen, die schon länger hier sind. Aber Achtung:

Nicht alle, die wie du aussehen, handeln im Einklang mit deinen Werten. Nicht alle haben den direkten zu siebzig Prozent ehrlichen Weg gewählt. Denn wer ist schon zu hundert Prozent ehrlich, wenn es um Papierkram geht?

So durfte ich tolle Menschen kennenlernen, die nicht vorhatten, hier zu studieren, aber arbeiten wollten, um Geld nach Hause zu schicken oder in ihren Heimatländern Häuser zu bauen. Ich war neugierig und fragte nach, wie sie hier zurechtkämen ohne Studium und „legale Jobs" und wie sie überhaupt ihre Geschwister und Familie nachholen würden. Sie schienen ein kluges System zu haben.

Sie erzählten mir: „Weißt du, eine Person kommt hierher, wir schicken den Pass zurück, dann kommt wieder eine andere. Denn die deutsche Behörde bemerkt den Unterschied zwischen unseren Gesichtern nicht."

Du bist dir bei dieser Erzählung nicht sicher, ob du diesen Mut bewundern sollst. Wenn du so erzogen wurdest wie ich, dann ist das mutig.

Egal wie schwierig es ist, suche Gespräche und finden deinen Weg. Es hilft dir auf jeden Fall, verschiedene Beweggründe oder Motive von Menschen kennenzulernen, die wiederum sehr wichtig für einen wertschätzenden Umgang miteinander sind, ohne jemanden zu verurteilen.

Die Huhn-Ei-Frage wirst du dir aber auch stellen, wenn es darum geht, ob du Freundschaften mit Deutschen schließen sollst. Denn vielleicht seid ihr gerade dabei, euch darüber zu unterhalten, wie sehr sie euch nicht mögen. Dabei verallgemeinert ihr stark und versinkt im kollektiven Selbstmitleid. Komm bitte schnell wieder da heraus. Diese Deutschen sind deine Retter. Verbünde dich so früh wie möglich mit den Einheimischen. Frage dich nicht zu lange ob das Huhn oder das Ei zuerst da war oder ob sie zuerst auf dich zukommen sollten. Du trägst dazu bei.

Natürlich werden sie bei dir das schiefe Bild an der Wand geraderücken. Natürlich werden sie deine sprachlichen Fehler korrigieren: „Ah, du meinst die

Fachhochschule.“ Natürlich werden sie laut und ehrlich sagen, was sie denken. Das bist du vielleicht aus deiner Heimat nicht gewohnt. Das hat Vorteile. Meine Zwillinge würden sagen: „Immerhin sagen sie die Wahrheit.“ So weißt du, woran du bist.

Natürlich kannst du nicht einfach bei ihnen auftauchen und mitessen. Denn hierfür musst du eingeladen sein. Natürlich gibt es Regeln und Systeme, auch wenn du mal bei ihnen im Garten arbeitest. Diese hast du einzuhalten. Natürlich legen sie Wert auf Pünktlichkeit – etwas, was dir vielleicht nicht wichtig erscheint.

Natürlich haben sie Gartenzwerge, – eine Tradition, die dir nach zwanzig Jahren eventuell immer noch absurd vorkommen wird. Natürlich werden sie ihre Scheiben Brot zählen, wie ich herausfand.

Ein kurzer gedanklicher Ausflug: Ich durfte mal jedes Wochenende ein großes Haus reinigen. Es gehörte einer Familie, die Golf spielte. Golf ist ein Zeichen für Wohlstand. Zumindest kam es mir damals so vor. Es war eine sehr nette Familie, ein Ehepaar mit einer Tochter, die studierte. Bis auf die Reinigung der Toilette der Tochter machte mir die Arbeit, gemessen an dem Verdienst und der Freundlichkeit, Freude.

Selbstverständlich hatte ich ab und zu zwischendurch Hunger oder Durst. Die Familie hatte natürlich vorgesorgt. So eine Vorratskammer hatte ich noch nicht gesehen. Der Kühlschrank war immer voll. In meiner Naivität und Unhöflichkeit nahm ich beispielsweise eine Scheibe Brot oder trank etwas aus der Vorratskammer. Ich ging leider von meiner Mutter aus, die immer sagte: „Alle Handwerker, alle, die dir helfen, dürfen essen und haben sogar das Recht, es zu bekommen.“ Okay, zugegeben, ich war keine Handwerkerin, auch wenn ich mit meinen Händen arbeitete.

Zweimal machte ich das. Dann fiel es der Familie auf. Mein Auftraggeber, der Mann in der Familie, war freundlich, verständnisvoll und direkt. Er sagte mir, was ich nehmen durfte und was nicht. Ich lernte, dass es für alles bereits einen

Zweck gibt. Das Brot wurde gezählt, zwei Scheiben Brot pro Tag. Wenn ich diese essen würde, brächte ich die Familie aus dem Konzept. Das ging natürlich nicht. Ich war aber dennoch sehr verwundert, wie sich jemand merken konnte, was gegessen wurde und was nicht. Diese Präzision betreffend der Menge an Essen beeindruckte mich und machte mich zugleich nachdenklich.

Natürlich denkst du teilweise, dass das ein komisches Volk sei. Aber hey, gerade da liegen die Vorteile. Lege deine Vorurteile und Ängste ab und empfange das Neue. Finde heraus, auf welche Weise dir diese Angewohnheiten helfen können, egal wie seltsam sie dir erscheinen.

Kennst du die Bibel? Auge um Auge, Zahn um Zahn? Wie du mir, so ich dir? Vergiss das. Ja, du darfst auch die Bibel hinterfragen, um gemeinsame Werte mit den Nichteinheimischen zu entwickeln. Anders gefragt, kennst du die „Du-hast-angefangen-Einstellung"? Dann beende sie. Versteife dich nicht zu lange auf das Ei- oder Huhn-Problem. Wenn du in einer der Situationen wie Anfangs geschildert steckst, sei unterstützend und ein Wegweiser für deine „Gäste".

Statt den Aussagen in der Bibel glaube ich an Immanuel Kant – siehe da, ein deutscher Philosoph. Er besagt sinngemäß, wir können unser unmoralisches Handeln nicht dadurch begründen, dass ein anderer ebenfalls unmoralisch handelt. Es wird zu einem Huhn-Ei-Problem. Mit anderen Worten: Unrecht und Unrecht ergibt kein Recht. Genau jetzt ist deine Zeit gekommen, deine mentale Reife, deine Empathie und deine emotionale Intelligenz zu zeigen.

Deshalb lautet dein magischer Weg Nummer 8:
Es ist sowohl das Huhn als auch das Ei, über das wir hier reden dürfen. Das zu verinnerlichen verschafft dir andere Möglichkeiten, Menschen den Weg zu weisen.

Es gibt keine blöden Fragen, auch wenn wir manchmal zuerst innerlich den Kopf schütteln.
Lass dich darauf ein.
Dadurch entstehen magische Verbindungen.

#9

Es gibt keine blöden Fragen

„Darf ich deine Haare anfassen, Susan?"

„Klar darfst du meine Haare anfassen – für hundert Euro. Und für zehn Euro anschauen."

Okay, ich gebe zu: Solche schlagfertigen Antworten kommen mir nie in den Sinn, wenn ich sie brauche. Es gibt Fragen oder Bemerkungen zu unserem Anderssein, die uns zunächst seltsam, komisch und überheblich vorkommen. Ist das eine unbewusste Voreingenommenheit von mir als gefragte Person? Wir denken dann schon für die Fragestellenden und unterstellen ihnen, dass sie weniger einfühlsam sind. Kennst du das? Dabei ist es Neugier – der erste magische Schritt, damit wir uns aufeinander einlassen können.

Oft gehe ich darauf ein, – je nach Zeitverfügbarkeit – und es entstehen großartige Gespräche und Verbindungen daraus. Nur so können wir auch in den Unternehmen kritische Themen ansprechen, ohne Angst zu haben.

Es gab eine Zeit, da war ich gleichzeitig in Deutschland und in Kenia noch mehr „anders", wenn wir beim Haare-Thema bleiben. Mein Glück war, dass Menschen in Deutschland mir Mut machten – unbewusst. Die Reaktionen waren unterschiedlich amüsant.

„Was für eine tolle Frisur! Darf ich sie anfassen?"

„Wenn ich dich Musik hören sehe, denke ich immer, du hörst nur Reggae."

„Mit diesen Haaren kriegst du nie einen Job."

„Deine Haare sind wirklich cool, aber sie machen unsere Friseurgeschäfte kaputt."

„Hast du eine Lizenz dafür?"

„Wenn das mein Kind wäre… So was geht gar nicht."

(Die letzten drei Reaktionen waren in Kenia, als ich zu Besuch war. Wer sagt, dass Menschen in deinem Ursprungsland eine hohe Akzeptanz dir gegenüber zeigen?)

Es gibt keine gelebte Vielfalt, wenn wir nicht zulassen, dass andere Fragen stellen. Ganz ohne Drama. Wir entwickeln uns selten gemeinsam weiter, wenn wir auf Bemerkungen sehr empfindlich reagieren und Menschen etwas unterstellen. Über dich selbst zu lachen, heilt dich und du schaffst magische Begegnungen. Eine Prise schwarzer Humor und Selbstironie führen dazu, dass wir uns nicht zu wichtig nehmen. Wir legen nicht jedes Wort auf die Goldwaage. Das ist eine hohe Kunst der mentalen Reife.

Apropos Selbstironie: Weißt du, warum ich schwarz wurde? Hier eine kurze Anekdote:

Unschuldig wartete ich an einem Morgen vor der Kaffeemaschine, damit mein Kollege sich zuerst bedienen konnte. Er fragte mich nach meinem Geschmack, da er so freundlich war und mir auch eine Tasse reichen wollte.
Er: „Wie trinkst du deinen Kaffee?"

Ich: „Schwarz."

Erkenntnis meines Kollegen: „Ach ja, kein Wunder, dass du schwarz bist."

Seitdem ist das die glaubwürdigste Theorie, wenn ich sie weitererzähle. Arbeitskollegen meinen, bei ihnen funktioniert es nicht. Vielleicht liegt es ja an der Dosis. Wir lachen dann jedes Mal herrlich.

Noch ein letztes Erlebnis, welches ein Thema aufzeigt, das mir sehr am Herzen liegt. Denn es gibt für mich keine blöden Fragen oder blöden Anmerkungen, schon gar nicht von Kindern und Neugierigen.

„Guck mal, da ist ein Schaf!", sagte ein Kind im Jahr 2022 in einem Schuhladen mit dem Finger auf mich zeigend. Ein Kind, stolz darauf, dass es endlich etwas Interessantes im Schuhladen entdeckt hatte, während beide Eltern Schuhe aussuchten. Wir nennen das Kind in dieser Erzählung Noah.

Ich stand mit dem Rücken zum Regal und drehte mich um, während er noch mit seinem Finger auf mich zeigte. Ich lächelte ihn an und sah, wie er seinen Irrtum erkannte. Noah blieb dabei neugierig. Das gefiel mir.

Seine Eltern sahen uns beide an und alles, was sie sagten, war: „Komm, wir gehen."

Abgesehen davon, dass ich Noah nicht weiter kennenlernen durfte, stimmt mich diese Situation traurig. Situationen wie diese habe ich so oft erlebt – etwa in Bezug auf solche Fragen:

„Warum sind deine Haare anders?"

„Warum bist du brauner als ich?"

Wenn die Menschen es zulassen, entwickeln sich daraus tolle Gespräche. Ich finde es schade, wenn wir solche Irrtümer und Gespräche nicht zulassen. Denn welche Botschaften sende ich meinen Kindern, wenn ich bei solchen Begegnungen sage: „Wir gehen."

Klar, Noahs Eltern waren vielleicht unsicher. Vielleicht hatten sie einen Termin und hatten es eilig. Vielleicht waren sie überfordert mit der Situation. Ich kann auf andere richtig einschüchternd wirken. Nur: Was hat Noah jetzt gelernt? Warum müssen wir Eltern unsere Kinder auf diese Art beschützen? In diesem Fall war ich nicht sicher, wer vor wem beschützt wurde.

Zurück zu Hause habe ich über dieses Erlebnis berichtet und alle lachten herzhaft, denn für uns hat es eine Vorgeschichte, und zwar mit Google Lens.

Ein paar Monate davor waren wir in Salzburg gewesen. Google Lens ist praktisch, vor allem, wenn wir unterwegs sind. An diesem Tag kamen wir auf die Idee, unsere Haare durch die Lupe zu jagen, neugierig darauf, was passieren würde. So war jeder einmal an der Reihe und jedes Mal kam ein anderes Ergebnis heraus, denn unsere Haare sind dermaßen unterschiedlich. Bei mir wurde „Schaf" erkannt, genau das, was auch Noah entdeckt hatte. Für mich war die Situation also doppelt lustig.

Zurück zum Thema:

Ist es so schwierig, solche Dialoge zuzulassen? Haben wir in unserer Gesellschaft solche Angst vor Fehlern? Oder schämen wir uns als Erziehungsberechtigte für unsere Kinder? Gibt es einen Grund dafür?

Ich persönlich plädiere darauf, neugierig zu bleiben und solche Bemerkungen oder Fragen von Kindern zuzulassen. Wie sonst können wir herausfinden, dass wir uns geirrt haben? Wie sonst können wir entdecken, dass solche Susans harmlos und ebenso neugierig sind? Darüber zu sprechen und dann das Gemeinsame zu entdecken, das wirkt magisch.

Wie hättest du hier als erziehungsberechtigte Person reagiert? Unabhängig vom Land?

Es gibt keine blöden Fragen. Es gibt keine blöden Bemerkungen. Finde heraus, was du empfindest und warum du so reagierst, wie du reagierst. Genau dort liegt die Antwort. Stell dir vor, solche Bemerkungen oder Fragen kämen von einer künstlichen Intelligenz oder von einer Maschine (siehe auch Kapitel 25), dann wirst du auch nicht schlecht gelaunt davonlaufen. Es liegt in deiner Verantwortung, auch Bewusstsein zu schaffen. Es liegt an jedem von uns, falsche Annahmen zu korrigieren.

Was du hier mitnimmst und damit dein magischer Weg Nummer 9 ist:

Lasse dich auf Bemerkungen und Fragen ein, egal wie blöd sie dir erscheinen. Lass Neugier zu. Du wirst sehen, Menschen sind froh, wenn du sie aufklärst. Vergiss nicht: Integration ist keine Einbahnstraße. Es braucht dich und mich und ein Wir-Gefühl.

In der Ausbildungs- oder Studienzeit erlebst du ja auch, dass du ohne Fragen nicht weiterkommst, selbst wenn dein Deutsch noch nicht so gut ist. Nimm das mit, auch außerhalb des Studienumfeldes. Frage weiterhin und lass die anderen dich auch etwas fragen. Denn du bist zunächst anders als gewohnt, sowie dir dein Gegenüber auch anders vorkommt. Das macht es spannend.

Jeder ist anders.
Das macht uns einzigartig.
Unverwechselbar. Das Bestreben, sich selbst oder andere in eine Schublade zu stecken, raubt dir Energie. Diese Energie kannst du woanders nutzen.

#10

Deine Einzigartigkeit, dein Anderssein

„Du bist schwarz, du bist eine Frau und du bist keine Ingenieurin. Das wirst du nicht schaffen“, sagte mir mein Vorgänger, als er mich in meine neue Aufgabe einarbeitete. „Sie werden dich nicht akzeptieren. Diese Leute hassen Ausländer.“

Monate später, da ich wahrscheinlich diese Vermutung nicht bestätigte, mahnte er: „Dir wird noch das Lachen vergehen.“.

Was machst du nach so einem Satz? Zum Glück hatte ich bereits begonnen, zu meinen Storys zu stehen. Zum Glück kannte ich bereits meine Stärken und Schwächen und hatte damit angefangen, Erwartungen zu klären, bevor ich in eine Partnerschaft oder Zusammenarbeit ging.

Was er nicht wusste, war, dass ich bereits beim Vorstellungsgespräch, das ich mit insgesamt vier Personen führte, erwähnt hatte: „Sie wissen aber, dass ich keine Schweißnaht auf Richtigkeit überprüfen kann.“ Damit hatte ich vermeiden wollen, dass sie erwarteten, ich könne technischen Support leisten. Daraufhin kam schnell die Antwort: „Das erwarten wir auch nicht. Wir brauchen jemanden, der etwas bewegt, der ein Team zum Erfolg motiviert, der Mut und Energie hat, Projekte zu Ende zu bringen. Diese Person sind Sie."

Ich war sehr glücklich, denn das alles traf auf mich zu. Genau das hatten die Kollegen in der vorherigen Firma an mir bewundert: meinen Mut, Qualitätsmanagement anders zu gestalten und Menschen für Qualität zu begeistern, denn für viele ist Qualitätsmanagement ein schwieriges Thema.

Was die Punkte „Frau" und „schwarz" angeht, so hatte ich doch sehr darauf vertraut, dass meine Gesprächspartner, die ich bis heute sehr schätze, diese Merkmale bereits an mir gesehen, akzeptiert und geschätzt hatten. Dennoch überlegte ich, ob etwas Wahres daran sein konnte, denn am Ende arbeitete ich eng mit den Bereichsleitenden und anderen Mitarbeitenden zusammen. Ich blieb aber nicht lange in dieser Phase, denn ich hatte auch mir ein Werkzeug zunutze gemacht.

Beim Kennenlernen hatte ich alle Bereichsleitenden interviewt und jeden gefragt: „Was erwartest du von dem neuen Managementsystem?" Ich hatte verstehen wollen, was in der Vergangenheit so herausfordernd gewesen war. Mein erster Auftrag war es, das bereits verschobene Rezertifizierungsaudit nach drei Normen innerhalb von vier Monaten mit einem neuen System nachzuholen und erfolgreich abzuschließen. Ich nahm diese Herausforderung sehr gerne an. Dafür brauchte ich die Bereichsleitenden.

Die Notizen mit den Antworten habe ich bis heute aufgehoben. Alle diese Anforderungen konnte ich erfüllen. Ich konnte das Projekt gemeinsam mit den Bereichsleitenden, die mich sehr schätzten, erfolgreich abschließen. Das gegenseitige Vertrauen war bestätigt. Es war der Beginn einer sehr spannenden Reise voller Wertschätzung. In keiner Minute merkte ich, dass mein Schwarzsein, mein Frausein oder mein Anderssein die Zusammenarbeit hemmte. Nur von meinem Vorgänger hörte ich ab und zu Aussagen wie: „Dir wird das Lachen noch vergehen." Er war so überzeugt, dass er recht hatte.

Mit der Zeit erkannte ich, dass er seine Ängste hatte und diese, warum auch immer, auf mich und auf andere projizierte. Wie leicht wir doch manipulierbar sind, wenn wir nicht aufpassen. Angenommen, ich hätte seinen Aussagen Raum gegeben: Wie wäre ich vorgegangen? Wenn wir uns aufgrund unseres Andersseins kleinmachen, wie können uns andere großmachen? Wir hemmen uns selbst und machen dadurch andere klein.

Anderssein und Ablehnung. Ich wurde bereits mehrfach zu diesen Themen befragt. Du fragst dich bestimmt auch: Wie kann dann ein professioneller Umgang damit gelingen?

Merke es dir: Du bist einzigartig. Du bist anders. Das ist großartig. Anderssein kann allerdings manchmal herausfordernd sein. Dies bezieht sich nicht nur auf die äußerlichen Merkmale, sondern auch darauf, dass du vielleicht sehr talentiert bist oder ein anderes Tempo draufhast oder einfach eine andere Auffassung hast als das Team. Anderssein hat viele Gesichter.

Ab und zu kommen uns doch Zweifel, vor allem, wenn wir bereits Ablehnung erfahren haben. Wir fragen uns zum Beispiel, ob wir akzeptiert werden. Was ist, wenn sie uns nicht wahrnehmen und anerkennen? Müssen wir wirklich bei allem mitmachen, um akzeptiert zu werden? Wie können wir trotzdem eine positive Wirkung erzielen?

Ich fasse hier die zehn Möglichkeiten für dich zusammen, die für mich funktionieren und für die andere bereits sehr dankbar sind.

Erstens: Akzeptiere dein Anderssein. Kämpfe nicht dagegen an. Sei du selbst und liebe deine Einzigartigkeit.

Zweitens: Finde heraus, was deine Stärken und deine Schwächen sind. Konzentriere dich auf deine Stärken. Arbeite nicht an deinen Schwächen, das nimmt dir zu viel Kraft und Energie. Stärke lieber deine Stärken und ergänze diverse Teams auf eine positive Weise. Es lohnt sich, bei Themen, die dir wichtig sind, den ersten Schritt zu wagen. Eine Vorreiterrolle ist eine spannende Rolle.

Wenn du sowieso anders bist, kannst du nicht viel kaputtmachen. Nutze es für dich und wage es!

Drittens: Suche dir Verbündete. Suche Umgang mit Menschen, mit denen du schnell Erfolge erzielst, denn so musst du nicht viel Überzeugungsarbeit leisten. Daraus holst du dann die Energie, um weiterzumachen.

Viertens: Sei vorsichtig mit Menschen und Freunden, die nur Mitleid mit dir haben. „Mitleid schafft leid“, schreibt Janis McDavid in seinem Buch „Alle anderen gibt es schon: Die Kunst, du selbst zu sein“. Wir brauchen Menschen, die uns eine andere Perspektive zeigen, damit wir nicht zu sehr in Selbstmitleid versinken, beispielsweise nach einer Ablehnung. Menschen, die uns sagen: „Sieh es so…“ oder „Vielleicht war es ihnen nicht bewusst…“ oder „Bist du sicher oder nimmst du es nur an?“

Fünftens: Denke nicht für andere und verallgemeinere nicht. Nur weil du bereits Ablehnung von einer Person erfahren hast, heißt das nicht, dass alle so sind. Gib jedem eine Chance.

Sechstens: Wenn jemand einen Kommentar abgibt, der sehr abwertend ist, passiert das meistens unüberlegt. Entsprechend solltest du das nicht persönlich nehmen. Das Gesagte spiegelt in der Regel das eigene Bild dieser Person und hat nichts mit dir zu tun. Wenn es dir wirklich wehtut und du so eine Bemerkung nicht ignorieren möchtest, bitte die Person darum, alles nochmals zu wiederholen. Stelle dich dumm. Allein beim Wiederholen, falls die Person sich traut, wird sie schon merken, wie das ankommt.

Siebtens: „Choose your fights well.“ – Nicht alle Ablehnungen haben mit dir persönlich zu tun. Es lohnt sich, nach Rückmeldung zu fragen, wenn dir etwas wichtig ist, um herauszufinden, woran es wirklich liegt. Viele Ablehnungsgründe sind keine Aussagen über dich, auch wenn sie am Anfang wehtun. Mach dich mit diesen Aussagen nicht selbst klein. Nicht alle von ihnen sind relevant.

Achtens: Kläre gegenseitige Erwartungen vorher, beispielsweise mit deinem Vorgesetzten oder mit deinen Businesspartnern. Sage zum Beispiel so etwas wie: „Erwarte bitte nicht, dass ich perfekt deutsch schreibe." Das zeigt Commitment und die Person wird auch immer zu dir stehen. Lerne aus den früheren Ablehnungen und Situationen für nächste Projekte, für das Leben.

Neuntens: Stehe zu dir und zu deinen Werten. Suche dein Glück von innen, nicht von außen. Baue deine mentale Festung für deinen inneren Erfolg. Nimm nicht jede Bemerkung ernst. Irrelevante Bemerkungen prallen nur noch von dir ab.

Zehntens: Wechsle bewusst deine Perspektive und versetze dich in dein Gegenüber. Nimm dir Zeit, um die wahre Angst deines Gegenübers zu verstehen. „Worum geht es wirklich?" – Das ist die Frage, die es zu beantworten gilt.

Hast du diesen zehn Punkten noch etwas hinzuzufügen? Etwas, was dich weiterbringt?

Im geschäftlichen Kontext geraten wir ab und zu in Versuchung, andere zurückzuweisen, bevor sie uns zurückweisen oder wir neigen sogar dazu, uns unbewusst „zu revanchieren". Wichtig ist, dass du dir dessen bewusst bist, damit du anderen nicht dasselbe antust. Lass uns anderen Raum und Platz geben, um uns gegenseitig zu ergänzen. Jeder in seiner Einzigartigkeit. Das ist ein magischer Weg.

Dein magischer Weg Nummer 10 lautet also:
Akzeptiere dich selbst und andere, bevor du von anderen erwartest, dass sie dich akzeptieren.

Ich kann nicht genug betonen, dass es am einfachsten ist, mit sich selbst zu beginnen. Nur so sind wir attraktiv und einladend für andere, um gemeinsam Erfolge durch Vielfalt und Integration zu sichern: also ICH, DU, WIR und VIELFALT.

Der Mensch ist faul, wenn es um Anerkennung und Wertschätzung anderer geht und zugleich verzeiht er nicht, wenn er selbst mit anderen in einen Topf geworfen wird. Solange es anderen passiert und nicht mir, ist die Welt in Ordnung.

Echt jetzt?

#11

Sie sehen alle gleich aus

„Frau Omondi, Sie sind in Kenia aufgewachsen. Daher habe ich erwartet, dass Sie mir ein reales Beispiel zeigen, wie Sie dort lebten."

Im Rahmen meines Studiums sollte ich eine Hausarbeit schreiben und wählte das Thema „Tropical Forests", das ich zusammen mit einer Gaststudentin aus der Ukraine ausarbeitete. Wir hatten tatsächlich bewusst ein Fallbeispiel aus Kenia genommen und uns damit auf „globaler Ebene" auseinandergesetzt. Suchmaschinen waren noch nicht so fortgeschritten wie heute, aber es sei versichert, wenn ich etwas mache, mache ich es richtig.

Ich hatte mich mit Freunden aus Kenia ausgetauscht. Wir hatten recherchiert und mit Herzblut an dem Thema gearbeitet. Das Ergebnis präsentierten wir auf Projektor-Folien. Der Prozess war alles andere als einfach gewesen, aber wir hatten alles getan und mithilfe meines Freundes (er ist jetzt mein Mann) eine tolle Präsentation gezaubert.

Wir konnten das Ergebnis am Tag X super präsentieren. Der Beifall sagte alles. Wir waren sehr neugierig auf die Benotung durch unseren Professor. Diese war jedoch deutlich schlechter als erwartet.

Wer mich kennt, weiß, dass ich Entscheidungen hinterfrage, wenn mir etwas wichtig ist. Ich möchte die Gründe dahinter wissen. Natürlich kamen mir erst die Tränen, denn damals war ich mental noch nicht so reif, um mit solchen Enttäuschungen umzugehen. Vor allem, wenn ich alles dafür gab, wie in diesem Fall für eine gute Note. Zudem dachte ich: Gute Noten sind meine einzigen Türöffner, damit ich in Zukunft keine Toiletten mehr für Fremde putzen muss. Ich bat deshalb um ein Gespräch bei meinem Professor. Er willigte ein und sagte mir seinen Grund: „Frau Omondi, Sie sind in Kenia aufgewachsen. Daher habe ich erwartet, dass Sie mir ein reales Beispiel zeigen, wie Sie dort lebten."

Okay, dachte ich mir. Er verbindet mich mit den Bildern aus dem Fernsehen.

Diese Aussage überraschte mich sehr. Ich nahm meinen Mut zusammen. Voller Hoffnung, dass er mir jetzt zuhören und seine Entscheidung rückgängig machen würde, sagte ich: „Ah, jetzt verstehe ich, worum es Ihnen geht. Ich bin jedoch am Victoria See aufgewachsen. In dieser Gegend gibt es kaum Wälder. Wir hatten nicht die Möglichkeit, solche Orte zu besuchen. Ich habe nie einen tropischen Wald besucht, geschweige denn in einem gewohnt. Das Thema hat mich lediglich sehr interessiert. Ich habe keine persönliche Bindung zu den Wäldern."

„Ja, aber..."
Ich fügte hinzu: „Das finde ich nicht fair. Das ist sicher gegen die Notenvergabe-Regeln. Das ist eine Annahme. Ich erwarte doch auch nicht, dass jeder Deutsche sein Bodensee-Erlebnis mit mir teilt."

„Wissen Sie, ein Professor darf so entscheiden", lautete seine Antwort.

Ich gab auf. Ich fand es noch trauriger, dass meine Freundin aus der Ukraine dadurch ebenfalls bestraft wurde.

Klingt harmlos? Vielleicht, aber wenn wir solche Annahmen und Entscheidungen treffen, nehmen wir anderen ihren Mut und sorgen dafür, dass der Teufelskreis sich weiterdreht.
Nun denkst du vielleicht: „Arme Susan." – Nein, nur kein Mitleid, denn ich habe auch etwas erwartet. Ich fragte meine Freunde damals: „Wie kann ein gebildeter Professor denn so etwas behaupten? Er sollte doch wissen, dass Verallgemeinerung nicht gut ist."

Nun, warum darf ich etwas von ihm erwarten und er nicht von mir?

Wie auch immer, wir alle tragen die Verantwortung. Heute weiß ich, wenn ich die Erwartungen nicht geklärt habe, darf ich nicht enttäuscht sein. Natürlich bin ich dennoch ab und zu überrascht. Ich finde, die meisten „Schocks" entstehen, weil wir etwas erwarten oder deren Auftreten eben nicht erwarten.

Ein Beispiel: Als ich in Kenia aufwuchs, war es klar, dass ein Europäer mehr weiß, sauberer und intelligenter ist. Das weiß doch jedes Baby. Als ich mit dieser Erwartung nach Deutschland kam, war mein schlimmster Albtraum – Achtung – die Studenten-WGs. So einen Ekel hätte kein Kenianer in Europa erwartet. Ich war regelrecht „traumatisiert". Ich verarbeite das immer noch und ich hasse WGs, aber nur weil das Bild in meinem Kopf zerstört wurde. Doch das sei dahingestellt. Ich frage dennoch bewusst: Warum darf ein Professor nicht auch daneben liegen? Wie können wir dieser Verallgemeinerung nun entgegenwirken?

Ganz einfach: Indem wir nicht annehmen. Indem wir nicht gleich aufgeben und sagen: „Sie sehen alle gleich aus."

Solltest du etwas angenommen haben, lass Einladungen zu, es zu hinterfragen. Diese Chance hatte mein Professor. Im genannten Beispiel mag es so aussehen, als ob mein Einsatz keine Früchte trug. Ich bin mir aber sicher, er hat danach reflektiert und diese Methode nicht für weitere Studierende angewendet.

Wir erreichen eine magische Begegnung:

Indem wir nicht alle in einen Topf werfen. In einen Topf, dessen Deckel vielleicht auch noch sehr dicht ist, sodass die Topfbewohner sich nicht befreien können. Indem wir nicht davon ausgehen, dass Nichteinheimische oder Einheimische zu blöd sind, um etwas zu schaffen.

Wie oft passiert uns das auch bei den Menschen, von denen wir es nicht erwarten?

Einmal haben wir im Team beim Mittagessen über Geflüchtete und Unterschiede in den Ländern gesprochen. Es ging darum, warum Menschen fliehen und was sie sich davon versprechen. Mein Chef war ein offener Mensch und sagte, was er dachte und wie er es dachte. Irgendwann kamen wir zum Thema Kolonialismus. Seine Worte trafen mich unerwartet: „Afrikaner sollten wieder kolonialisiert werden, sie schaffen das nicht allein." Er war überzeugt, es gäbe nur ein Problem (Missmanagement von Geldern durch Afrikaner) und nur eine Lösung (Übernahme durch Europäer).

Mein Chef schätzte mich und ich nahm das nicht persönlich, wie ich es vielleicht früher getan hätte. Nur hatte ich bis dahin gedacht, er sei ein gebildeter Mensch, weshalb diese Aussage aus seinem Mund mich sehr schockierte. Das Gute war, er ließ Gegenargumente zu.

Wie oft passiert es im Alltag, dass Menschen für uns schnell gleich aussehen und wir deshalb auch schnell eine Lösung für alle parat haben? Sind wir uns der Folgen bewusst? Ich arbeite jeden Tag dran.

Weitere Verallgemeinerungen im Alltag können die folgenden sein:

„Ich kenne jemanden aus Nigeria, Susan. Kennst du ihn? Sprecht ihr die gleiche Sprache?" – Hier ist es eine Frage. Das ist super.

„Du machst unsere Note kaputt." – Hier wurde ein Kollege von einer Gruppenarbeit ausgeschlossen, weil er nicht aus Deutschland kam.

„Afrikaner fassen mich nicht an." – Eine Aussage in einem Pflegeheim.

„Deutsche wollen uns nicht hier haben.“ – Eine sehr traurige Einstellung, die sich irgendwann selbst erfüllt.

Ich bin offen für Fragen und Bemerkungen, egal wie blöd sie klingen. Solche mit Verurteilungen sind manchmal heftig. Dennoch: Alle Fragen sind Einladungen, um zu erkennen, wie dein Gegenüber tickt und um deine Haltung zu überprüfen.

Falsche Kategorisierungen und Verallgemeinerungen hindern uns daran, uns gegenseitig zu verstehen. Verallgemeinerungen trennen uns in **WIR und DIE ANDEREN**. Die anderen sehen dabei alle gleich aus. Einmal eine schlechte Erfahrung mit einem Kenianer gemacht zu haben heißt nicht, alle Kenianer sind so. Mit der Sie-sehen-alle-gleich-aus-Einstellung begraben wir das Kennenlernen und die Weiterentwicklung, bevor diese überhaupt beginnen.

Als unsere Zwillinge geboren wurden, erzählte mir eine Freundin, die eine Zwillingsschwester hat, was sie sich am meisten gewünscht hätte: Dass sie nicht zusammen in einen Topf geworfen werden, dass jeder als Individuum erkannt und geschätzt wird. Diese Aussage war für uns sehr wertvoll. So haben wir uns bewusst entschieden, unsere Kinder nicht als die zwei zu behandeln, sondern als Individuen zu betrachten. Wir arbeiten täglich daran. Mit dieser Entscheidung nehmen wir auch Rückmeldungen von unseren Kindern sehr ernst, wenn sie uns dabei ertappen.

Was ich dir mitgeben möchte als Weg Nummer 11: Sage dir immer wieder, dass „sie“ nicht alle gleich aussehen. Triff eine Entscheidung für dich, jeden als Individuum zu behandeln. So fällt es dir leichter, aus deinen Fehlern zu lernen. Teile deine Erfahrungen und zeige Verständnis für Menschen, die noch nicht so weit sind. Jeder hat sein eigenes Tempo.

Du wirst immer besser darin. Es ist ein magischer Weg, um die Vielfalt und die Magie in dir und in den anderen zu entfesseln.

Erfahre im nächsten Kapitel, wie mein damaliger Professor Individualität schätzte, und damit uns ausländische Studierende auf eine einmalige Weise entfalten ließ.

Zweifle nie an deiner Leistung,
an deinem Können,
nur weil dir die Sprache oder die
Kultur (noch) neu ist.
Unterschätze nie die Person
neben dir. Du weißt nicht,
wer dir morgen eine Tür öffnet.

#12

Der Professor, der es besser wusste

„Ich kenne keine andere Person, die Inhalte so gut rüberbringt wie du."

„Susan, deine Trainings kommen mit einer einmaligen Frische und Energie rüber. Das begeistert das Publikum. Weiter so!"

„Dadurch, dass Deutsch nicht Ihre Muttersprache ist, können wir Ihnen den Job als Trainer nicht anbieten."

Du kennst es vielleicht: Du stellst dich mit einem Thema in zwei unterschiedlichen Organisationen vor und bekommst unterschiedliche Rückmeldungen. Jede Organisation hat ihre Schwerpunkte, was objektive oder subjektive Kriterien angeht. Dahinter kannst du erkennen, wie die Kultur in der Firma ist. Um es präziser zu sagen: Wie die Denkweisen der Entscheidungsträger und Vertreter sind.

Bei den ersten zwei Sätzen, die ich wirklich als Rückmeldung von begeisterten Zuhörern und Auftraggebern bekam, handelt es sich um eine Haltung, die aussagt: Worin ist Susan stark? Was macht sie anders? Was hat uns bisher gefehlt, das sie hat und uns weiterbringt? Denn nur so reiten wir nicht darauf herum, dass ihre Aussprache nicht perfekt ist. Denn sie wird eben nicht perfekt sein.

Den dritten Satz (von einem Deutschen geäußert) bitte ich dich, mit dem zweiten (von einem Schweizer geäußert) zu vergleichen. Vielleicht ist es Zufall, vielleicht hat es mit deutscher und schweizer Mentalität zu tun.

Ich wollte endlich Trainerin im Bereich Qualitätsmanagement werden. Dabei war es mir wichtig, einen Rahmenvertrag mit einem anerkannten Institut zu haben. Die Rückmeldungen aus den ersten zwei Sätzen konzentrieren sich auf meine Stärken oder auf Themen, die ich wirklich ändern kann, wie zum Beispiel das Tempo beim Sprechen oder den Ablauf einer Schulung. Der dritte Satz kam als Begründung für eine Absage, nachdem ich eine Woche lang eine Hospitation absolviert hatte, in der ich Traineraufgaben übernommen hatte – übrigens mit überwiegend tollen Rückmeldungen von den Teilnehmenden.

Plötzlich war mein Deutsch nicht gut genug. Spannend war, dass die Sprache das Argument war, warum mich vorher alle bewunderten, denn allein der Schritt, hierher zu kommen, in deutscher Sprache zu studieren, hatte sie beeindruckt. Beim Probetraining in derselben Institution, also vor der Hospitation, waren meine Begeisterung und mein Auftreten die Gründe für die Zulassung zu den nächsten Schritten gewesen. Auch dort war den Entscheidungsträgern bereits bewusst, dass Deutsch nicht meine Muttersprache ist.

Angenommen das war der wahre Grund für die Absage: Wäre es nicht sympathischer und fairer, wenn wir uns auf Themen konzentrieren, die jemand wirklich ändern kann? Sogar Führungskräfte könnten vielleicht einen Schritt zurücktreten und überlegen: Ist ein Akzent oder Grammatikfehler wirklich entscheidend für einen Job?

Nicht nur im beruflichen Kontext, auch im privaten Umfeld können wir magische Wege schaffen, wenn wir uns bei Rückmeldungen auf das konzentrieren, was die Menschen wirklich ändern können. Ich höre oft – das spricht für mein Umfeld – die Aussage: „Ich finde es erstaunlich, wie Sie in kurzer Zeit so gut Deutsch gelernt haben."

Ich höre auch oft von anderen, dass ihr Deutsch anscheinend für einen Job nicht gut genug sei. Jobs, bei denen aus meiner Sicht perfektes Deutsch unnötig ist. Wie viele kaum Deutsch sprechende Personen gibt es mittlerweile als Bedienung im Restaurant? Denn nur so lernen sie.

Wir dürfen entscheiden, wohin wir unsere Schwerpunkte legen, um anderen Mut zu geben. So wie es die Aufgabe einer Lehrperson ist, zu zeigen, worin ein Kind stark ist und nicht die Fehler zu zählen. Es ist ihre Aufgabe, eine Lernatmosphäre zu schaffen, in der ein Kind sich entfalten kann. So ist es auch, wenn Fremde zu uns kommen. Wir schaffen Raum mit unserer Haltung, mit unseren Worten und mit unseren Schwerpunkten. Wählen wir zu zählen, worin Menschen schwach sind, oder konzentrieren wir uns auf ihre Stärken?

Das bringt mich zu meinem absoluten Lieblings-Türöffner in Deutschland, wenn es darum geht, unbekannten Ausländern Mut und Zuversicht zu geben. Ich hatte einfach Glück mit diesem Professor.

Der Professor, der uns Mut machte

Stell dir vor, du bist neu und von einer Gruppe bestehend aus etwa dreißig Studierenden umgeben. Nur zwei Plätze davon sind gemäß Vorgaben für Ausländer reserviert. Ihr zwei kennt euch natürlich auch nicht. Ihr seid nur zufällig Ausländer mit demselben Studiengang. Dein Deutsch ist noch nicht so gut, um vor allem mündlich mitzuhalten. Entweder machst du dir zu viele Sorgen, ob dein Deutsch verstanden wird, oder du verstehst es tatsächlich erst später als die anderen. Dann kommt dieser Professor, der dich in seiner ersten Vorlesung korrekt mit Namen anspricht und an dich glaubt, ob du die Hand hebst oder nicht. Er gibt dir das Gefühl: „Hey, du kannst mehr, du wirst wahrgenommen."

Alle ausländischen Studierenden spürten, wie ermutigend seine Art war. Wir fragten uns also: Warum aufgeben, wenn jemand da ist, der dich wahrnimmt mit deinem fremden Namen? Der nicht wie andere sagt: „Ich kann mir Ihren Namen nicht merken." – und das seit Monaten. Oder: „Ihr Name ist mir zu schwierig."

Die durch diesen Professor begleiteten Fächer erforderten viel Text. Wir lernten mit Freude, weil wir wussten, dass er uns fair behandelt. Er merkte das und belohnte es auch entsprechend, trotz unserer schlechten Sprachkenntnisse. Denn er konzentrierte sich auf den Inhalt und wusste, dass das mit dem Deutsch nur eine Frage der Zeit war. Wenn wir Schwierigkeiten hatten, egal welche, war seine Tür immer offen. Er lobte offen und erkannte Leistungen an. Er verlieh uns Flügel, ohne dass wir extra etwas dafür tun mussten. Dieser Professor lehrte mich: Nein, sie sehen nicht alle gleich aus. Jedes Individuum muss wahrgenommen werden. Er lehrte mich zu meiner Story zu stehen und dass ich mich nicht verbiegen muss, um dazuzugehören.

Menschen beim Namen zu nennen, ist ein Zeichen von Respekt und schafft eine emotionale Bindung und damit Vertrauen. Es ist enorm wichtig, jeden in seiner Einzigartigkeit anzunehmen und ihm Raum zu geben für seine Entfaltung. Vergiss nicht: Vielfalt hat viele Gesichter. In meinen Seminaren nutze ich seine Methoden und habe ein Ohr für jeden, denn ich weiß, wie wichtig das ist.

Eine Haltung der „offenen Tür“ hilft uns dabei, Ängste abzubauen. Seine Tür war immer offen für uns. Damit gab es immer einen Plan B und das Gefühl „Du bist nicht allein“ und „Wir heißen dich willkommen und möchten, dass du erfolgreich wirst.“

Das und vieles mehr können wir von meinem damaligen Professor lernen: Raum geben, wertschätzen und ermutigen – von Beginn an. Ohne Gegenleistungen zu erwarten.

Wenn du denkst, das betrifft nur Einheimische, irrst du dich. Auch du kannst das schaffen. Es gibt genug Themen, bei denen du eventuell stärker bist als deine Umgebung. Mach es wie mein damaliger Professor. Schaffe magische und ermutigende Wege der Begegnung.

Dein Weg Nummer 12 lautet deshalb: Nimm jede Person wahr und konzentriere dich auf ihre Stärke. Deutsch zu können ist nur eine Frage der Zeit und sollte dich nicht daran hindern, allein und mit

anderen weiterzukommen. Zudem ist die perfekte Grammatik in seltensten Fällen (wie bei einer Lektorin) ausschlaggebend, um hervorragende Ergebnisse zu erzielen.

Sei fair mit deinen Rückmeldungen, denn mit jeder Entscheidung und mit jedem Handeln formen wir uns selbst und das Leben von anderen. Unterschätze die Auswirkungen deiner Entscheidungen am Schreibtisch nicht.

Die Beispiele in Teil 3 machen diese Erkenntnisse noch deutlicher. Auch hier zur Erinnerung: Es braucht uns alle, beginnend mit dir selbst, um in Möglichkeiten zu denken. Also **DU** und **ICH** schaffen das **WIR** und eine gelebte Vielfalt.

03

Teil 3:

Behörden:
Geprüft und zugelassen

Unsere Eltern gaben uns Namen. Die wenigsten hinterfragen diese Namen, egal welche Bedeutungen sie mit sich bringen.

Wenn wir dieses Vertrauen nur auch bei der Begegnung mit anderen Kulturen hätten.

#13

Die Sache mit den Namen

„Den Namen finde ich nicht mal im Internet."

Eine spannende Beobachtung: Unsere Eltern gaben uns Namen. Bis auf seltene Fälle identifizieren wir uns mit diesen so sehr, dass wir sogar gekränkt sind, wenn jemand sie falsch schreibt.

In meiner Familie in Kenia gibt es viele unterschiedliche Varianten meines Namens und das hat auch etwas Charmantes. Zumal Susan als Name keine Wurzeln in Kenia hat. Wir wissen, dass unsere Vorfahren ihre Namen leider aufgeben mussten, weil die traditionellen Namen für die Kolonialisten zu schwierig waren. Eine traurige Sache, die sich hoffentlich nicht wiederholt. Habe also Verständnis, wenn ich dir bei dieser Frage nicht direkt eine Antwort geben kann: „Wie soll ich dich nennen?"

Hier lernte ich, wie wichtig es ist, dich so anzusprechen, wie du es gerne hättest. Es gelingt mir jedoch nicht immer, aber immer öfter. Dort, wo ich geboren wurde, ist es nur wichtig, welche Bedeutung dein Name hat und was er über dich oder die Umstände deiner Geburt aussagt.

2008, auf dem Amt

Als unsere Zwillinge auf die Welt kamen, gaben wir ihnen Luo Vornamen. Der Name unserer Tochter Amora klingt für viele hier italienisch. Was wir glauben zu kennen, ist ja okay, auch wenn die Bedeutung ganz anders ist, als die meisten sie sich vorstellen. Der Name unseres Sohnes Obera war für die Dame beim Amt hingegen schwierig zu akzeptieren. Ihre Begründung für die beinahe Ablehnung ihrerseits traf uns unerwartet: „Ich habe gegoogelt. Den Namen finde ich nicht mal im Internet."

Ich atmete tief durch und dachte: Seit wann ist das Internet die einzige Referenz? Wie kurzsichtig. Wie engstirnig.

Ich meine, so eine Anmeldung ist für Eltern etwas sehr Schönes, etwas Berührendes und Emotionales. Ich verstehe wirklich vieles, aber diese Art, die Freude zu töten, gehört nicht dazu. Ich mag die unfreundliche und überhebliche Art nicht, die ich oft in den Behörden erlebe. Natürlich wirst du sagen, so wie du in den Wald hineinrufst... Hey, manche empfangen den freundlichen Waldruf einfach nicht!

Ist es so schwierig, die Klienten in den Behörden aufzuklären? Warum hat die Dame in unserem Fall nicht einfach erklärt, warum sie nach dem Namen recherchiert hat, anstatt in den Ablehnungsmodus zu schalten? Dies dient tatsächlich sogar dem Schutz unserer Kinder. Das habe ich erst später erfahren, als ich mich eingehender damit auseinandersetzte. Wenn also Eltern und Behörden das Beste für das Kind wollen, warum dann solch eine Ablehnung? In unserem Fall erklärten mein Mann und ich sachlich, woher der Name kommt und warum wir ihn nehmen wollen. Wir durften ihn behalten.

Du erinnerst dich noch an Kapitel 12? An den Professor, der uns Mut machte und uns signalisierte, dass er uns von Beginn an namentlich schätzte, während andere sagten: „Mir ist Ihr Name zu schwierig. Ich kann ihn mir eh nicht merken."

Dieser Professor lehrte mich: Menschen beim Namen zu nennen, ist ein Zeichen von Begegnung auf Augenhöhe. Auch in Behörden darfst du das umsetzen. Das Behördenpersonal freut sich auch, wenn du es beim Namen nennst. Vielleicht wären die meisten besser gelaunt, wenn wir ihnen empathisch zeigen würden, dass es auch anders geht. Merke dir also den Namen deiner Ansprechperson. Das eröffnet dir viele Türen. Merke dir aber auch die Menschen in der Leitungsposition. Kannst du ihre Namen nennen, kommst du schneller durch.

Namen und Vielfalt, eine Rubrik für sich. Es gibt bereits zahlreiche Studien und Erfahrungen, die zeigen, dass Menschen aufgrund ihrer Namen gemobbt werden oder ihnen etwas verweigert wird. Auch die Zeugen Jehovas klingeln systematisch bei dir, um bestimmte Zeitschriften abzugeben, nur weil dein Name ausländisch klingt. Jeder nutzt es für sich.

Bitte auch nicht gleich sortieren und bewerten aufgrund von Namen. Ich habe Verständnis, wenn du meinen Namen anders schreibst. Mich jedoch aufgrund meines Namens zu bewerten, ist kurzsichtig. Es wäre traurig, wenn jemand seinen Namen ändern müsste, um sich anzupassen. Die Nachwirkungen des Kolonialismus spüren wir schon genug. Und doch passiert genau das ab und zu. Ein Chinese, der plötzlich John heißt, nur weil Europäer sich mit der Aussprache des Namens schwertun, zeigt zwar, dass es ihm egal ist, jedoch zeigt es auch Inflexibilität unserseits.

Einen weiteren Aspekt möchte ich hier ansprechen. Dazu dient diese kurze Story:

Ein Kollege von mir lebt hier mit einem umgekehrten Namen. Also sein Vorname wurde zum Nachnamen. Warum? Bei der Passausstellung war ein Fehler passiert. Da er es aufgrund von Visum und Studium eilig hatte, dachte er, das könne er später korrigieren. Du weißt aber, wie schwierig so etwas hier sein kann. Nicht nur das Unverständnis seitens der Sachbearbeitenden ist dabei zu befürchten, sondern auch, dass es eventuell viel Geld kostet, welches du zu Beginn verständlicherweise nicht hast.

Natürlich: Alle, die hierherkommen, sollten und müssen sich anpassen. Dass die Prozesse so kompliziert sind, macht mich jedes Mal dennoch sehr nachdenklich. Etwa so ist der Ablauf, vereinfacht: Das Heimatland stellt Dokumente aus, diese lässt du nach Deutschland schicken, dann werden sie übersetzt und beglaubigt und dann wieder zurück zur Botschaft im Ausstellungsland geschickt, um die Glaubwürdigkeit zu prüfen.

Was du hier auch herauslesen kannst: Dass mein Kollege diesen Prozess vermieden hat, zeigt auch, dass die korrekten Namensangaben für ihn eine untergeordnete Rolle spielen. Nicht besser, nur anders. Für Einheimische stelle ich immer wieder fest, ist es wichtig, dass der eigene Name richtig geschrieben, ausgesprochen und verwendet wird. Für mich persönlich und für alle aus Kenia, die ich kenne, ist das weniger wichtig. Vermutlich hatte das hier früher mit Erbschaften zu tun oder mit einem Adelsblut Privileg. Es geht hierbei um Namenskontinuität, was für viele, die diese Kultur nicht kennen, unwichtig erscheint. Infolgedessen kommt es uns seltsam vor, wenn die Behörde das Kind „vor seinen Eltern beschützen“ möchte. Vor allem im Fall von Eltern mit Migrationshintergrund.

Meine Botschaft ist hier ein gewisses Verständnis und eine gewisse Geduld für „fremde Namen“ zu entwickeln.

Ein Tipp: Überlege dir wirklich, ob du deinen Namen mit der Heirat ändern möchtest. Diese Kette von Änderungsprozessen, ist sie es wert? Liebe und Zugehörigkeit funktionieren auch mit unterschiedlichen Namen. Aktuell nehmen die meisten Frauen die Nachnamen ihrer Ehemänner an. So geben sie gleich ihre Selbstbestimmung freiwillig auf, um später für Gleichberechtigung zu kämpfen. Ist das nicht paradox?

Wobei, mach es strategisch. Wenn dir ein deutscher Name das Leben hier einfacher macht, warum nicht?

Ach ja, bei Kindern müsst ihr im Fall von unterschiedlichen Nachnamen entscheiden, welchen Nachnamen sie nehmen. Obwohl: Wo wären wir ohne

Ausnahmen? Nicht in Deutschland. So lernen wir die andere Seite von Deutschland kennen, die sehr empathisch ist. Wenn dein Name dich auf irgendeine Weise einschränkt, darfst du diesen ändern. Wieder etwas, was dir erst auf den zweiten Blick bewusst wird.

Dein magischer Weg Nummer 13 ist es, dir Zeit zu nehmen und mit Neugier zu fragen: „Woher kommt dein Name?“ Oder: „Was bedeutet dein Name?“ Die meisten Menschen blühen auf bei dieser Frage und es entstehen wunderbare Begegnungen – egal ob während eines Behördenganges oder nicht. Die meisten hier wirst du feststellen, wissen es nicht, da die Namen einfach geerbt werden. Vielleicht ist es in deinem Ursprungsland auch so.

Einige Menschen recherchieren und melden anschließend ihre Erkenntnisse zurück. Ist es nicht herrlich, so eine Verbindung zu vertiefen?

Ein einfacher Weg, das eigene Wissen als Einheimischer über die Rechts- und Gesellschaftsordnung zu erweitern, ist es, freiwillig einen Einbürgerungstest zu machen.

So siehst du Deutschland aus der Sicht von Nichteinheimischen. Nach der Prüfung werden die Nichteinheimischen das Wissen genauso vergessen wie du. Was bleibt, sind die Grundwerte. Hoffe ich.

#14

Ich schwöre feierlich

„Ich schwöre feierlich…“

Wenn du dich einbürgern lässt, kommst du nicht daran vorbei, auf diese Weise zu schwören. Allerdings hat das Wort „feierlich“ in diesem Zusammenhang nichts mit feiern zu tun. Die beauftragte Person beobachtet dich genau und ernsthaft, als ob sie noch einen Grund finden möchte, warum du nicht schwören darfst. Immerhin trifft sie gerade eine wichtige Entscheidung für die ganze Nation.

Ich weiß noch, wie ich zuerst beweisen musste, dass meine Mutter nicht zusätzlich eine tansanische Nationalität besitzt. Das war eine ernstgemeinte Frage, die Recherche erforderte. Natürlich war sie in Tansania geboren worden. Meine Ansprechperson sollte nun abklären, inwieweit das bindend ist.

Ich fragte natürlich warum, um es zu verstehen. Die Begründung: Weil ich nach dem Einbürgern darauf kommen könnte, dass ich das Recht dazu hätte (wusste ich nicht, war auch für mich nicht relevant), die Staatsbürgerschaft Tansanias zu erlangen. Warum war das eine Gefahr? Weil ich dadurch eine Hintertür, eine doppelte Staatsbürgerschaft hätte – genau das, was sie verhindern wollten, denn ich hatte mich bereits entschieden, die kenianische Staatsbürgerschaft abzulegen. Das war eine Voraussetzung für die Einbürgerung, wie du vielleicht auch weißt.

Es gibt keinen Behördengang, der mit so vielen Emotionen verbunden ist wie der Weg zur Einbürgerung. Natürlich ist der Papierkram unglaublich, aber die Reise beginnt lange, bevor du für den Einbürgerungstest lernst.

Ich durfte mich rein vom Gesetz her, bereits Jahre bevor ich mich für den deutschen Pass entschied, einbürgern lassen. Aber warum zögerte ich? Es lag an der Tatsache, dass ich meinen kenianischen Pass aufgeben musste. Du weißt es bestimmt auch: Deutschland hat mit gewissen Ländern eine Vereinbarung für eine doppelte Staatsbürgerschaft, mit anderen wiederum nicht. Kenia gehörte 2014 nicht dazu, im Jahr 2022 immer noch nicht. Das heißt, ich musste der kenianischen Botschaft schreiben und sie darum bitten, meinen Pass zurückzunehmen. Die Botschaft schickte mir eine Bestätigung, die ich dann vorlegen musste.

Es mag für dich nur wie ein Papier klingen, es heißt jedoch nicht umsonst Identitätsausweis. Die Entscheidung war nicht leicht. Ich hatte Angst, nicht mehr als Kenianerin wahrgenommen zu werden. Ich hatte das Gefühl, meine Herkunft und meine Wurzeln zu verraten, keine Zugehörigkeit mehr zu haben. Es war eine Identitätsfrage für mich.

Ein weiterer Grund war eine Blutspende, die ich nicht geben durfte. Kein Witz. Hier ist die Geschichte:

Als Grenzgängerin hatte ich am ersten August immer frei, während Deutschland arbeitete. Eines Tages fand die Blutspendenaktion in meiner Stadt genau am ersten August statt. Ich entschied mich, etwas Gutes für mein Land zu tun, nämlich Blut spenden. So eine Ausschließung von innen, wie ich es nenne, hatte ich bis dahin nie erlebt. Nicht weil mein Blut blau war, nein, ich hatte den falschen Pass.

Menschen, die in einem Malaria-Gebiet geboren sind, dürfen kein Blut spenden. Das war die Erklärung für die Ablehnung meines Angebotes. Das war mir überhaupt nicht bewusst und auch nicht nachvollziehbar für mich. Bei all dem medizinischen Fortschritt können die Wissenschaftler das nicht aus dem Weg räumen? Das kann doch nicht wahr sein, sagte ich mir, und mir kamen die Tränen, weil ich mich bereits entschieden hatte, hier zu leben. Was wäre, wenn meine Familie hier Blut bräuchte? Durfte ich sie ebenfalls nicht unterstützen? Wie machten es die Kenianer? So etwas konnten sie gar nicht ausschließen. Ich dachte, so einen Bedarf an Blutkonserven könnten sie gar nicht haben, denn sonst würde sich jemand die Mühe machen, dieses Thema wissenschaftlich zu klären.

Fast zwanzig Jahre später überprüfte ich online, ob in dieser Beziehung neue Erkenntnisse vorliegen. Leider nicht. Blutspenden ist für mich weiterhin nicht möglich. Begründung: In Kenia geboren. Wenn du mich fragst, ist das eine versteckte Ausschließung, von der keiner etwas mitbekommt. Ich war traurig, ich weinte. Das kam unerwartet. Da möchtest du etwas Gutes tun und wirst ausgeschlossen, nach dem Motto: „Du wirst nie dazugehören."

Natürlich machte das jahrelang etwas mit mir. Ich war unbewusst trotzig und wollte auch nicht die deutsche Staatsbürgerschaft. Doch was erleichterte mir schlussendlich die Entscheidung trotz solcher Erlebnisse?

Meine Schwester und ihre Familie luden uns nach New York ein. Hierzu brauchten mein Sohn und ich je ein Visum, mein Mann mit einem deutschen Pass jedoch nicht. Ich dachte, die Tatsache, dass ich hier in Deutschland lebte und eine unbefristete Aufenthaltsbewilligung genoss, würde das Ganze vereinfachen. Ich machte einen Termin ohne meinen Mann aus und fuhr mit meinem Sohn hin. Alle Papiere wurden elektronisch akzeptiert. Das Geld natürlich auch, sonst hätten wir keinen Termin bekommen.

Als wir in München in der amerikanischen Botschaft waren, kamen mir die deutsche Botschaft und alle bisherigen Behördengänge im Vergleich wie der Himmel vor. Telefone wurden konfisziert und es herrschte strenge Überwachung vor dem Eintritt und auch im Gebäude – von der Unfreundlichkeit ganz zu schweigen.

Mein Antrag wurde abgelehnt. Die Begründung war der Hammer: Ich hatte meine Heiratsurkunde nicht dabei. Echt jetzt? Nirgends stand, dass diese erforderlich sei. Ich schlug zuerst ganz nüchtern vor, meinen Mann anzurufen, damit er sie faxen oder mailen konnte. Wenn das der Grund war, dann gab es doch eine Lösung. Die Erwartung der Behörde war natürlich, dass ich nochmals einen Termin vereinbaren sollte und nochmals kommen „durfte". Nicht vergessen, ein Termin für einen Visumsantrag ist nicht kostenlos. Das Geld bekommst du selbstverständlich nicht zurück.

Ich verstand die Welt nicht mehr und fand das Ganze herablassend und erniedrigend. Ich dachte, in welcher Welt darf eine Frau nicht allein in ein Land einreisen? Wo sind wir hier? Ist das nicht dasselbe Land, in dem der Film „Nicht ohne meine Tochter" gedreht wurde, um für Aufmerksamkeit zu sorgen? Mein Sohn und ich fuhren zurück. Traurig. Ausgeschlossen.

Am nächsten Tag recherchierte ich erneut. Nirgends stand geschrieben, dass ich eine Heiratsurkunde mitbringen musste. Ich schrieb also an die Botschaft und erklärte meine Situation. Von drei Menschen erhielt ich Antworten. Immerhin nahmen sie sich die Zeit. Ich bezog mich auf den Grund für die Ablehnung und fragte, seit wann Frauen nur mit ihren Männern reisen dürfen, zumal Frauen nicht heiraten müssen, um zu reisen. Eine der Antworten war: „Der Beamte, der Sie bedient hat, darf im eigenen Ermessen entscheiden, welcher Ablehnungsgrund zutrifft."

In der Zwischenzeit hatte ich mitbekommen, dass es beim zweiten Mal in der Regel klappte. Ich wollte aber nicht Teil dieser herablassenden Abarbeitung sein. Da war für mich klar, dass ich die deutsche Staatsbürgerschaft wollte, denn was bringt mir ein kenianischer Pass, wenn ich damit nicht reisen darf? Gleichzeitig betrübt mich diese Erkenntnis, dass solche Pässe wie die kenianischen ihren Inhabern kaum Vorteile bieten, wenn es ums Reisen geht. Welches Land die Macht hat, ist beim Reisen schnell spürbar.

Du siehst also, wie Papierkram und Emotionen sich bei Nichteinheimischen als unvergessliche und schmerzhafte Reise erweisen. Habe also Verständnis, wenn Ausländer mal nicht bei der Sache sind. Da sind stille Abenteuerreisen in uns, die nach der Einbürgerung nicht sofort verblassen, denn du wirst immer wieder daran erinnert. Siehe dazu auch meine Story über den Workshop nur für Bürger in Kapitel 2.

Du siehst, bevor du den Einbürgerungstest machst, gibt es viele Höhen und Tiefen. Für mich war der Weg zum Test der beste Weg, um mich richtig mit dem deutschen Grundgesetz auseinanderzusetzen. Mein Mann und ich fanden heraus, dass da Sachen gefragt werden, die nicht einmal Einheimische wissen. Ich kann daher die Vorbereitung zum Test jedem empfehlen. Nur so verstehen wir einiges besser und sorgen für eine Integration auf Augenhöhe.

Die Entscheidung, meinen kenianischen Pass aufzugeben, führte dazu, dass ich bewusst meinen Teil dazu beitrage, damit ich hierhin gehöre und dieses Land mitgestalte, so wie ich es mir für die Nachwelt wünsche. Ich wünsche mir dennoch, dass a) die Sache mit der Blutspende und solche ähnlichen Fälle auf Aktualität überprüft werden und b) Menschen aus Ländern wie Kenia ihre Staatsbürgerschaft bald nicht mehr aufgeben müssen.

Dein magischer Weg Nummer 14 lautet: beurteile Menschen nicht nach ihren Pässen, selbst wenn du damit bei den Migrationsstellen oft konfrontiert bist. Gehe mental eine Reise aus Sicht von Nichteinheimischen durch. Frage dich: Wie möchte ich behandelt werden, wenn ich auf der anderen Seite sitzen würde?

So entwickelst du kreative und machbare Ideen mit Menschen umzugehen, bei denen du nicht einmal um Erlaubnis fragen musst.

Sie sagten, schlafende Hunde
weckt man nicht.
Sie wollten ergänzen:
„Insbesondere, wenn es sich
dabei um strenge Hunde in
Deutschland handelt.“

#15

Frage nie nach Erlaubnis

Möchtest du wissen, wann ich in Deutschland lernte, nie mehr um Erlaubnis zu fragen?

Nach etwa drei Monaten ging ich zum Ausländeramt, um mein Erstvisum zu verlängern. (Nein, das Amt ist nicht voller Ausländer; hier müssen wir noch an deinem Deutsch feilen.) Aufgeregt präsentierte ich meine Papiere, die ich etwa einen Monat lang vorbereitet hatte, damit mein Aufenthaltstitel verlängert wird. Nach gefühlt fünfzehn Minuten, in denen mein Ansprechpartner sichtlich angestrengt war, mich zu verstehen und eine Reihe von Ordnern durchblätterte, um ja keinen Fehler bei seiner Entscheidung zu machen, gab er mir einen Aufenthaltstitel für weitere Monate. Was macht also eine Studentin, die kein Stipendium hat, in dieser Zeit in einer Stadt voller Jobmöglichkeiten? Arbeiten. Ganz ehrlich, aus diesem Grund war ich nach Deutschland gekommen: Studium und Arbeit.

Ich hatte bereits gehört, dass es strenge Regeln gibt, ob du arbeiten darfst oder nicht – abhängig von deinem Aufenthaltstitel. Hierzu ist es egal für welchen Job. Ich, neu und bestrebt, alles richtig zu machen, damit meine Akten sauber bleiben, merkte sofort, dass in meinem Aufenthaltstitel keine Information hierüber zu finden war. Naiv fragte ich: „Darf ich dann jetzt arbeiten?“

Mein Ansprechpartner wollte meinen Aufenthaltstitel zurückhaben und wirkte erleichtert, aber nicht, weil ich Deutschland mit meinem Arbeitseinsatz bereichern wollte, sondern weil ich ihn vor einer Fehlentscheidung bewahrt hatte. Er holte einen Stempel, ohne mich anzuschauen, und knallte ihn richtig laut auf das Papier: „Erwerbstätigkeit nicht gestattet." Ohne ein weiteres Wort. Von der Kundenfreundlichkeit, die ich meist in den Einkaufsläden erlebe, war nichts zu spüren. Ich fragte mich innerlich: Wer kommt denn auf die Idee so einen Schriftzug vorzufertigen? Werden viele Menschen so traurig nach Hause geschickt?

Damit war das „Gespräch" beendet. Ich bereute meine Frage sofort.

Da der Großteil deiner Kontakte mit Einheimischen als Ausländer zunächst überwiegend bei den Behörden stattfindet, hast du vielleicht das Gefühl, dass man hier nie lacht und nur auf Kommando feiert, zum Beispiel in der Karnevalszeit. Mir war und ist klar: Regeln haben Vorteile. Auch wenn sie nur der Gewissensberuhigung dienen. Immerhin brauchst du hier kein „Bakschisch", um den Prozess zu beschleunigen. Alle Verlängerungen von Aufenthaltstiteln haben einen festen Preis. Bloß nicht feilschen. Wenn du also in den Unternehmen unter anderem Belastungsfähigkeit bewertest, denke daran: Diese Menschen wurden bereits mehrfach geprüft. Und für dich als Nichteinheimischer: Es gibt auch entspannte Sachbearbeiter, die dich als Klient wahrnehmen.

Spätestens durch die sozialen Medien weißt du, dass es hier auch außerhalb der Karnevalszeit humorvoll zugehen kann. Gib also anderen eine Chance und verallgemeinere nicht. Doch erlaube mir, zwei meiner Learnings mit dir zu teilen.

Erstens: Frage nicht um Erlaubnis.

Dieses Ereignis hat meine Einstellung gegenüber Neuem massiv beeinflusst.

Daheim habe ich meine Mutter oft um Erlaubnis gefragt. Nicht bei Kleinigkeiten, also wenn das Ziel klar war, sondern bei Themen, die für sie auch neu waren, etwa damit sie weiß, wo ich bin. Ansonsten, da es in Kenia weniger Regeln gibt, geschah vieles via Trial-and-Error. Außer meiner Mutter fragte ich praktisch nie jemanden um Erlaubnis.

In diesem Land wollte ich alles richtig machen, da ich nicht alle Regeln kannte. Mir schien nun, dass dieses Nach-Erlaubnis-Fragen mich hemmte. Zumal die Erfahrung mir zeigte – sowohl in den Betrieben als auch an der Hochschule –, dass die Menschen überfordert mit dieser Situation sind. Einerseits möchten sie wichtig wirken, deshalb sagen sie öfter nein oder irgendetwas, das keinen Sinn ergibt, Hauptsache sie äußern eine Meinung. Andererseits haben sie Angst vor Entscheidungen. Keine Entscheidung ist jedoch auch eine Entscheidung, die ein Projekt nicht weiterbringt. Genau um Letzteres geht es.

Aus welchen Gründen auch immer – vielleicht hat es mit Verbotsschildern zu tun oder mit zu vielen Regeln – viele Menschen hier in Deutschland haben wenig Mut, etwas zu entscheiden. Dies könnte ja negative Konsequenzen haben. Für mich ist es eine Risiko-Chance-Betrachtung. Natürlich unter Beachtung der Grundgesetze. Immer wieder um Erlaubnis zu fragen, schürt Angst, auch vor Begegnungen. Ich weiß noch, wie viele, obwohl ich keine Expertin für politische Korrektheit bin, mich fragen: „Susan, darf ich das noch sagen?"

Mein Motto: Mach es einfach. Schau, was dabei herauskommt und lerne daraus. Antworten wie „Das darfst du nicht" darfst du auch hinterfragen. Warum nicht? „Weil es immer so war" oder „Weil es dort steht" ist keine Begründung.

Im Umgang mit anderen zeigt es, dass du mutig bist, und andere werden dir folgen. Bitte lieber um Entschuldigung, wenn du eine Grenze überschreitest. Wir alle haben diesen Spielraum, den wir nutzen dürfen. Um erfolgreich zu sein, unabhängig vom Ausländersein, braucht es diese proaktive Haltung, mit der du dir auch selbst etwas erlaubst. Wenn jeder um Erlaubnis fragen würde, wären wir als Menschen nicht so weit gekommen.

Du siehst, obwohl der Tag für mich schiefgelaufen war, gibt es immer Learnings fürs Leben.

Zweitens: Regeln schaffen Verbrecher

An diesem Tag hat die Entscheidung des Beamten meinen moralischen Kompass massiv umgekrempelt. Natürlich habe ich immer die Wahl. Es ist nur leicht, ihm die Schuld zu geben.

Jeder hat mindestens zwei Ziele, die im Konflikt miteinander stehen. In Kenia kam „Kleingeld“ für einen Gefallen zu geben für mich nicht in Frage. Dafür war meine Mutter zu aufrichtig und ich bewundere sie immer noch dafür. So hatte ich mir vorgenommen, ebenfalls aufrichtig zu sein und kein Schmiergeld zu bezahlen. Hier in Deutschland würde das ohnehin nicht funktionieren. Doch es ist mir bewusst, dass schwarzarbeiten auch ein Teil von Korruption ist. Abgesehen davon, dass ich ohnehin immer schwarzarbeite, zumindest rein optisch, fiel es mir nach diesem Vorfall nicht schwer, nach Jobs zu suchen, bei denen kein Mensch Papiere sehen wollte. Dazu gehörte in Privathaushalten zu helfen oder Diskotheken zu reinigen.

Ich hatte ja mindestens drei Ziele: den Lebensstandard meiner Mutter zu erhöhen, mein Studium zu finanzieren und für meine Familie hier in Deutschland zu sorgen. Ich wusste auch, dass es hier genug Jobs gibt. Warum machen die Behörden es uns so schwer? Meine kriminelle Energie war nur für eine kurze Zeit aktiv, aber sie war da. Ganz nüchtern betrachtet ging es mir sogar viel besser als einigen Flüchtlingen, die ich kennenlernte. Diese durften sich nicht einmal in ganz Deutschland bewegen. Die meisten hingen oder hängen am Bahnhof herum. Was macht eine junge Person mit viel Energie, die sich nicht frei bewegen und arbeiten darf? Diese Regelungen muss Deutschland hinterfragen.

In der Ära, in der viele von Fachkräftemangel sprechen, ist es nicht verwunderlich, wie es dazu kommt. Einige Arbeitgeber haben keine Hemmungen und setzen sich für Flüchtlinge ein, die sie dann ausbilden und so an das Unternehmen binden. Mal ehrlich, wenn diese Auszubildenden bei diesen Arbeitgebern ihre Ausbildung abschließen, zum Beispiel in einem Einkaufsladen oder in einer Bäckerei, was meinst du, wie viele neue Kunden sie dadurch gewinnen, einfach weil sie dort arbeiten? Ich lade dich deshalb ein, das, was du bei dir im Kopf gespeichert hast, ob als Arbeitgeber oder Sachbearbeiter zu hinterfragen.

Sorge mit deiner Neugier und deinem Mut dafür, dass du es anders und besser machst. Kein Mensch ist gerne freiwillig arbeitslos und hängt gerne rum. Daran glaube ich. Hierbei kannst du auch den ersten Schritt machen. Mache eine Ausnahme, denn was wäre Deutschland mit Regeln ohne Ausnahmen?

Dein magischer Weg Nummer 15: Frage nicht um Erlaubnis. Gehe über die Regeln hinaus, denke voraus und finde neue Wege.

Kluge Nichteinheimische
informieren sich über den Inhalt
des Ausländergesetzes,
um beeindruckende Gespräche
zu führen.
Vertrauensselige Nichteinheimi-
sche verlassen sich auf die
Aussagen ihrer Ansprechpartner
in den Behörden.
Reiche Nichteinheimische
brauchen weder klug noch
vertrauensselig zu sein.

#16

Kennst du das Gesetz, wirst du belohnt

„Wo steht das?"

Das ist eine meiner Lieblingsfragen, wenn ich Klarheit schaffen möchte. Eine Kombination aus Deutschsein und Qualitätsmanagement, die mir das Leben sehr erleichtert.

Mir ist bewusst, dass manche das nutzen, um unsittlichem Verhalten Raum zu geben. Darum geht es mir nicht. Es geht lediglich darum, dass ich nicht unwissend unfair behandelt werden möchte. Punkt. Wenn es etwas gibt, was ich sehr schätze, ist es, dass ich mich auf das Gesetz verlassen kann. Auch wenn ich einige davon sehr hinterfrage.

Zwischen dir und dem Gesetzgeber gibt es auch Menschen, die diese Gesetze ausführen. Was ist aber, wenn sie sie falsch interpretieren oder von der alten Gesetzgebung ausgehen und diese bei dir umsetzen? Du hast es sowieso schon schwer als Ausländer. Doch sobald du Deutsch kannst, lerne auch die Quellen, nämlich die Gesetze kennen.

Für fast alles gibt es in diesem Land Gesetzesgrundlagen. Einige sind kurios, wie etwa, dass nackt Autofahren verboten ist oder Tiere ohne Begleitperson nicht auf der Straße laufen dürfen (siehe § 28 der StVO). Oder auch die Gurkenkrümmungsverordnung. Wo steht das alles, fragst du dich? Suche im Internet nach den hier genannten Absätzen. Und gerade, weil Gesetze im Internet leicht zu finden sind, hast du keine Ausrede, warum du sie nicht kennen solltest.
Erstens: Damit du keine Chance verpasst, wenn etwas sich zu deinen Gunsten ändert. Keiner wird dir freiwillig schreiben, dass du das Recht auf eine unbefristete Aufenthaltsbewilligung hast.

Zweitens: Sollte dir eine Ablehnung unbegründet vorkommen, kannst du immer das Gesetz zitieren. Glaub mir, das verleiht dir Respekt der Extraklasse.

Na ja, nicht immer ist die Antwort so, wie du es dir wünschst, aber immerhin schaffst du Klarheit und du gehst nicht verbittert aus der Sache heraus. So ist es mir jedenfalls einmal ergangen.

Ich fuhr zur Arbeit und war auf der Schweizer Bundesstraße. Etwa zweihundert Meter nachdem ich rechts abgebogen war, wurde ich angehalten. Eine Reihe von Polizisten mit ihren Autos standen dort. Es sah aus, als ob sie den ganzen Tag dort kampieren würden.

„Grüezi", hörte ich, als ich stoppte und das Fenster öffnete. Die Schweizer Höflichkeit spürend verflog kurz mein Ärger, dass ich angehalten worden war, als ich zurückgrüßte.

„Wissen Sie, warum wir Sie anhalten?"

Ich schüttelte den Kopf.

„Sie haben nicht am Stoppschild gestoppt."

Ich überlegte noch, wie sie darauf kamen, denn ich hatte dort weder eine Person noch ein Messgerät gesehen – okay, ich hatte auch nicht danach gesucht –, aber nun war ich hier. „Sicher. Ich meine, ich habe gestoppt", antwortete ich.

„Ja aber das war ein Rollstopp."

„Wie bitte?"

„Ein Rollstopp. Sie haben nicht vollständig gehalten. Die Räder sind noch gerollt. Das kostet achtzig Franken."

Ich dachte nur, das stimmt vielleicht, aber von einem Rollstopp hatte ich noch nie gehört. Schließlich war ich in einer Fahrschule gewesen. Gut, zugegeben, in Deutschland, nicht in der Schweiz.

„Wo steht das?"

Der junge Polizist, der anscheinend noch nie so eine Frage gehört hatte, schaute mich an und holte sein Mobiltelefon. Wir googelten zusammen – und siehe da, es gibt den Begriff Rollstopp. Und zwar in einem Gesetz.

„Das habe ich gar nicht gewusst", stellte ich ehrlich und laut fest.

„Jetzt wissen Sie es", sagte er lächelnd.

Wir lachten. Er gab mir den Strafzettel und verlangte Bargeld. Ich sagte, ich hätte kein Bargeld bei mir, und wollte wissen, ob er auch eine Karte akzeptieren würde. Er verneinte und erklärte, ihnen würde ein Lesegerät fehlen. Leider müssten in so einem Falle alle Grenzgänger sofort zahlen. Die Alternative wäre, das Auto stehenzulassen, bis mich jemand abholt.

Schwierige Sache. Er schaute mich nochmals an und sagte: „Bei Ihnen mache ich eine Ausnahme. Geben Sie mir Ihre Adresse, ich schicke Ihnen eine Rechnung."

Was für ein Glück. Ich hatte dazugelernt und dadurch war dieser Ausgang für mich milder als für andere. Das heißt, überhaupt zu wissen, dass es für alles Gesetze gibt, hilft uns schon mal, auf eine andere Ebene zu kommen. Bist du ein Ausländer, so lerne das Ausländergesetz kennen. Zumindest solltest du immer nachschauen können, ob du fair behandelt wirst. Die Menschen in den Behörden sind auch nur Menschen, die Fehler machen. Entweder, weil sie übermüdet sind oder weil sie ihr internes Dokumentensystem nicht aktualisiert haben.

Natürlich sind Gesetze nicht so leicht zu lesen. Daher verstehe ich es, wenn du einen großen Bogen um sie machst. Manchmal gibt es zu viele Verweise, sodass ein Satz dir nicht sofort etwas sagt, wie zum Beispiel diese Begriffsbestimmung im Ausländergesetz *(https://www.gesetze-im-internet.de/aufenthg_2004/__2.html):*
1) Ausländer ist jeder, der nicht Deutscher im Sinne des Artikels 116 Abs. 1 des Grundgesetzes ist.
Wenn du zum erwähnten Artikel gehst, findest du das hier:
1) Deutscher im Sinne dieses Grundgesetzes ist vorbehaltlich anderweitiger gesetzlicher Regelung, wer die deutsche Staatsangehörigkeit besitzt oder als Flüchtling oder Vertriebener deutscher Volkszugehörigkeit oder als dessen Ehegatte oder Abkömmling in die Gebiete des Deutschen Reiches nach dem Stande vom 31. Dezember 1937 Aufnahme gefunden hat.

Und schon denkst du, auch du könntest ein Deutscher sein, denn immerhin wurdest du aufgenommen. Okay, vielleicht habe ich das ein wenig aus dem Kontext gerissen. Was ich zeigen möchte, ist, dass Gesetzesdeutsch ein Fall für sich ist. Daher gibt es Juristen und Anwälte. Ob du sie bezahlen möchtest, ist eine andere Frage. Dennoch solltest du wissen, wo du starten kannst.

Es gibt zahlreiche Fälle – auch solche, die ich selbst erlebt habe –, in denen eine Behörde dir etwas verweigern wird. Etwas, was dir zustehst. Verweist du auf das Gesetz, ändert sich die Lage. Holst du aber einen Anwalt, ändert sich ebenfalls die Lage. Die Frage ist, ob das geschieht, weil du nun einen Profi an deiner Seite hast oder weil der Profi wirklich auf etwas hingewiesen hat.

Auch für die Ehe, den Wohnungsbau oder für Kinder, in allen Lebensbereichen gibt es Gesetze. Sei ebenfalls für Menschen da, die noch neu sind, und weise sie darauf hin. Es gibt nichts Schlimmeres als nicht zu handeln, nur weil du das Gefühl hast, die Hände sind dir gebunden. Sie sind dir nie gebunden. Es gibt immer einen Ausweg.

Du kannst also täglich üben. Du erinnerst dich an die Verbotsschilder? Moment, wir sind in Deutschland. Du brauchst dich nicht einmal daran erinnern, diese siehst du bestimmst alle hundert Meter. Suche einfach spaßeshalber die zugehörigen Quellen im Internet. Sie haben alle eine Gesetzesgrundlage.

Weg Nummer 16 für dich lautet: Frage ruhig: „Wo steht das?“ Finde es selbst heraus, um es für dich zu nutzen und um deinen Erfolg zu lenken. Frage auch eine Behördenvertreterin „Wo steht das?“, wenn dir eine Aussage oder Ablehnung unbegründet vorkommt. Das zeigt Neugier und Interesse und du weißt hinterher mehr. Wenn du das Gesetz kennst, wirst du belohnt.

Über eine oder zwei Verordnungen wirst du dich bestimmt amüsieren. Du fragst dich dann vielleicht, wie viele Menschen daran beteiligt waren, bis das Gesetz verabschiedet wurde und ob sie auch gelacht haben.

Teile deine Entdeckung mit deiner Umgebung und ihr werdet darüber lachen und euch besser kennenlernen. Vielleicht schaffst du es auch, dass ein Gesetz aufgrund deines Einsatzes geändert wird. Magisch, oder?

Wenn du dich mehr mit politischer Korrektheit beschäftigst als mit Menschen in deinem Umfeld, wird es Zeit, deine Werte und dein Verhalten zu hinterfragen. Frage dich auch, worum es hier wirklich geht. Nimm das Wort „politische“ weg und strebe nach Korrektheit. Deine Werte werden dich führen.

#17

Politische Korrektheit bellt nur

„Susan, darf ich das noch sagen?“, fragten mich viele Kollegen und Bekannte. Ich merkte, dass etwas an mir vorbeigegangen war, und fing an zu recherchieren.

Bei einer betrieblichen Weihnachtsfeier brachte mein Chef zum Dessert „Negerküsse“. Ich wusste, dass in diesem Jahr bereits viele Diskussionen darüber stattfanden, dieses Wort zu ersetzen. Ich hatte natürlich bereits recherchiert und wusste, dass der Begriff „Neger“ einen anderen Ursprung hat. Erst mit dem Sklavenhandel wurde er negativ belegt und zurecht darf dieser Begriff heute hinterfragt werden.

Mit welchem Ausmaß diese Tatsache jedoch in den Medien und in der Bevölkerung angegangen wurde, hätte ich nie gedacht. Haben wir nicht wirklich andere Probleme? Für mich persönlich ist das übertrieben. Trotzdem gehe ich sehr auf solche Fragen ein, denn das hilft uns, einander besser kennenzulernen, anstatt nur anzunehmen, dass wir alle die gleichen Schmerzpunkte haben.

Zurück zu diesem Abend auf der Weihnachtsfeier: Ich schaute meinen Chef ernst an und sagte vor versammelter Mannschaft: „Wie kannst du nur?“

Er war völlig aus dem Konzept. Ich kann dir sagen, ihm fehlten nie die Worte. Ich sah, wie er rot wurde und hielt es nur einige Sekunden lang aus, bis ich herzhaft und laut zu lachen begann. Erleichtert erkannt er, dass es ein Witz war.

An diesem Abend sprachen wir ohne Tabus über all diese Klischees, über solche Aktionen und auch darüber, worauf es wirklich ankommt. Wir alle einigten uns, dass es um die Haltung geht. Dazu stehe ich bis heute. Doch Probleme, wie groß sie auch sind, liegen im Auge des Betrachters. Das war nicht unser Problem als Team und durfte uns nicht teilen. Eine Fließbandmitarbeiterin sagte mir Jahre zuvor einmal: „Du bist aber eine schöne Negerin." Es war ein ernst gemeintes Kompliment. Ich bin überzeugt: Es kommt immer darauf an, wie du etwas sagst und ob du dein Gegenüber wertschätzt.

Hier meine Klarstellung: Ich finde, dass die Verunsicherung erst diese Teilung schafft. Manche fragen doch tatsächlich: „Darf ich das noch sagen, Susan?" Andere möchten das Problem so sehr vermeiden, dass sie dich schon von Weitem blockieren. Gerade wenn ich denke, ich sage lieber nichts, sonst begehe ich einen Fehler, werde ich jemanden unbewusst ignorieren. Und das ist alles andere als Akzeptanz. Dazu habe ich zwei Beobachtungen gemacht:

Erstens: Für die meisten Nichteinheimischen hat die politische Korrektheit keine Priorität. Überhaupt werden wir mit solchen Worten erst hier in Deutschland oder in den Nachbarländern wie in der Schweiz konfrontiert. Die meisten Menschen verstehen die „Mediengeilheit" hinter Negerküssen und Co. sowieso nicht. Schon gar nicht, wem die politische Korrektheit wirklich dienen soll, wenn es nur bei einer Sprachänderung bleibt und nicht beim Umgang miteinander.

Zweitens: Es gibt mit Sicherheit andere Prioritäten, auch aus Sicht Einheimischer. Viele Unternehmen haben an ihren Logos und Slogans gearbeitet, um rassistischen Vorwürfen zu entkommen oder keine Kunden zu verlieren. Wenn das wirklich der Fall ist, verstehe ich das, wirtschaftlich und marketingtechnisch betrachtet. Doch die Frage bleibt: Sind das wirklich die Probleme, die wir heute haben?

Meine Freundin, ein großartiger und brillanter Mensch, ebenfalls in Kenia geboren und nun CFO eines namhaften Unternehmens in der Schweiz, sagte, als sie um eine Stellungnahme gebeten wurde, treffend: „Ihr müsst selbst wählen, wie ihr eure Prioritäten setzt. Hauptsache, ihr lauft meinen Kindern nicht hinterher, wenn ihr Negerküsse sucht.“

Ich zum Beispiel bevorzuge Folgendes, anstatt auf wirkungslose politische Korrektheit zu bestehen: Du akzeptierst meine Aussprache, denn einen leichten Akzent werde ich immer haben. Trotzdem verstehen mich die Menschen sehr gut, anstatt darauf zu bestehen, dass du mich politisch korrekt nennst.

Weiterhin schlage ich vor, die strukturellen und durch die Behörden und Gesetze für normale Bürger unsichtbaren Benachteiligungen abzuschaffen, anstatt zu sehr auf politische Korrektheit zu setzen. Sowohl auf internationaler als auch auf nationaler Ebene. Hier einige Beispiele:

Internationale Ebene

Hast du dich je gefragt, welche Pässe die mächtigsten sind? Deutsche Pässe gehören dazu. Mit anderen Pässen wirst du von Menschen, die dich nicht kennen, gleich wie ein Verbrecher behandelt. Du kommst als Tourist in ein Land und es wird dir unterstellt, dass du ein Verbrechen begehen wirst. Wie politisch korrekt ist das denn?

Warum kommen dann Geflüchtete illegal ins Land? Aus meiner Sicht ist einer der Gründe, dass die Regeln bewusst so kompliziert sind. Du brauchst kein Experte zu sein, um zu merken, dass Diskriminierung bereits bei den Botschaften in den Heimatländern anfängt. Gewisse Regeln sind gut und Deutschland darf sicher entscheiden, wer über die Grenzen kommen darf. Dennoch bin ich der Meinung, dass einiges davon hinterfragt werden sollte.

Natürlich haben wir ein Gleichbehandlungsgesetz. Nur finde ich, dass die Gesetze zum Teil die Ungleichbehandlung beschleunigen. Warum dürfen Studierende aus Ländern, die nicht der EU angehören, im Gegensatz zu Studierenden aus EU-Ländern nur sehr eingeschränkt arbeiten? Gerade dann, wenn diese anderen nicht die Arbeitsplätze wegnehmen, sondern eher bereichernd wirken und damit zur Integration beitragen.

Diese Ungleichbehandlung beginnt bereits vor der Einreise, geht auf den Flughäfen weiter und Nichteinheimische erleben sie jedes Mal, wenn sie ihre Aufenthaltsbewilligung verlängern. So kommt es dir manchmal vor, dass du als Verbrecher behandelt wirst und nun sollst du beweisen, dass du eine Ausnahme bist. Gerade auf den Flughäfen finde ich das sehr heftig. Zum Glück vergessen das die meisten, sobald sie einmal im Land angekommen sind. Dennoch: Irgendetwas macht es mit den Leuten, die Passagiere empfangen und „wegweisen“.
Dazu kommt die systematische Kategorisierung von Ländern in Entwicklungs- und Industrieländer sowie die Aufrechterhaltung von Entwicklungshilfe, siehe auch Kapitel 3 und 4. Unter diesen Umständen bellt die politische Korrektheit nur und wirkt sich kaum positiv auf die Vielfalt aus.
Ein dritter Aspekt ist die Stigmatisierung einer Gruppe, wie wir es in der Pandemie erlebt haben, siehe auch Kapitel 34. Aktuell erfahre ich, wie Menschen verurteilt werden, nur weil Putin, aktueller Staatschef von Russland (wir schreiben das Jahr 2022), einen Krieg gegen die Ukraine anzettelte. Es macht mich nachdenklich, wenn Kinder, Jugendliche und Erwachsene von engstirnigen Menschen ausgegrenzt werden, nur weil eine Person mit viel Macht, die zufällig aus dem gleichen Land kommt, einen Krieg angefangen hat. Stell dir vor, alle Deutschen würden ausgegrenzt für das, was Hitler getan hat. Wenn du betroffen wärst, wie würdest du dich dann fühlen? Gerade in Zeiten der Aufklärung und Transparenz, wo wir auch sehen, dass Menschen in Russland, die gegen den Krieg demonstrieren, schlimme Konsequenzen erleiden, was hilft es da groß, Produkte aus Russland aus den Supermärkten zu verbannen?

Wem wird dabei geholfen und wer wird benachteiligt? Es braucht einen gesunden Menschenverstand, um zu merken, dass wir dadurch Menschen trennen und stigmatisieren. Dass wir erst dadurch Ungleichheit befürworten. Wie viele Russen gibt es in Deutschland? Wie geht es ihnen in den Unternehmen und Schulen? Inwiefern hilft uns nun die politische Korrektheit?

Nationale Ebene

Wie bereits erwähnt, dürfen die Gesetzesvorgaben, wenn es um Studienplätze oder Arbeitserlaubnisse geht, aus meiner Sicht gelockert werden. Denn diese schaffen nicht nur Ausgrenzung, sondern haben rückschrittliche Auswirkungen auf die Integration. Ganz ehrlich, was würdest du wählen? Mit Zwang politische Korrektheit ausüben oder:

- an deiner Haltung gegenüber dem Anderssein arbeiten?
- einen Job oder/und eine Wohnung vergeben?
- eine Bühne für Begegnungen auf Augenhöhe schaffen?

Während Supermärkte oder Lebensmittelhersteller andere Gründen haben können, die längst etablierten Marken zu ersetzen, hast du als Privatperson eine Wahl und damit **deinen Weg Nummer 17:**
Magisch ist es, wenn du deine Prioritäten richtig setzt, deine Angst beiseitelegst und Menschen bewusst darauf ansprichst, ob sie etwas stört. Glaub mir, dieses Gespräch wirst du nie vergessen. Wenn du Menschen mit offenen Armen empfängst, schaffst du eine andere Tiefe, als nur auf ein Wort zu verzichten. Natürlich ohne absichtlich beleidigend zu sein. Es braucht beide, Sender und Empfänger, um ein gemeinsames Verständnis und damit Basis für gemeinsame Erfolge durch Vielfalt und Integration zu sichern. Also wieder mal ICH, DU, WIR und damit eine wunderbare Vielfalt.

Denn mit politischer Korrektheit bekämpfst du nur Symptome, nicht die Ursache. Vielleicht findest du deine Liebe außerhalb deiner gewohnten Kultur, dann könnt ihr euch im „abgesicherten Modus“ mit diesen Begriffen auseinandersetzen. In einer Ehe zwischen zwei Nationen gibt es auch wertvolle Learnings, die du in diesem Buch ebenfalls kennenlernen darfst.

Wie wichtig euch eure Liebe zueinander ist, erkennt ihr erst, wenn ihr die Hürde der Heirat zwischen deiner Nation und Deutschland überwunden habt. Das einzig Gute daran: Eure Liebe wird getestet. Wenn ihr diese Hürde geschafft habt, kriegt ihr alles andere auch hin.
Bis vielleicht deine Verwandten nach Deutschland kommen.

#18

Gratulation: Du möchtest in Deutschland heiraten

„Wie? Man wird doch nur einmal geboren. Die Deutschen haben echt Humor“, sagte mir die kenianische Behörde, als ich nach einer Geburtsurkunde fragte, die nicht älter als sechs Monate sein durfte. Diese Urkunde war einer der Nachweise, die wir für unsere bevorstehende Heirat zusammenstellten.

Wenn du in Deutschland heiraten möchtest und dein Partner oder deine Partnerin zufällig keine deutsche Staatsangehörigkeit hat, hast du die Prüfung deines Lebens angefangen. Es herrscht die Meinung zwischen Nichteinheimischen, dass, wenn du mit deinem deutschen Partner in dein Ursprungsland gehst, Folgendes passiert, sobald ihr zurückkommt: Entweder trennt ihr euch oder eure Liebe wird dadurch stärker. Doch wenn ihr hier heiraten wollt, ist das noch einmal eine ganz andere Nummer. Glaub mir, ihr werdet erneut auf Herz und Nieren geprüft.

Zunächst einmal: Gratuliere, dass du hier heiraten möchtest! Genieße eure Liebe, bevor sie durch die deutschen Behörden auf die schwierigste Probe gestellt wird. Du meinst, ich übertreibe?
Hier eine Liste von Nachweisen, die du brauchst, um hier zu heiraten:

1. Ein Ehefähigkeitszeugnis, das in deinem Heimatland ausgestellt wird – hier hast du das Gefühl, allein vom Begriff her, es würde dir unterstellt, dass du nicht fähig bist zu heiraten (auf Englisch: certificate of no impediment)
2. Ein Beweis, dass ihr euch liebt – diesen Punkt werdet ihr nirgends lesen, aber ich weiß, dass dieser Liebesnachweis verlangt wird, wenn beide Partner zum Zeitpunkt des Antrages nicht gemeinsam leben (wie, fragst du dich, beweist du, dass ihr euch liebt?)
3. Ein Beweis, dass du arbeitest (ich meine, wie war das mit den Grundrechten? Darf ich nur heiraten, wenn ich Geld verdiene?)
4. Eine Geburtsurkunde, die nicht älter ist als sechs Monate (den Behörden ist schon bewusst, dass du älter bist als sechs Monate)
5. Ein Umgang mit Hindernissen, die im Ermessen des Sachbearbeiters liegen (sei offen, vielleicht hast du mehr Glück als die meisten)

Die Krönung: Als ob die Liste nicht Mission Impossible genug ist, müssen alle diese Dokumente übersetzt werden. Und nicht nur das, – sie werden zurück zur deutschen Botschaft in deinem Heimatland geschickt, um die Prüfung vor Ort durch eine vertraute Stelle durchzunehmen. Dieses Hin und Her ist alles andere als wirtschaftlich. Aber du verdienst ja genug Geld, sonst dürftest du ohnehin nicht heiraten. Die Kosten darfst du ruhig übernehmen. Natürlich fragst du dich, was noch für die Hochzeit selbst und für die Flitterwochen übrigbleibt. Hinzu kommt, dass es nicht nur um diese Dokumente geht. Die Personen auf der Behörde scheinen dir dein Glück kaum zu gönnen. Viele dieser Begriffe sind so kompliziert, dass nicht einmal Deutsche sie verstehen. Da darfst du doch erwarten, dass sich jemand Zeit nimmt, um sie dir zu erklären.

Ich weiß noch, wie aufgeregt und glücklich wir waren, als wir unsere Hochzeit melden wollten. In Filmen sehen wir doch stets nur Freude bei deren Verkündigung. Ich habe zumindest herzliche Gratulation erwartet. Das kannst du vergessen. Deine Emotionen haben auf dem Standesamt keinen Platz. In unserem Fall sagte mein Mann immer treffend: „Die Dame hat nur eine Schallplatte aufgelegt." Es interessierte sie nicht, welches Anliegen wir hatten. Sie wiederholte immer das Gleiche, nur jedes Mal lauter. Mit aller Ernsthaftigkeit. Als ob sie einen Bonus bekommen würde, je mehr Heiratskandidaten sie verscheucht.

In deiner Euphorie und deinem Liebesrausch wirst du sofort auf den Boden der Tatsache gebracht: Wir sind hier in Deutschland und du hast nur zu feiern, wenn wir es dir erlauben.

Was hat uns schlussendlich weitergeholfen? Siehe da, die Macht der Wahl. Wir lasen viel und recherchierten, denn wir ahnten, dass das Standesamt in Deutschland oder die Dame, die wir dort antrafen, keine Repräsentanten für Deutschland sein konnten. Wir weigerten uns, unser Schicksal in ihre Hände zu legen. Diese hoffentlich noch kommende schöne Erfahrung der Eheschließung wollten wir nicht mit dieser Dame teilen. Jetzt ist es raus.
Unsere Prioritäten änderten sich. Wir wollten in Konstanz heiraten. Dort hatten wir uns kennengelernt und das Standesamt war sehr schön. Wer möchte nicht mit Konstanz in einem Bündnis stehen? Doch die fehlende Freundlichkeit, der Umgang, all das war es uns nicht wert. So suchten wir nach Alternativen.

Wir gingen schließlich nach Engen. Von der Erzählung unseres Anliegens bis hin zur Ausführung: Die Vorgaben durch das Gesetz waren dieselben, aber die Handhabung und der Umgang mit uns als Klienten war unglaublich anders. Es lagen Welten dazwischen. Auch der Standesbeamte schenkte uns schöne Momente und eine wunderbare Atmosphäre, sodass unser Tag alles andere in die Vergessenheit brachte.

Was lernen wir hieraus und was möchte ich dir ernsthaft mitgeben?

Erstens: Du hast immer eine Wahl. Im Falle einer Heirat kannst du deinen Wohnsitz wechseln oder eine Nebenwohnung anmelden oder in einem anderen Land heiraten. Im Umgang mit anderen Kulturen, auch wenn Heirat keine Rolle spielt, hast du ebenfalls immer die Wahl, zu entscheiden, ob du mitspielst oder nicht, anstatt dir selbst oder anderen das Leben schwer zu machen.

Zweitens: Es gibt immer andere Vertretungen eines Landes. Gehe nicht nur von deinem ersten Erlebnis aus. Ich weiß, das ist schwierig, vor allem wenn das Erlebnis schlimm war. Ich weiß aber auch, dass die Dame in Konstanz nicht für alle Behörden steht. Die Mitarbeitenden der anderen Behörde hatte Freude dabei, uns zu helfen. Dies zu verinnerlichen, hilft dir, anderen und dir selbst immer wieder eine Chance zu geben.

Drittens: Diese fast unmögliche Papier-und-Nerven-Reise bringt dich wie bei mir zurück in dein Heimatland. Du merkst wieder, wie wenig du das System in deinem Heimatland kennst. Du merkst, was du an Deutschland so schätzt, wenn auch nicht gerade den Weg voller Hindernisse zum Standesamt.

Viertens: Du lernst nochmals, die Gesetze zu kennen, damit du sachliche Argumente hast, falls die Sachbearbeiter in der Umsetzung falsch liegen sollten. Diese helfen dir auch in anderen Bereichen.

Fünftens: und zum Schluss: Du lernst, deine Ehe zu schätzen – sie ist dir schließlich nicht einfach so zugeflogen. Dass der Weg zur Ehe harte Arbeit ist, hast du nie gedacht, aber das stärkt das Bündnis nur. Was kann euch nun noch auseinanderbringen?

Übrigens: Schaffen nicht erst solche Bündnisse zwischen Nationen eine bessere Nachwelt für unsere Kinder und Enkelkinder?

Nachdem ihr die Behörden-Reise längst vergessen habt, werdet ihr lernen, einander Raum zu geben, vor allem bei unterschiedlicher Arbeitsmethodik. Eine Alltagssituation zu Hause macht das anschaulich, bevor ich für dich den Weg Nummer 18 zusammenfasse:

„Stimmt, wir zwei in der Küche, das geht gar nicht!“

Das sagte mein Mann neulich zum wiederholten Mal, als er während eines Gespräches mit mir zusah, wie ich in der Küche die Schubladen offenließ. Denn meine Art lenkte ihn vom Gespräch ab. Ich konnte sehen, wie sehr ihn das „Schlachtfeld“ juckte. Wir lachten beide und dachten an das, was wir vor Jahren entschieden haben: Wir teilen uns (fast) alles, nur nicht die Küche während eines Kochprojekts. Wie du siehst: Vielfalt und die damit verbundenen Herausforderungen fangen zu Hause an. Eine Alltagssituation daheim erzählt vieles über uns. Mein Mann und ich sind sehr unterschiedlich, was unsere Arbeitsmethodik in der Küche angeht.

Er: Ordentlich, räumt den Abfall sofort weg und Gewürze sofort wieder an ihren Platz, Schubladen sind konsequent zu, alles streng nach Zeit, ohne das Gericht vor dem Servieren zu kosten.
Ergebnis: Hervorragend. Wenn er kocht, nehme ich spontan zu.

Ich: „Räume-alles-auf-einmal-auf-Stil". Abfall erst mal sammeln, Schubladen, sofern sie mir nicht im Weg stehen, offenlassen, bis ich fertig bin, alles nach Gefühl und das Gekochte unbedingt kosten.
Ergebnis aus seiner Sicht: Hervorragend, meistens.

Diese Erkenntnis übertrage ich stets in mein berufliches Umfeld. Wenn es keine guten Gründe dafür gibt, dass alle etwas ähnlich machen sollten, ist das Respektieren anderer Arbeitsmethoden ein mächtiges Werkzeug, um Raum für Neues zu schaffen. Für manche Paare ist das gemeinsame Kochen eine Teambuilding-Maßnahme. Für uns ist das getrennte Kochen die Maßnahme. Nicht einmal Rezeptdetails werden verraten. Dieses Los-lassen ist genial. Das Ergebnis ist verblüffend. Fühlt es sich nicht wunderbar an, anderen Raum zu geben, damit sie sich entfalten können, ohne dass wir uns einmischen? Nach der gewissenhaften Behördenzulassung sowieso.

Dein magischer Weg Nummer 18 lautet: Schließe langfristig eine Allianz oder ein Bündnis; im privaten oder beruflichen Kontext, trotz aller Hindernisse und trotz aller Unterschiede, die ihr noch entdecken werdet. Während ihr zusammenarbeitet, lass es auch einmal anders gemacht werden als du es gewohnt bist. Du lebst dann länger. Auf jeden Fall glücklicher. Ihr entdeckt gemeinsam noch nie dagewesene Möglichkeiten und baut Brücken zwischen Gesellschaften und Kulturen.

04

Teil 4:

Die Wirtschaft
Sozial oder asozial?

Dass Ausländer und Einwanderer massiv zum wirtschaftlichen Wachstum beitragen, ist vielen zwar bekannt.
Dass sie als Menschen mit Gefühlen behandelt werden wollen, scheint jedoch ein Luxus zu sein, den sich viele noch nicht leisten möchten.

#19

Unsere Kunden werden dich nicht akzeptieren

„Frau Omondi, es passt alles. Ich würde Sie so gerne nehmen, aber unsere Kunden werden Sie nicht akzeptieren.“

Ich erinnere mich noch genau an diesen Tag. Den Tag, an dem ich in diesem Land schwarzsah. Damit meine ich nicht, dass ich zum ersten Mal in den Spiegel sah und erkannte, dass ich schwarz bin. Ich meine auch nicht, dass ich ohne Rundfunkgebühren zu zahlen fernsah.

Doch der Reihe nach.

Gegen Ende meines Erststudiums bekam ich eine Auszeichnung: Einen DAAD-Preis für die beste ausländische Studentin. DAAD ist ein Studentenverband und steht für Deutsch-Akademischer-Austauschdienst.

Gemäß Laudatio meines damaligen Professors und Betreuers meiner Diplomarbeit wurde die Nominierung und Auszeichnung mit meiner herausragenden Leistung begründet. Die Leistung bezog sich nicht nur auf die Noten. Es ging auch darum, dass ich während des Studiums mein Kind versorgte und nebenbei arbeitete, um uns zu finanzieren, und dass die Hochschule meinen

Umgang mit Farbe und meine Ausstrahlung schätzte. Dass ich auch so eine Art „Entwicklungshilfe“ hier leistete.

Diese Auszeichnung war der Höhepunkt meines Studiums. Ich war und bin immer noch überwältigt, dass jemand mehr als nur reine Noten anerkannte und dass Diversität damals schon geschätzt wurde.

Meine Rede war sehr emotional. Am Schluss bat ich auch darum – ein Tipp von meinem Professor –, dass die Anzahl der Studienplätze für ausländische Studierende erhöht wird. Denn an diesem Tag waren alle Entscheidungstragenden anwesend. Ein Jahr später wurden die Plätze tatsächlich erhöht. Die Presse war natürlich auch dabei. Das heißt, ich war in der Zeitung, mit meinem Sohn, der damals fast acht Jahre alt war.

Übrigens, die Nominierung kam von dem Professor, über den ich in Kapitel 12 berichtete. Mein Professor, also der, der die Nominierung angestoßen hatte, und mein Diplomarbeitsbetreuer waren sich einig: Diese Auszeichnung und der Zeitungsartikel würden mir das Leben leichter machen, etwa wenn es darum ging, einen Job zu finden.

Tatsächlich war ich auch selbst unabhängig von dem Zeitungsartikel sicher, dass es jetzt nur noch vorwärts gehen würde. Ich hatte ja ein Ziel, seitdem ich mir vorgenommen hatte, den Lebensstandard meiner Mutter zu erhöhen. Es war, als ob ich die fehlenden finanziellen Möglichkeiten, die ich als Kind vermisst hatte, nun nachholen würde. Schluss mit niedrig bezahlten Studentenjobs wie Toilettenputzen und auf dem Weihnachtsmarkt verkaufen. Schluss mit Restaurantjobs, bei denen ich auf das Trinkgeld angewiesen war. Endlich ein geregeltes Einkommen, um meinem Leben, dem Leben meines Sohnes und dem meiner Mutter eine bessere Qualität zu verleihen.

Kurz gesagt: Es gab nichts mehr, was mich von meinen Träumen abhalten würde, denn alles, was es brauchte – also Studium, super Leistung, tolles Netzwerk –, hatte ich nun. Es würde klappen. So dachte ich.

Doch weit gefehlt. Zum Schluss hatte ich mehr als hundert Bewerbungen geschrieben. Ich fing an, nach Gründen für die Ablehnungen zu fragen, um mich zu verbessern. Ich startete eine Excel-Datei, um meine Erkenntnisse und die Begründungen festzuhalten. Ich war zunächst überzeugt, es läge an vielem, was ich ändern könnte. Ich wollte daraus lernen. Einige Bewerbungen hatte ich natürlich abgeschickt, bevor ich die Auszeichnung bekam.

Prompt nach diesem Zeitungsartikel erhielt ich eine Einladung zum Vorstellungsgespräch in Konstanz, von einem Geschäftsführer, der diesen Artikel gelesen hatte. Ich war begeistert. Ich war aufgeregt. Ich war zuversichtlich.

Das Gespräch ging etwa eineinhalb Stunden. Wir sprachen auch über den Zeitungsartikel. Mein Gesprächspartner führte mich herum und zeigte mir die Räumlichkeiten. Ich spürte, dass es klappen würde. Die Aufgaben wären spannend. Doch plötzlich, aus dem Nichts, holte er Luft und ich dachte, jetzt würde er die Entscheidung fällen, damit wir vorankommen.

Ja, er fällte die Entscheidung, aber in eine andere Richtung, als ich mir je hätte denken können. Er sagte: „Frau Omondi, es passt alles. Ich würde Sie so gerne nehmen, aber unsere Kunden werden Sie nicht akzeptieren."

Ich, baff, sprachlos und mit einem Ich-verstehe-die-Welt-nicht-mehr-Gesicht, signalisierte ihm, dass ich diesen Satz nicht verstand. Er wiederholte und ergänzte: „Ich würde Sie so gerne nehmen, aber unsere Kunden werden Sie nicht akzeptieren, weil Sie nicht aus Deutschland kommen. Es liegt an Ihrer Nationalität."

Was machst du mit dieser Aussage? Was kannst du ändern, um sie zu widerlegen? Und überhaupt, stand meine Herkunft nicht klar in meinem Lebenslauf? Auch auf dem Foto in der Zeitung war ich so schwarz gewesen wie jetzt. Mein Geburtsland hatte ich erwähnt. Ich dachte, wenn alle hier so denken, dann wird es nie klappen. Ich war am Boden zerstört. Es war, als ob ich im falschen Land meine Zeit in das falsche Studium investiert hätte.

Mein damaliger Freund, jetzt mein Mann, verstand diese Aussage als Deutscher selbst nicht. Bis heute frage ich mich: Hat der Geschäftsführer bei den Kunden nachgefragt? Warum hat er diese Annahme getroffen? Zählt für die Kunden nicht das Ergebnis? Hat er seine Kunden vielleicht nur vorgeschoben, aber ausschließlich er selbst hatte Probleme mit meiner Nationalität? Hatte er selbst Angst und unterstellte dieselbe seinen Kunden, damit sie der Sündenbock waren und nicht er?

Wenn ich wirklich hinter jemandem stehe, dann gestalten wir doch gemeinsam unsere Arbeit so, dass das Ergebnis nach wie vor stimmt oder die Erwartungen sogar übertroffen werden. Hätte er mich angestellt, wenn es per Anweisungen geheißen hätte, dass sie eine „schwarze Quote" brauchen? Wenn ja, hätte er mich zu schätzen gelernt, trotz dieser Anweisung? Hatte er selbst keine Würde und Werte, um seine Position gegenüber Kollegen und Kunden zu vertreten?

Um diese letzte Frage geht es für jeden von uns: Hast du deine Werte definiert? Hast du die Entscheidung für dich klar getroffen und deinen Kreis der Würde so eng wie möglich definiert, sodass du nicht wackelig bist, wenn jemand plötzlich fragt: „Warum stellst du eine Schwarze ein?"

Als ich auf LinkedIn darüber berichtete, sagte eine Person etwas, was ich dir auch mitgeben möchte. Sinngemäß: „Wer meine Mitarbeitenden aufgrund der Herkunft ablehnt, mit dem möchte ich nicht zusammenarbeiten.". Diese Person hat für sich definiert, was Wertschätzung und Vielfalt bedeutet und was es heißt, seine Stakeholder sowie Kunden nach ihren Werten auszuwählen. Und warum meinen wir, wir müssten unsere Kunden vor Ausländern beschützen? Warum lassen wir es nicht darauf ankommen?

Natürlich ist es ein Risiko. Aber es ist genauso eine Chance. Nicht umsonst haben wir hierzulande eine Probezeit. So können beide, Arbeitgeber und Arbeitnehmer immer noch auseinandergehen. Rückblickend bin ich froh, dass ich nicht dort gestartet bin, denn mit dieser fehlenden Überzeugung seitens potentiellen Vorgesetzten weiß ich nicht, ob eine Entfaltung möglich gewesen wäre.

Nur weil der Kunde zahlt, müssen wir nicht alles tun, was gegen unsere Werte ist. Werte und Erwartungen zu klären, ist das A und O. Mit der technologischen Entwicklung und im Sinne der Transparenz sollte jedem klar sein, dass es rückschrittlich ist, wenn wir andere Kulturen „bestrafen". Im Bereich Lebensmittelproduktion sind wir froh über Arbeitende aus Rumänien, Kroatien usw. Diese Branche schafft es. Warum nicht auch andere Branche? Menschen sind froh, wenn Programmierer aus aller Welt liefern. Zunächst mal aufgrund des Preises. Ohne Wertschätzung bleibt die Zusammenarbeit dennoch nicht lange erhalten.

Wenn du auch so denkst wie mein damaliger beinahe Vorgesetzter, wirst du dich wundern, dass plötzlich die „verachteten" Fremden über dein Schicksal entscheiden. Weil du engstirnig bist. Weil du nicht akzeptierst, dass andere ein Teil unserer Gesellschaft sind und dass wir alle – Arbeitgeber, Arbeitnehmer, Vermieter, Mieter und viele andere – dazu beitragen, dass echte Integration stattfindet.

Dein Weg Nummer 19 lautet also: Wage es, jemanden einzustellen, den niemand in deinem Betrieb erwartet hat. Stehe zu deiner Entscheidung. Magische Begegnungen werden vertieft, wenn du das tust, was andere aufgrund von Unwissenheit vehement ablehnen. Die erste Person, die zur Vielfalt im Betrieb steht, macht anderen Mut. Sei diese Person. Für die anderen: Wie sagen wir hierzulande so schön? Manche Menschen muss man zu ihrem Glück zwingen. Frage nicht um Erlaubnis. Tu es einfach.

Wenn deine Kollegen dazu schweigen, kann das jedoch andere Gründe haben, wie du im nächsten Kapitel herausfinden wirst.

Es ist einfacher, Menschen, die sprechen, einzuschätzen. Wenn jemand schweigt, kann es dafür aber auch viele Gründe geben. Nimm nichts an. Schweige und beobachte, dann suche den Dialog.
Die Erkenntnisse daraus stärken dein Vertrauen in dich selbst und andere Menschen.

#20

Wenn deine Kollegen schweigen

„Susan, ich muss dir etwas sagen“, fing mein Kollege nach etwa fünf Monaten Zusammenarbeit an.

Ich erinnere mich ganz genau an den Tag des Vorstellungsgespräches. Mein Kollege war auch dazu eingeladen worden, um mich kennenzulernen. Während meine offizielle Kontaktperson sehr offen und kommunikativ war und aufmerksam zuhörte, schaute er mich nur hin und wieder an und schwieg.

Ich fragte mich damals vieles, unter anderem:

Mag er mich nicht?

Möchte er vielleicht nicht mit Ausländern arbeiten?

Wie kann ich denn mit ihm zusammenarbeiten, bei dieser Stimmung?

Diese Fragen haben mich nicht daran gehindert, ja zu sagen, als die Firma mir ein Angebot machte. Natürlich erwies sich meine Angst nach einer Woche als unbegründet. Es stellte sich heraus, dass mein Bürokollege und Betreuer wohl sehr gerne mit mir sprach, mir alles erzählte und offen war.

Als ich meinen ersten Eindruck schon vergessen hatte, sagte er nach etwa fünf Monaten zu mir: „Susan, ich muss dir etwas sagen."

Verunsichert und neugierig zugleich, fragte ich mich, was ich falsch gemacht hatte.

Er fuhr fort, als er sicher war, dass er meine Aufmerksamkeit hatte. „Weißt du, Susan, am Tag deines Vorstellungsgespräches hatte ich Angst, dass ich Englisch sprechen muss."

Ich erinnerte mich daran, wie ich mir den Kopf darüber zerbrochen hatte. In keiner Minute hatte ich gedacht, dass die Ursache des Schweigens bei ihm gelegen haben könnte und nicht bei mir.

Sind solche Erlebnisse nicht krass? Stell dir vor, ich würde zu voreilig Schlüsse ziehen.

Diese Erfahrung lehrte mich, nicht viel in Ereignisse hineinzuinterpretieren, denn jeder hat seine Herausforderungen. Diese werden aus irgendeinem Grund nicht direkt erwähnt, sodass wir nur rätseln können. Ich tendierte dazu, den Grund bei mir zu suchen.

Wenn also deine Kollegen schweigen, muss das weder mit deinem Anderssein zu tun haben noch etwas Negatives bedeuten. Am besten ist es zu fragen, dein Anliegen richtig zu platzieren oder zumindest geduldig zu warten, ohne etwas hineinzuinterpretieren.

Weitere Beispiel-Erlebnisse?

„Frau Omondi, jetzt muss ich Ihnen etwas sagen…"

Ich erinnere mich an diesen Fall ebenfalls noch ganz genau. Das erste Mal, dass jemand mich in der Schweiz absolut ernst ansah. Währenddessen stellte er sicher, dass sonst kein Mensch in der Nähe war, um mir nach einem Vorstellungsgespräch zu eröffnen: „Frau Omondi, jetzt muss ich Ihnen etwas sagen..."

Während ich innerlich eine Oh-Gott-was-habe-ich-falsch-gemacht-Miene machte und überlegte, was er wohl unbedingt loswerden wollte, redete er nach einer kurzen Pause weiter: „Sie sind ein Juwel."

Bei seiner Ernsthaftigkeit musste ich wirklich kurz überlegen, ob das deutsche Wort „Juwel" nun etwas Positives bedeutet oder nicht. Doch dann atmete ich erleichtert auf und antwortete mit einem Lächeln. Gleichzeitig bewunderte ich, wie ernst mein Gesprächspartner ein Kompliment rüberbringen konnte. So etwas hatte ich bis dahin nicht erlebt.

Ich hatte den Job, falls du dich an dieser Stelle fragst, wie es ausgegangen ist.

Jahre später sagte ein Kollege zu mir: „Susan, jetzt muss ich dir etwas sagen..."

Wieder war ich gespannt und fragte mich auch dieses Mal – du ahnst es: „Was habe ich nur falsch gemacht?"

„Endlich jemand, der von Tür zu Tür geht und Guten Morgen sagt", fuhr er dann fort. Das war etwas Positives, stellte sich heraus. Ein Glück!

Neulich an einem Audit-Tag sagte eine auditierte Person in der Mittagspause zu mir: „Frau Omondi, jetzt muss ich Ihnen etwas sagen..."

Und ja, ich hatte wieder vergessen, dass dieser Satzanfang positiv sein könnte und spürte eine leichte Anspannung in mir. Behutsam legte ich meine Gabel hin und schaute sie an.

„Sie stellen unglaublich scharfsinnige Fragen. Die bringen uns auf jeden Fall weiter", meinte sie.
Was blieb mir da anderes übrig, als mich sehr zu bedanken und wieder einmal diese drei Dinge zu lernen:

Erstens: Denke nicht für andere und interpretiere nichts in ihr Verhalten und ihre Aussagen hinein. Denn der Satz „Jetzt muss ich Ihnen etwas sagen" kann auch positiv sein. Wie Thomas Küng in seinem Buch „Gebrauchsanweisung für die Schweiz" sagt: „Schweizer sind im Grunde freundliche Menschen, wenn man sie nur lässt."

Ich ergänze: Wahrscheinlich wie die meisten Menschen auf dieser Welt. Wenn wir es zulassen.

Zweitens: Der erste Eindruck zählt nicht. Auch in den Nachbarländern gilt: Liebe geschieht auf den zweiten Blick, aber dafür intensiver, ehrlicher und verbindlicher.

Drittens: Wahrhaftige Begegnungen und Verbindungen benötigen Geduld – von beiden Seiten. So durfte ich vielen Menschen in der Schweiz und in Deutschland begegnen, die sich Zeit ließen, um mir zu sagen, was sie bewegte, und diese schätzen lernen.

Heute muss ich dir auch etwas sagen, liebe Leserin, lieber Leser:

Herzlichen Dank für deine Begleitung und dafür, dass du dieses Buch liest!

Du ahnst bestimmt, wie dein magischer Weg Nummer 20 lautet: Sage heute jemandem etwas, das dich bewegt, denn Vielfalt braucht eine Bühne, wie wir im nächsten Kapitel feststellen werden. Die erste Bühne ist das Gespräch zwischen zwei Menschen, das Anerkennen der wertvollen Eigenschaften einer Person. Jede Person hat sicher etwas, was sie auszeichnet. Teile dies unerwartet mit. Du wirst über die Wirkung staunen. Denn Komplimente laut auszusprechen tut dir selbst gut und eröffnet Wege zu magischen Begegnungen. Das hilft dir, die Magie und die Vielfalt in dir und in anderen zu entfesseln.

Wem „musst" du heute etwas sagen?

Hier einige wertschätzende Worte, die ich von der LinkedIn-Community als Reaktion erhielt, nachdem ich das Thema angesprochen hatte – darunter großartige Persönlichkeiten, die ich ebenfalls sehr schätze und die signifikant zur Vielfalt beitragen:

Meine liebe Susan, auch ich muss Dir ernsthaft etwas sagen:
Und das an einem Montag…
Es ist schön, dass das Leben Dich an mein mentales Ufer gespült hat und uns diese besondere Zeit, so sehr verbindet.
(Petra Lober, LinkedIn Content Creator, 2022)

Früher: ‚Wow, die macht das gut!'
Später: ‚Hey, Du machst das gut!'
Heute: ‚Kompliment! Was ich ganz spezifisch an Deiner Art, es zu machen, schätze:....................!'
Bei Dir kann ich gar nicht aufhören mit Komplimenten, liebe Twin-Sis. Deshalb fange ich hier schon gar nicht an.
(Thomas Rychiger, LinkedIn Content Creator, 2022)

Du bist die tollste Twin-Sis, die man sich nur wünschen kann & Dein Outfit auf diesem Bild ist einfach nur der absoluuuuute Kracher.
(Ellen Maier, LinkedIn Content Creator, 2022) – Übrigens, ihr Buch „Die Schmiede der schwarzen Seelen“ ist mehr als empfehlenswert. Sie spricht aber nicht über meine schwarze Seele, ich schwöre es.

Du bist eines der schönsten Juwelen, die ich kennenlernen durfte, liebe Susan.
(Michaela Rietz, LinkedIn Content Creator, 2022)

Deine Art der Wahrnehmung öffnet das Herz und den Blick auf die Menschen um uns herum... (Friedlinde Rothgängel, LinkedIn Content Creator, 2022)

Ich finde deine Art, es zu transportieren, ganz toll (weil es so locker und trotzdem informativ ist).
(Andrea Domenig, LinkedIn Content Creator und Podcasterin, 2022)

Wo wären wir, wenn wir nicht über das, was uns bedrückt, sprechen würden?
Das gilt auch für Vielfalt.
Die Magie passiert, wenn wir erkennen, dass es keinen Grund zur Sorge gibt.

#21

Vielfalt braucht eine Bühne

„Susan, brauchen sie dein Foto, um zu zeigen, dass sie gegen Diskriminierung sind?"

Als ich noch jung war, habe ich mit Freude an Fotoshootings teilgenommen. Okay, Fotoshootings sind keine Frage des Alters. Ich liebe sie immer noch.

Eines davon war bei meinem damaligen Arbeitgeber. Das heißt, es gab Fotos von mir allein und auch welche von uns als Team. Die Fotos waren für unsere Broschüre bestimmt, für unsere Website, für unsere Werte. Einer dieser Werte war: Wir sind gegen Diskriminierung. Ein Foto von mir tauchte hier in der Entwurfsphase auf. Wir durften die Entwürfe dann mitnehmen.

Als wir im Zug waren, fragte mich eine Freundin, ob „sie" mein Foto unbedingt für diese Aussage bräuchten. Sprich, ob unser Arbeitgeber wirklich mein Foto braucht, um zu zeigen, dass er gegen Diskriminierung ist. Natürlich brachte mich diese Frage leicht aus dem Konzept. Es entstand ein Konflikt in mir. Einerseits verspürte ich Freude über diese wirklich wunderbar gewordenen Fotos und andererseits hatte ich Bedenken in Bezug auf deren Nutzen.

Am nächsten Tag suchte ich den Dialog mit dem Verantwortlichen. Ich war neugierig auf seine Haltung.

Er hörte mir zu und sagte anschließend: „Du hast recht, du passt besser zu Leadership."

Danach wurden die Fotos für verschiedenste Themen verwendet. Es war ein erlebnisreicher Fotoshooting-Tag als Team. Wir ließen Dialoge zu, was deren Verwendung betraf. Wir ließen uns aufeinander ein. Wir lernten uns bereichs- und stufenübergreifend kennen. Und ja, ich lasse mein Foto auch für die Aussage „Wir sind gegen Diskriminierung" verwenden.

Ja, es braucht Gesichter, um Vielfalt zu zeigen.

Ja, es braucht eigene Mitarbeitende, um Storys zu erzählen.

Vielfalt braucht eine Bühne. Im letzten Kapitel haben wir gesehen, dass die kleinsten Bühnen mit wertschätzenden Gesprächen beginnen. Du darfst weitergehen und große Bühnen schaffen, online oder offline, denn Vielfalt braucht Gesichter, die andere Menschen sehen, um zu merken: „Wir sind auch willkommen." Manchmal brauchen wir auch Gesetze oder Verordnungen, um einiges zu beschleunigen.

„Susan, was hältst du von der Quotenregelung?", werde ich öfters gefragt. Etwa wie die Frauenquote, welche in Westeuropa mittlerweile zur Normalität geworden ist.

Ich vergleiche diese dann innerlich mit der Quotenregelung für Ausländer, die hier beispielsweise Studienplätze oder ein Kontingent bei den Behörden vorgibt. Hier wird limitiert. Hier werden Türen geschlossen. Die Quotenregelung für Frauen erhöht hingegen die Chance auf Frauenbeteiligung. Hier werden Türen aufgemacht.

Wenn Menschen und Führungskräfte daran gemessen werden, wie vielen Frauen sie tatsächlich einstellen, wird es klappen. Es ist ein Ziel wie jedes andere. Wenn ich mehr Frauen in Führungspositionen will, muss ich diese Zielerreichung auch belohnen. Kurz gesagt: Ja, ich bin überzeugt, dass sie für viele

Menschen und Unternehmen nötig ist. Andere, die viel weiter sind, brauchen keine Regelungen. Sie werden von sich aus diese Schritte vorher gewagt haben oder diese Regelung willkommen heißen und das Beste daraus machen. In den USA, so erzählte mir eine Interviewpartnerin zum Thema Diversität, sind Quoten verboten. Auch ein spannender Ansatz. Wie die Gesetze Regelungen für Vielfalt vorsehen und die Menschen diese in den Betrieben oder Gemeinschaften umsetzen, ist von Land zu Land unterschiedlich.

Ich für meinen Teil denke, dass dadurch ein Maßstab gesetzt wird. Selbst wenn ein Unternehmen mit seinen Werten so etwas bekannt gibt wie „Wir sind gegen Diskriminierung", muss dies nicht perfekt starten. Es ist ein Bekenntnis, ein Ziel, eine Basis, um ein gemeinsames Verständnis zu schaffen. Überhaupt betrachte ich Leitbilder für sich selbst und für ein Unternehmen als massiv unterschätzte Werkzeuge, um sich zu positionieren und die Richtung oder den Kurs zu korrigieren, sollten wir mit der Zeit schwanken. Es ist eine Entscheidung, die du triffst, als Individuum, als Unternehmen oder als Gesellschaft. Allen, die neu zu uns kommen, zeigen wir klar, wofür wir stehen.

Vielfalt braucht eine Bühne, das kann ich nicht genug wiederholen. Es gibt zehn Aspekte, die dabei sehr elementar sind, damit diese Bühne der Vielfalt auch dem Unternehmen etwas bringt:

1. Schaffe in den Unternehmen Events, bei denen Menschen sie selbst sein dürfen. Weg mit Titeln für eine Weile. Schaffe eine Atmosphäre, in der Menschen zu ihren Storys stehen und die Minderheit sowie die Mehrheit gemischt sitzen. Ein möglicher Weg sind Events mit Interviews. Das kann ich aus Sicht der Moderatorin bestätigen. Welche Magie mit einfachsten Erzählungen entfesselt wird, ist fantastisch.
2. Lebe das, was du predigst, in deinem täglichen Tun, damit deine Werte auch ohne Worte spürbar sind.
3. Diese Gesichter dürfen nicht nur Dekoration sein. Es ist enorm wichtig, dass die Personen Stimmen haben. Der Anlass kann ein anderer sein, etwa eine Gesetzesregelung. Einmal angekommen sind diese Menschen jedoch Teil deiner Gruppe und sollten nicht als Quotenpersonen gelten. Es braucht

Selbstverantwortung und Selbstbewusstsein, die wiederum eine Bühne brauchen, um mehr als nur eine Quotenperson zu sein. Damit diese Personen selbst Storys erzählen.

4. Achte darauf, dass ihr diese Menschen nicht zu sehr beschützt. Überhaupt geht es nicht ums Beschützen, wie ich es so oft erlebe. Es geht um Befähigung, denn sie wissen am besten, was sie wollen. Es geht um ihre Persönlichkeitsentwicklung, die wiederum dafür sorgt, dass sie effektiv mitgestalten (siehe auch Punkt 3)
5. Achte darauf, dass die Minderheiten ihre Wurzeln nicht verlieren, es sei denn, es ist eine bewusste Entscheidung von ihnen selbst. Sprich, ihr könnt Events beispielsweise mit Spielen aus verschiedenen Ländern gestalten. So lernt ihr euch besser kennen und niemand hat das Gefühl, alles ablegen zu müssen, um dazuzugehören.
6. Achte darauf, dass ihr dabei andere Minderheiten oder sogar die Mehrheit nicht mit euren Programmen ausgrenzt. Jeder, wenn wir es genauer betrachten, ist mal in der Minderheit, denn Minderheit hat viele Gesichter. Vielleicht ist es mal der Chef, nur aufgrund seines Status, oder eine hochbegabte Person, die schnell überfordert ist. Natürlich können wir nicht jeden jederzeit berücksichtigen. Aber ein Abend oder Programme nur für Frauen grenzen Männer aus. Dabei können wir die Herausforderungen nur gemeinsam meistern.
7. Beziehe Menschen in die Gestaltung der Bühne mit ein. Es ist naiv zu denken, dass alle Angehörigen der Minderheit nur über ihre Minderheit sprechen möchten. Ich mag dieses Thema, andere Susans möchten lieber nur Software entwickeln. Andere erzählen gerne ihre Geschichten, wie ich, wieder andere hören lieber zu.
8. Achte auf gemischte Teams, nicht nur bei solchen Programmen oder Events. Solltet ihr auch im Ausland Gesellschaften haben, dann lautet die Frage, wie ihr führt. Schickt ihr jemanden aus Deutschland oder aus der Schweiz ins Ausland oder steht ihr zu lokalen Mitarbeitenden?
9. Beachte, dass diese Bühne und die Botschaft eure Werte auch weiterhin und ohne eure Anwesenheit widerspiegeln werden. Siehe dazu auch Kapitel 25. Das bedeutet, die Produkte und die Lösungen, die ihr in die Welt setzt, tragen dazu bei, dass die Bühne der Vielfalt wächst.

10. Lass das ganze Teil deiner Kultur sein – daheim oder in der Firma. Sei offen für Gespräche. Wenn jemand etwas Schlimmes erfahren hat oder es darum geht, Menschen in ihrer Persönlichkeit so zu stärken, dass nicht alles auf die Goldwaage gelegt wird. Jeder von uns, jeder von euch, wir als Eltern oder Führungskräfte gehen mit gutem Beispiel voran. Achte darauf, dass ihr nicht schlecht über andere Kulturen sprecht.

Dein magischer Weg Nummer 21: Schaffe Raum und Platz für Vielfalt, zum Beispiel mit einem Fotoshooting und dem Schreiben von Geschichten. Schaffe eine Bühne, beispielsweise durch Events oder Plattformen, um Storys zu teilen und von Erzählungen zu lernen.

Dennoch: Nein zu Bühnen, auf denen Bilder von traurigen Kindern verwendet werden, um Geld zu sammeln. Achte auf deine Botschaft.

Wann war dein letztes Fotoshooting? Wann hast du zuletzt eine Bühne der Begegnung angeboten?

Daran erkennst du, dass du anderen schon längst vertraust: Schaue einfach, was du dir ansiehst und was du verwendest. Woher stammen diese Produkte? Es ist sogar möglich, dass du jemandem, den du noch nicht magst, deine Sicherheit anvertraust.
Ergo: Sei offen und wertschätzend, denn du weißt nicht, wer gerade für deine Sicherheit sorgt.

#22

Schon längst vertraut und doch diese Angst

„Das ist ja Billigware aus China."

Diese Bemerkung habe ich im Jahr 1997 zwischendurch und auch jetzt während der Entstehung dieses Buches im Jahr 2023 mehrfach gehört. Das ist spannend zu beobachten: Während Chinesen immer schneller und reicher werden, halten wir uns an dem Gedanken fest, dass alle Waren aus China als minderwertig einzustufen sind.

Interessanterweise sind wir sehr geizig. Nicht umsonst hatte Saturn lange Zeit den Slogan „Geiz ist geil". Also finden die Chinesen so ihren Zugang zu uns, während wir schlecht über sie sprechen.

Chinesische Ein-Euro-Artikel, Spielzeuge oder Elektronik sind wettbewerbsfähiger als viele andere Marken. Chinesen kaufen Firmen in Europa und liefern Produkte und Dienstleistungen für die Infrastruktur in Europa und in Afrika. Wir vertrauen ihnen. Doch mit einem Chinesen befreundet zu sein, scheint eine Herausforderung.

Natürlich musst du nicht mit jedem befreundet sein, nur weil du die Produkte aus seinem Herkunftsland magst. Ich möchte auf etwas anderes hinweisen: Wir haben Hemmungen, uns auf neue Gesichter und Einwanderer einzulassen, obwohl wir diesen mindestens im wirtschaftlichen Bereich bereits seit Jahren vertrauen und mit ihren Produkten interagieren.

In der Kleidungsindustrie: Wie viele deiner Kleidungsstücke und deren Materialien sind wirklich aus Deutschland oder aus der Schweiz?

In der Lebensmittelindustrie: Wie viele Waren in den Supermärkten sind wirklich in Deutschland hergestellt? Selbst in den Gewächshäusern – wie viele Deutsche arbeiten dort wirklich und stellen sicher, dass dein Lieblingsgemüse auf dem Tisch steht?

In der Abfallindustrie: Wie viele Deutsche kennst du, die tatsächlich mit ihren Händen dafür sorgen, dass deine Straßen sauber bleiben?

In der Bauindustrie: Woher kommen die Bauarbeiter, die trotz geringer Deutschkenntnisse daran arbeiten, dir ein Zuhause zu schaffen?

Im Elektronikmarkt: Woher kommen die Teile, die dein Produkt zu deinem Lieblingsprodukt machen?

In der Solartechnik: Gerade vor einer Woche war ich in einer Konferenz in der beklagt wurde, dass Batterien für Solarspeicher nur aus China kommen. Na ja, wenn Deutschland nicht handelt, handeln andere.

In der Automobilindustrie: Ich weiß, das Automobil ist eine typisch deutsche Sache. Doch woher kommen die Teile dafür? Du weißt doch bestimmt, dass die wichtigsten Werte beim Kauf eines Autos Sicherheit und Zuverlässigkeit sind. Was meinst du, wer sorgt für deine Sicherheit?

Im Tourismus: Deutsche reisen gerne. Das ist wunderbar und kein Geheimnis. Wir vertrauen Einheimischen im Ausland. Warum also nicht auch dann, wenn diese Menschen zu uns kommen?

Bei Apps: Wie viele Menschen lieben die Apps, die sie verwenden, ohne darüber nachzudenken, woher sie kommen?

Selbst wenn es deutsche Firmen sind, die auch in fremden Ländern Niederlassungen haben, werden die Hände anderer verwendet, um dir das Produkt zu liefern, das du gerne hast.

Zu verinnerlichen, dass wir anderen Nationalitäten auf eine unsichtbare Weise bereits vertrauen, hilft uns sehr, den Menschen auf Augenhöhe zu begegnen – denn jeder, der für unsere Sicherheit sorgt, verdient Respekt, und es hilft uns, die Angst in uns zu hinterfragen.

Eine Person, die sich um deinen Haushalt kümmert, kennt Mittel, um dir etwas anzutun, wenn sie es wollte. Das ist ein enormes Vertrauensverhältnis.

„Susan, kannst du mir rasch helfen? Du kennst dich damit aus."

„Susan, wie hast du das gemacht?"

Fragen, die ich oft höre, in den Unternehmen oder privat, wenn es um Applikationen geht. Es ist ja nicht so, dass ich mit sieben meine erste Anwendung beherrschte. An der Fachhochschule Konstanz hatte ich meine ersten Berührungspunkte mit Anwendungen. Was mir hier hilft, ist, Dinge auszuprobieren, keine Angst zu haben, Fehler zu machen. Dadurch werde ich immer besser. Das reicht in den meisten Fällen, um ins Gespräch mit anderen Menschen zu kommen, um das Vertrauensverhältnis auf die Probe zu stellen.

Doch in anderen Zusammenhängen verdiente ich mir auch erst dann Anerkennung, wenn jemand das Ergebnis meiner Arbeit bewunderte, ohne dass er vorher gewusst hatte, dass es von mir kam.

Ich erinnere mich noch an diese Story:

Wir hatten definiert, mit welchen globalen Prozessverantwortlichen wir welche Prozesse wann beschreiben würden. So war an diesem Tag der Prozess X an der Reihe. Der Prozessverantwortliche, so nahm ich es wahr, zögerte, wenn es um Qualitäts- und Prozessmanagement ging. Also fanden wir weiterhin nicht zueinander. Es blieb beim höflichen Hallo.

An diesem Tag kam er pünktlich und war interessiert daran, ein Ergebnis aus dem Workshop herauszuholen. Wie immer hatte ich vorher in der Vorlage einiges festgehalten, das mir sinnvoll erschien, damit wir nicht bei null starteten. Diese Vorgehensweise überfordert die Teilnehmenden nach meiner Erfahrung nicht.
Als ich die Folien durchging, ihn leitete, gab er auch seinen Input. Auf einmal sagte er mit großer Bewunderung: „Das ist super. Hast du das geschrieben?“

Ich war natürlich erleichtert über diese Erkenntnis. Er war begeistert. Seitdem schien unsere Beziehung auf einem anderen Level zu sein. Ich hatte ihn offenbar bis dahin keinen Grund geliefert, warum er mir vertrauen sollte. Während sich andere von meiner Begeisterung und meinen Vorgehensweisen in den Workshops mitgerissen fühlten, hatte er genau diesen Input gebraucht, um mir zu vertrauen.

Warum erzähle ich dir das? Vertrauen wünscht sich jeder. Vertrauen ist das A und O und die Erklärung, warum manche Marken erfolgreich sind und manche nicht. Heute sprechen wir auch von Personenmarken. Gib nicht auf, wenn es im ersten Jahr nicht funktioniert. Doch sich bewusst zu fragen, warum dir Vertrauen gegenüber Einheimischen oder Nichteinheimischen fehlt, hilft dir, dieses Vertrauen zu entwickeln. So wie es mit Integration ist – Vertrauen ist keine Einbahnstraße.
Für die Nichteinheimischen gilt das ebenfalls:
Schau dir einfach deine Ausländer-Journey an (wenn wir heute von Customer-Journeys reden, gibt es sicher auch eine Ausländer-Journey): Auch wenn du so viele schlechte Erfahrungen gemacht hast, betrachte bewusst deinen

Reiseverlauf bis heute. Du wirst merken, dass du bereits Fremden vertraust. Sie können dir doch nicht alle Böses wollen. Verlasse die Parallelgesellschaft „Wir und die Deutschen". Das wird zu einem Teufelskreis, aus dem es schwer wird wieder herauszukommen, je länger sich der Kreis dreht.

Ich habe bereits in Konstanz meine erste tolle Erfahrung gemacht, die mich überzeugt hat, dass es hier sicher ist: Sicherheit was Diebstahl angeht. Ich hatte damals zwanzig Mark verloren. Das war zu dieser Zeit ein Stundenlohn für meine Putztätigkeit. Du denkst bestimmt, dass das viel ist/war. Ja, das Geld stammte von einem Arzt, der einfach großzügiger war als die anderen und meine Arbeit schätzte.

Zurück zu den verlorenen zwanzig Mark samt Geldbeutel. Ich hatte keine Hoffnung, den Geldbeutel wiederzufinden, als jemand mir sagte, ich solle doch zum Fundbüro gehen. Dort würden solche Dinge abgeliefert. Ich war neugierig, rechnete aber nicht damit, meinen Geldbeutel wiederzubekommen, schon gar nicht mit den zwanzig Mark. Tatsächlich bekam ich ihn wieder und es war noch alles drin und schien unberührt zu sein. Was meinst du, wie ich von da an über Deutschland und deutsches Verhalten dachte? Mein Vertrauen wuchs immens. Dieses Erlebnis hilft mir immer noch, unbesorgt durch die Gegend zu laufen, auch in der Dunkelheit.

Weg Nummer 22 lautet daher: Bitte eine für dich fremde Person um Unterstützung und teste das Vertrauen.

Wenn du nächstes Mal eine Abneigung gegenüber einer Person entwickelst, bedenke, dass genau diese Person vielleicht deine Rettung sein kann, wenn du sie mal brauchst. Selbstverständlich kannst du das bewusst provozieren: Frage um Hilfe, daheim oder in den Unternehmen. Die Menschen, die als unfreundlich gelten, sind plötzlich sehr hilfsbereit. Wer möchte schließlich nicht nützlich sein?

Zu verinnerlichen, dass du Menschen ohnehin in vielen Bereichen vertraust, baut Hemmungen ab. Bitte ungeniert um Hilfe. Vielleicht bringen diese Ausländer oder Deutschen eine andere Art mit, die dir helfen kann, bessere Lösungen zu entwickeln.

Geld ist alles,
daher strebst du es auch an. Geld ist nicht alles, wenn du genug davon hast, die Bank dir vertraut und du trotzdem
unglücklich bist. Vielleicht findest du dein Glück, indem du auch Menschen ohne Geld (aus deiner Sicht) fair und aufrichtig behandelst.

#23

Geld: Man sieht es dir (NICHT) an

„Das hier ist die erste Klasse."

So wurde ich bereits mehrfach von Zugbegleitern begrüßt, als ich, wie so oft, knapp mein Abteil gefunden hatte und hineinspringen wollte. Interessanterweise habe ich diese Erfahrung nicht in der Schweiz, sondern nur in Deutschland gemacht.

An dieser Stelle ist anzumerken, dass ich bisher nicht wirklich weiß, ob es nicht doch nett gemeint war, denn wir wissen, dass es teuer sein kann, sich fälschlicherweise in die erste Klasse zu setzen (zumindest gemäß Warnhinweisen in den Zügen), oder der Weg zurück für die Passagiere mühsam sein kann. Dennoch, warum diese Annahme von unterschiedlichen Leuten unabhängig voneinander, dass ich nicht bewusst in die erste Klasse möchte? Ich habe jahrelang überlegt und darüber reflektiert. Gerne kleide ich mich sehr bewusst, an meiner Kleidung kann es also nicht liegen. Meine Hautfarbe jedoch ändere ich nicht, außer im Sommer, da ist sie ein wenig dunkler. Nur mein Mann sieht den leichten Unterschied.

Mal antwortete ich mit Kopfschütteln, weil ich mich überrumpelt fühlte, denn bei ihrer Warnung waren diese Menschen nicht so freundlich, wie ich es als

Kundin erwarten würde. Mal sagte ich nur: „Ich weiß." Eine Freundin bestätigte diese Erfahrung.

Wie kommen diese Menschen darauf, dass Susans nicht in die erste Klasse wollen? Wie wäre es mit einer freundlich gestellten Frage?

Natürlich verletzte das meine Gefühle, denn ich bin eine Luo. (Luos sind ein Volk /eine Ethnie in Kenia, die bekannt für ihren Stolz sind) Natürlich triggerte das etwas in mir. „Wie lange soll die Kolonialisierung noch weitergehen?", fragte ich mich.

Wie würdest du reagieren, wenn jemand dich von vornherein gleich blockiert, nach dem Motto: Du gehörst nicht hierher?

Ich habe bereits häufig gehört, dass meinen männlichen Kollegen der Zugang zu Diskotheken versagt wurde. „Du nicht" oder „Für dich haben wir nicht geöffnet" mussten sie sich anhören. Traurig für eine moderne Gesellschaft mit Grundwerten, die für jeden in diesem Land gelten.

Hier noch weitere zwei Beispiele, die ich selbst erlebte:

„Die Bücher sind für unsere Kunden."

Alle meine drei Kinder lesen gerne, so wie ich. In jeder Stadt hatten wir unseren Lieblingsbuchladen. Die meisten Menschen, die uns dort bedienten, waren sehr kompetent und schätzten uns als Kunden.

Eines Tages nahm ich meine Zwillinge im Kinderwagen mit in den Buchladen, um Kinderbücher zu suchen. Meine Kinder konnten bereits sagen, welche Bücher sie wollten. Um das herauszufinden, blieben wir bei den Kinderbüchern stehen. Der Bereich ist ja bewusst und zum Glück ganz niedrig eingerichtet, damit Kinder die Bücher erreichen können. Eltern treffen hier keine Entscheidungen.

So gab ich wie so oft meinen Kindern je ein Buch in die Hand und sie durften entscheiden. Ihre Hände waren sauber, der Kinderwagen sowieso. Wir hatten uns bereits für zwei Bücher entschieden und wollten gerade sehen, ob noch weitere für uns dabei waren. Da kam eine Verkäuferin daher, ohne Lächeln, und sagte: „Diese Bücher sind für unsere Kunden."

Ich erwarte nicht, dass sich die Verkäufer merken, wie oft ich in ihren Laden komme, um Bücher zu kaufen. Ihre Überzeugung, wir seien keine Kunden, traf mich dennoch zutiefst. Woran sie das festmachte, weiß ich bis heute nicht. Die Bücher, für die wir uns entschieden hatten, legte ich leise zurück. Ich nahm meine Kinder, die nicht verstanden, warum wir nun ohne Bücher hinausgingen, und wir verließen den Laden. Ich war gekränkt. Ja, ich war nicht sicher, wie ich damit umgehen sollte. Ich war nur sicher: Mein Geld bekommen sie nie wieder.

So gingen wir in einen anderen Buchladen, wo wir freundlich und kompetent empfangen und beraten wurden. Tja, der Lieblingsladen ist doch nur so gut wie sein Personal.

Zurück daheim erzählte ich meinem Mann davon, der sachlich an das Thema heranging und mir zeigte, dass ich doch eine Rückmeldung geben sollte. Wie sonst sollten sie wissen, dass da etwas nicht in Ordnung war und es entsprechend ändern?

Am nächsten Tag ging ich also zu einer Verkäuferin in dem Buchladen, die mich kannte, und erzählte nüchtern von der Situation. Sie war richtig betroffen und verstand auch nicht, wie ihre Kollegin so etwas hatte sagen können. Natürlich überlebt der Laden auch ohne mein Geld. Dennoch: Wenn es ihnen wichtig ist, welche Botschaft sie mit solchen Aussagen senden, hatten sie nun die Chance, ihre Werte nochmals zu hinterfragen.

Auch hier gilt es, nicht zu pauschalisieren. Nicht alle Mitarbeiter waren so, aber eine Bemerkung hatte gereicht, um eine Kundin zu verlieren. Ist die Wirtschaft nun freundlich oder nicht?

Noch ein letztes Beispiel?

„Sie können sich unsere Waren nicht leisten."

Dass ich Kleider, nein, dass ich schöne Kleider liebe, ist meinem Umfeld bewusst. Für mich sind Kleidungstücke eine strategische Entscheidung, zum Beispiel, wenn ich als Trainerin oder Speakerin auftrete. Überhaupt ist schick zu sein sehr wichtig für mich, auch zu Hause. So entdeckte ich eines Tages einen interessanten Laden. Neugierig, was für Sortiment sie dort hatten, ging ich unschuldig hinein und wurde sofort mit den Worten begrüßt: „Sie können sich unsere Waren nicht leisten, das ist nicht Ihre Preisklasse."

Von allen drei Storys ist das hier die eindeutigste. Ich musste mich nicht fragen, wie die Dame das meinte. Ich ging trotzdem hinein und ignorierte sie, denn aus irgendeinem Grund wollte ich ihr zeigen, dass ich mir ihre Waren sehr wohl leisten konnte. Allerdings hielt das nicht lange. Die Stimmung war ruiniert und ich verließ den Laden schweigsam wieder.

Natürlich machten mich diese Erfahrungen nachdenklich, denn offensichtlich ist es so: Menschen mit Geld werden bevorzugt, egal was sie wollen. Ich liebe Geld, aber offensichtlich spielen dabei Werte keine Rolle. Das betrübt mich sehr. Geld haben und meine Hautfarbe: Das passte für diese Menschen nicht zusammen. Wie denn auch, wenn sie die Susans nur aus Fernsehberichten kannten? Dennoch weiß ich, dass jeder bei sich beginnen kann und einfach seine Wahrnehmung hinterfragen darf, bevor Worte den Mund verlassen. Auch in der Familie müssen und dürfen wir diesen Themen Raum geben und sie ansprechen, denn Vielfalt und die damit verbundenen Herausforderungen fangen zu Hause an. Das kann ich nicht oft genug wiederholen.

Wer Geld hat, entscheidet. Wer Geld hat, wird geehrt.

Hier ist unsere Anekdote von zu Hause. Ein Phänomen, das viele Eltern und Erwachsene, die mit Kindern spielen, bereits erlebt haben:

Meine Zwillinge und ich spielen Monopoly. Wie es so ist bei diesem Spiel, gehören Glück und Investitionsstrategie dazu. Auf einmal werden die Regeln neu interpretiert, zum Beispiel sagen die Kinder: „Wir sind Zwillinge, wenn eine Person Geld einziehen darf, ziehen beide das Geld ein." Schleichend werden die Regeln geändert, sodass ich immer benachteiligt bin, denn die zwei halten zusammen. Am Anfang finde ich das lustig und originell, doch mit der Zeit kommen mir Zweifel. Also sage ich: „Ihr könnt doch nicht die Regeln ändern, wie es euch passt." Prompt kommt eine schlagfertige Antwort, die mich noch mehr durcheinanderbringt: „Doch, es ist wie im Leben. Wer Geld hat, entscheidet."

Ist es das, was wir unseren Kindern zeigen? Ihre Wahrnehmung rüttelte mich wach. Als ich es später meinem Mann erzählte, sagte er: „Tja, die beiden sind unsere Spiegel." Sprich, Zeit für Reflexion, liebe Susan. Bezogen auf meine Erlebnisse lernte ich erneut:

1. Nur weil ich Geld habe oder vermeintlich in einer Machtposition bin, wie etwa ein Zugbegleiter oder ein Ladenbesitzer, entscheide ich nicht einfach über andere.
2. Nur weil es für die Mehrheit passt oder weil die Mehrheit das richtig findet, muss es nicht richtig sein.
3. Nur weil etwas von anderen vorgemacht worden ist, müssen wir es nicht nachahmen. Ich denke gerade an Auszubildende, die diesen Verkäuferinnen vielleicht zugeschaut haben.

Dein Weg Nummer 23 geht über das Geld hinaus und lautet: Betrachte deine Entscheidungen und deine Gedanken sowie Worte durch die ethische Linse. Es lohnt sich. Denn du zeigst mit deinen Handlungen anderen einen Weg auf, ob als Zug- und Flugbegleiter, Dozent, Führungskraft, Investor, Verkäufer, Mutter, Vater oder einfach, wenn du deinen Beruf „Milliardär sein" nennen darfst.

Dafür brauchst du nur deine Worte zu hinterfragen und allen Susans in Deutschland eine Chance geben und ihnen zutrauen, dass sie sich auch die erste Klasse leisten können, anstatt sie pauschal als Verbrecher zu behandeln. Die Wirtschaft dankt dir. Einverstanden?

Wenn schon eine Annahme, dann lieber eine positive als eine negative – ein Booster für magische Begegnungen.

#24

Liebe oder Hass durch Missverständnisse

„Wow, die Schweizer nehmen sich viel Zeit für mich.“

„Wow, die Schweizer möchten sichergehen, dass ich sie verstehe. Sie geben mir Raum und viel Zeit.“

Jahrelang war ich überzeugt, dass die Tatsache, dass Schweizer mich nicht hetzen und Geduld damit haben, dass ich ihre Aussprache noch zu verstehen lernte, eine bewusste Entscheidung war, um mir persönlich das Leben in einem fremden Land leichter zu machen. Ich war überzeugt: Das tun sie extra für mich.

Ich verglich es natürlich mit Deutschland. Hier wurde ich oft weggeschickt. „Das tut mir leid“, war ab und zu das Höflichste, was ich erfuhr. Ich verzweifelte fast an der Direktheit der Deutschen – die ich mittlerweile übrigens sehr schätze.

Von den Schweizern dagegen war ich sofort begeistert. Ihre Geduld, ihre Art, mir Raum zu geben, ihre Begeisterung, auch wenn es lange dauerte, bevor sie mir sogar Komplimente machten (siehe auch Kapitel 20).

Erst viele Jahre später, nachdem ich Liebe und Passion für die Schweizer entwickelt hatte, stellte sich heraus, dass sie:

- genauso wie ich Hochdeutsch lernten und es wahrscheinlich auch nicht besser konnten
- grundsätzlich langsamer sprechen als die Deutschen (nur als Trend zu sehen)
- Menschen naturgemäß nicht überrumpeln, sie halten sich bewusst zurück

Die letzten zwei Punkte sind großartige Eigenschaften, um fremden Menschen Raum zu geben, sodass sie in Verbindung treten können.

Trotz der Erkenntnis, dass meine erste Annahme ein Missverständnis war, blieb die Liebe zur Schweiz bestehen. So sind die folgenden Learnings bei mir, egal wem gegenüber: Raum geben, sich zurückhalten und anderen die Bühne bieten, öffnet Türen für magische Begegnungen. So kommen weniger laute Menschen auch zu Wort. Dies war eine sehr positive Annahme mit großer Wirkung. Sie war wahrscheinlich selbsterfüllend, denn dadurch war ich in meiner Haltung dankbar. Ich wollte zurückgeben, was sie mir gaben. Bis heute mag ich es nicht, wenn jemand etwas Schlechtes über die Schweizer sagt. Eine innige Passion, entstanden durch ein Missverständnis.

Es gibt aber auch andere Missverständnisse, wie in der „Geschichte mit dem Hammer“. Übrigens, diese Geschichte wurde uns von meinem damaligen Lieblingsprofessor in einem BWL-Seminar erzählt. Wer hätte das gedacht? Er wusste, worauf es auch in der Wirtschaft und den unterschiedlichen Kulturen ankommt. Von ihm habe ich bereits in Kapitel 12 berichtet.

Die Geschichte mit dem Hammer

(Watzlawick, P.: Anleitung zum Unglücklichsein. Vollständige E-Book Ausgabe der 1983 erschienenen Taschenbuchausgabe. München: Piper Verlag, 2010. Quelle: *https://www.achtungleben.com/2016/05/02/die-geschichte-mit-dem-hammer/)*

> Ein Mann will ein Bild aufhängen. Den Nagel hat er, nicht aber den Hammer. Der Nachbar hat einen. Also beschließt unser Mann

> hinüberzugehen und ihn auszuborgen. Doch da kommt ihm ein Zweifel: Was, wenn der Nachbar mir den Hammer nicht leihen will? Gestern schon grüßte er mich nur so flüchtig. Vielleicht war er in Eile. Aber vielleicht war die Eile nur vorgeschützt und er hat etwas gegen mich. Und was? Ich habe ihm nichts angetan; der bildet sich da etwas ein. Wenn jemand von mir ein Werkzeug borgen wollte, ich gäbe es ihm sofort. Und warum er nicht? Wie kann man einem Mitmenschen einen so einfachen Gefallen abschlagen? Leute wie dieser Kerl vergiften einem das Leben. Und dann bildet er sich noch ein, ich sei auf ihn angewiesen. Bloß weil er einen Hammer hat. Jetzt reicht's mir wirklich. – Und so stürmt er hinüber, läutet, der Nachbar öffnet, doch noch bevor er „Guten Tag" sagen kann, schreit ihn unser Mann an: „Behalten Sie Ihren Hammer, Sie Rüpel!"

Ich liebe diese Story und denke fast jeden Tag an sie. Sie zeigt mir anschaulich, wie mein Denken mein Handeln bestimmt. Wenn ich für mein Gegenüber schon zu Ende denke, beeinflusse ich damit, was ich tue. Das gefällt ihm wiederum nicht und siehe da, wir sind schon im Teufelskreis der Missverständnisse und Ablehnungen. Obwohl mir das bewusst ist, braucht es immer Übung und erlebte Situationen, aus denen ich wiederum lerne. Hier ist eine kurze Geschichte, die unser Thema noch anschaulicher macht.

Wenn du bereits berufliche Erfahrung in der Schweiz gesammelt hast, weißt du, dass es in vielen Unternehmen Kaderstufen gibt. Der Ausdruck Kader bedeutet Führungskraft.

Als ich zu einem meiner früheren Arbeitgeber kam, war mir nicht klar, was die Voraussetzungen dafür sind, um eine höhere Kaderstufe zu erreichen. Ich war einfach froh über einen guten Job.
Meine eigene Weiterentwicklung und die meiner Abteilung waren nicht zu übersehen. So wurde ich nach zwei Jahren höher eingestuft. Dies nahm ich dankbar an, hatte jedoch versäumt, nach den Kriterien für eine weitere Beförderung zu fragen. Ich war der Annahme, dass mich mein Chef genug schätzte. Er würde sich schon für mich einsetzen.

Irgendwann wurde eine von mir sehr geschätzte Kollegin eingestellt. Wir hatten viel Spaß und Freude bei der Arbeit. Wir waren füreinander da und halfen einander – unsere Themen hatten viele Berührungspunkte. Wir sprachen weder über das Gehalt noch über die Kadereinstufung. Was dann kam, war eine Folge meiner Naivität. Sie wurde zu einem Meeting eingeladen, das nur für eine bestimmte Kaderstufe vorgesehen war. Eines Tages war sie im Büro abwesend, so war es nur logisch, dass sie höher eingestuft worden war als ich. Ich nahm es wahr – und war gekränkt. Für mich stand der Kaderbonus nicht im Fokus, aber die Wertschätzung und die Anerkennung durch meinen Chef.

Ich hatte genügend Raum und Zeit, zu spekulieren, zu interpretieren – wie es eben so ist, wenn ich etwas persönlich nehme und noch keine Fakten dazu habe.

In meinem Kopf geisterten Gedanken wie diese herum:

- Warum wird meine Kollegin bevorzugt? Liegt es an meiner Herkunft?
- Meine Themen und meine Leistungen bringen die Firma genauso weiter, wenn nicht sogar viel weiter als ihre.
- Sie werden mich und meine Leistung hier nie anerkennen. Das kann nicht sein, das ist unfair!

Du erkennst bereits beim Lesen, dass ich durch diese negativen Gedanken nicht fähig war, ein klärendes Gespräch zu suchen. Ich hatte bereits genügend Gründe dafür gefunden, warum mein Chef mich nicht höher eingestuft hatte. Die Folge: Ich fühlte mich unfair behandelt, leistete in den nächsten zwei Tagen kaum etwas Sinnvolles und schlief wenig. Am dritten Tag erinnerte ich mich an die Schulung zu den sieben Wegen der Effektivität. Obwohl ich diese bereits verinnerlicht hatte – zumindest dachte ich das –, hatte ich mich selbst so sehr in die Opferecke gedrängt, dass ich zu diesem Zeitpunkt nichts mehr bewegen konnte. An diesem Tag sagte ich mir: Nun möchte ich Klarheit.
Ich suchte ein Gespräch mit meinem Chef, der immer, wenn ich ein Anliegen hatte, für mich da war. Ich erklärte die Situation und wusste, dass Vergleichen

nie zielführend ist. In diesem Fall, wir waren ein kleines Team, sagte ich klar und direkt, worum es mir ging, und merkte an: „Ich habe diese Kaderstufe verdient.“

Was dann kam, war für mich zu einfach, um wahr zu sein.

Er sagte: „Ja, du hast recht. Ich werde es der Personalabteilung mitteilen.“

Und das, obwohl ich mit einem schweren Gespräch und einem langen Argumentationsaustausch gerechnet hatte. Wie du siehst, habe ich die Situation anders interpretiert, als sie wirklich war. Ich traf Annahmen. Für mich war diese Erfahrung eine große Lektion für die Zukunft. Ich hätte mir schlaflose Nächte ersparen können. Ich erkannte auch, dass ich mehr beeinflussen kann als zuvor gedacht. Langsam realisierte ich: Mit Klarheit komme ich deutlich weiter, auch in herausfordernden Situationen. Dialoge suchen, anstatt anzunehmen bringt mich näher an mein Ziel.

Dein Weg Nummer 24 ist es ab heute Klarheit zu schaffen. Und wenn du schon eine Annahme triffst, dann lieber eine positive als eine negative.

Möchtest du in einem fremden Land oder mit Einheimischen unglücklich sein, dann sei wie der Mann mit dem Hammer. Möchtest du vorankommen, dann suche Dialoge und schaffe Klarheit. Es kann sein, dass du auch tolle Missverständnisse erlebst. Hieraus kannst du Erkenntnisse für eine bessere Zusammenarbeit mit Fremden gewinnen.

Wenn wir Vorurteile in uns mit Technologien verstärken, statt sie zu entkräften, stirbt die Menschlichkeit bald aus.

Die meisten Menschen sind empört, wenn sie von einem Krieg lesen. Doch Krieg fängt am Schreibtisch an. Wenn du denkst, nur die mit den Gewehren da draußen sind gewalttätig, dann frage ich dich, wie die Ergebnisse deiner Arbeit die Welt beeinflussen.

#25

Technologie und Vielfalt

„Sie sehen die Zukunft voraus."

„Es wird nicht zur Zukunft, wenn Sie es verhindern. Ist das nicht ein fundamentales Paradoxon?"

Kennst du den Film „Minority Report"? Das ist ein Gespräch zwischen einem Officer und einen Detektiv. Ein Film mit Tom Cruise und Colin Farrell in den Hauptrollen, in dem es darum geht, das System so sicher zu machen, dass Morde bereits aufgeklärt werden, bevor sie geschehen und sie so verhindert werden können.

John, Leiter der Abteilung Precrime, ist sehr erfolgreich und überzeugt, dass das System sicher ist – bis er selbst als Täter/Verdächtiger eingestuft wird. (Siehe auch *https://de.wikipedia.org/wiki/Minority_Report*)

Diesen Film schaue ich mir immer wieder an und stelle Parallelen zur heutigen Zeit her. Wenn Entscheidungen durch Technologien unterstützt werden und wir dadurch Menschen negativ beeinflussen, scheint das, worüber wir bisher sprachen, sinnlos zu sein. Denn die Produkte, die wir entwickeln, erreichen mehr Menschen als lediglich eine Botschaft, eine Begegnung oder ein Buch.

Die gute Nachricht: Es ist nie zu spät, Ethik in der Technologie einzuführen und konsequent zu nutzen. Zum einen vermindern wir die unerwünschten negativen Auswirkungen, zum anderen schließen wir die Lücke und erreichen somit Menschen, die wir bis dahin ignoriert haben. Etwa durch Spracheingabe oder Berücksichtigung von anderen Sprachen als nur English, Deutsch und Chinesisch.

Dazu müssen wir nicht warten, bis wir, wie in dem genannten Film, die andere Seite schmerzhaft kennenlernen. Wir können uns einfach mit diesem dystopischen Ansatz vorstellen, welche Zukunft wir bauen und ob es die Zukunft ist, die wir unseren Kindern und den Generationen danach hinterlassen wollen.

Diversität. Ethik. Technologie. Verantwortung. Vier Begriffe, die wir heute verstärkt zusammenbringen dürfen.

Ist es per se schlecht, wenn Daten über die ethnische Herkunft gesammelt werden? Sicher nicht. Es ist sogar super und notwendig, dass mit diesen Daten künstliche Intelligenz trainiert wird.

Solche Diskussionen und solche über „unvoreingenommene KI" sind keine Seltenheiten – zurecht. Ich sehe diese positiv, als eine Einladung, sich damit auseinanderzusetzen. Schlussendlich möchten wir unsere Werte sowie unsere Verantwortung im Umgang mit Mitarbeitenden und in unseren Produkten und Lösungen widerspiegeln.

Aus meiner Sicht fehlt zum Thema Diversität und Inklusion meist der Miteinbezug der Beteiligten, um herauszufinden, was je nach Kontext wirklich relevant ist. Selbst wenn es nur zu der Erkenntnis führt: „Huch, diese Merkmale sind gar nicht relevant."

Du wirst in Kapitel 27 eine Story von mir kennenlernen, in der mein Vermieter sagte: „Frau Omondi, wir haben schlechte Erfahrungen mit Menschen wie Ihnen gemacht." – Damit war meine Herkunft/mein Aussehen gemeint, ohne dass wir uns Zeit nahmen, uns kennenzulernen.

In meinen Vorträgen zum Thema „Ethik in der Technologie" stelle ich meinen Zuhörern vorher ein paar Fragen. Eine davon lautet: „Wem würdest du eher helfen: a) einem ‚armen' afrikanischen Kind oder b) einem Kind aus der Nachbarschaft, das ein Smartphone fürs Homeschooling benötigt?" – Siehe Kapitel 32.

Beide Geschichten zeigen, wie Menschen andere Menschen wahrnehmen und kategorisieren. Wenn diese negativen Annahmen und Vorurteile dann mit Applikationen oder Produkten technisch verstärkt werden, können die Auswirkungen außer Kontrolle geraten. Unsere Arbeit ist eine Summe unserer Wahrnehmungen und Einstellungen, womit wir wiederum Datenbanken und KI füttern.

Diese zwei Beispiele zeigen uns ein Muster, sehr wahrscheinlich bestärkt durch die Medien. Es ist daher sehr spannend herauszufinden, wie du deine Annahmen begründest. Eine KI, die Vermietern bei der Entscheidung hilft, wird die Susans systematisch ausgrenzen.

Diversität und Inklusion, ethische Werte und Verantwortung gehen Hand in Hand und dürfen in Gesprächen zum Thema Ethik in der Technologie nicht fehlen. Wir können uns ihnen beispielsweise anhand solcher Fragen zuwenden:

- ✓ Ist das Team divers genug bzw. geschult darauf, auf Diversität (sofern relevant) zu achten und diese anzusprechen?
- ✓ Wen schließen wir mit unseren Lösungen aus und warum?
- ✓ Sind die KI-Trainingsdaten repräsentativ?
- ✓ Wenn anderen Menschen das nachmachen, was ich mache, wird es trotzdem noch eine gute Sache sein?
- ✓ Wenn alle Susans aus dem Laden ausgeschlossen werden, welche Botschaft senden wir dann?
- ✓ Muss ich etwas tun, nur weil ich es technisch kann oder trage ich damit zu einer positiven Auswirkung für die Gesellschaft und zur Vielfalt bei?

Ich möchte, dass eine KI lernt, dass Leute wie ich auch mit positiven Merkmalen belegt sind und dass Leute wie ich nicht darauf reduziert werden,

Spendenempfänger zu sein. Dazu tragen wir alle bei. Ohne mit dem Finger darauf zu zeigen.

Noch einen weiteren Aspekt würde ich gerne hier vertiefen:

Du hast wahrscheinlich auch das Gefühl, alle Probleme brauchen nur eine Lösung: Geldspenden. Nun, ich habe zwanzig Jahre lang Eimer gefüllt, allerdings hatten diese Eimer Löcher. Was daraus entstand, war nicht nur weniger als null, es war eine toxische Abhängigkeit, wie ich bereits in Kapitel 4 erläuterte. Wiederum mit Folgen. Ein Teufelskreis.

Ich machte es in kleinen Dimensionen. Führe es dir vor Augen: Was für Summen werden im Namen humanitärer Hilfe hin und her geschoben? In Wirklichkeit macht diese Hilfe die Menschen klein.

Godfrey Odongo, ein Menschenrechtsexperte, der mit seiner Mission bereits in fast dreißig Ländern der Welt war, bringt es auf den Punkt. Frei übersetzt sagt er: „Wenn du Geld in den falschen Kontext steckst, hast du nichts getan, um das Leben dieser Menschen zu verändern.“ In meinen Vorträgen leere ich tatsächlich einen Eimer voller Geld auf der Bühne aus, um dieses Thema zu veranschaulichen. Heute machen die digitalen Lösungen es möglich, dass wir Nachhaltigkeit bewusster angehen. So gibt es auch Anwendungen, anhand derer wir unsere CO_2-Abdrücke ermitteln können. Die Anwendungen scheinen sehr intelligent zu sein, sammeln deine Daten und geben dir eine Empfehlung. Intelligent, abgesehen vom letzten Schritt: „Nun kannst du spenden, um CO_2-neutral zu sein.“ – Unterstützt wird dieser Hinweis durch Bilder von Kindern und Frauen in Afrika.

Was ist das für eine Botschaft? Indem du spendest und alle kleinmachst, kannst du dich freikaufen und darfst weiterhin CO_2-mäßig weitermachen wie bisher? Darum geht es auch in meiner Botschaft als Speakerin und als Projektleiterin. Denn mit jeder Botschaft, mit jedem Programm/Projekt oder mit unseren Produkten gestalten wir die Zukunft anderer mit. Gerade jetzt mit der Technologie haben wir keine Ausrede mehr, bewusst mitzugestalten. Deshalb ist Ethik in der Technologie wichtiger denn je. Denn unsere Produkte und Lösungen beeinflussen das Leben von Menschen millionenfach mehr, als wir es persönlich tun.

An dieser Stelle zitiere ich immer Onkel Ben aus Spiderman: „Aus großer Kraft folgt große Verantwortung." – Und heute liegt die Kraft in der Technologie. Du darfst dich also fragen, wenn du Kompensationsprojekte leitest oder Produkte spendest, wem du wirklich dabei hilfst. Du darfst fragen, inwieweit deine KI-Applikation das Leben von Menschen und ihre Umgebung verändert.

Fängt nicht alles bei der Sinnhaftigkeit an? Zu verinnerlichen, dass diese Menschen auch ohne dich ihren Weg finden, gibt dir Zeit und Raum, zusammen mit ihnen etwas Besseres zu gestalten und damit die toxische Abhängigkeit zu vermeiden.

Dein magischer Weg Nummer 25: Finde heraus, wie du mit künstlicher Intelligenz oder mit Technologie zu den Themen Diversität und Inklusion beitragen darfst, ob als Hersteller, Entscheidungsträger oder Anwender. Wir haben die beste Chance, entweder die Vorurteile in uns mittels Technologie zu verstärken oder zu entkräften.

Selbst wenn du nicht gerne mit Worten für Vielfalt sorgst, kannst du mit deinen technischen Lösungen für eine positive Auswirkung auf die Gesellschaft und für einen positiven Welleneffekt auf Vielfalt sorgen. Wieder mal bei dir beginnend.

Wenn du neugierig bist, kannst du dir zwei Kurse auf LinkedIn anschauen. Du wirst überrascht sein, wie einfach es ist, Ethik anzuwenden:

1. Ethik in Technologie und Design: *https://www.linkedin.com/learning/ethik-in-technologie-und-design* – von Susan Omondi und Morten-Rand Hendriksen
2. Ethik in der Technologie & KI: *https://www.linkedin.com/learning/7-design-werkzeuge-fur-ethik-in-technologie-und-ki* – 7 Design-Werkzeuge für Ethik in Technologie und KI – von Susan Omondi

05

Teil 5:

Bist du ein guter Nachbar/Mieter?

Bist du laut?
Einfach von Natur aus, ohne es böse zu meinen? Dann werde nicht leiser. Die Gefahr besteht, dass du für immer leise wirst, vor lauter Klagen wegen Ruhestörung. Wenn du positiv ansteckst, wirst du eine Menge Menschen anziehen. Das ist magisch.

#26

Ruhestörung und Integration

„Du brauchst kein Telefon. Sie hört dich auch so.“

Vorneweg: Ja, ich bin laut. Ja, das macht mich aus.

Eines Tages telefonierte ich unschuldig und glücklich mit meiner Schwester in New York. Mein Mann stellte fest, wie laut ich sein kann, wenn ich auf Luo spreche und sagte zu mir: „Ich glaube, du brauchst kein Telefon. Sie hört dich auch so.“

Ich lachte herzhaft. Ich hatte es verstanden.

Wenn ich es mir aber richtig überlege: Es muss viele von meiner Sorte hier in Deutschland geben, die genauso laut sind. Sonst würde sich keiner die Mühe machen, Gesetze betreffend Ruhe und Lärm zu verabschieden. Woher wussten sie, dass ich nach Deutschland komme?

Vergiss das Aussehen und sag mir, ob wir verwandt sind, zumindest, ob diese Gesetze auch für dich geschrieben wurden.

Hier zwei weitere Nachweise:

Vor vielen Jahren, als ich mein Praktikum absolvierte, sagte mir der Chef meines Chefs: „Wissen Sie, Frau Omondi, Sie brauchen nicht zu stempeln. Wir wissen, wann Sie da sind" und lachte dabei. Wir verstanden uns sehr gut, nachdem wir beide herzlich darüber gelacht hatten.

Vor vielen Jahren, als ich im vierten Stock wohnte, ging ich konsequent zu Fuß die Treppe hinunter. Nie hätte ich gedacht, dass jemand Probleme damit haben könnte. Bis eine Nachbarin mich einmal gegen sechs Uhr morgens im Pyjama mit folgendem Satz begrüßte, der erste Satz, den sie überhaupt zu mir sagte, und sie war nicht gerade amüsiert: „Ich muss immer aufwachen, wenn Sie nach unten laufen."

Oh wow, dachte ich, was für eine Begrüßung. Das Einzige, was mir einfiel, war: „Soll ich dann immer mit dem Aufzug fahren?" – In dem Moment kam ich nicht auf die Idee, ich könnte leiser laufen. Wie denn auch? Böse Ruhestörende kommen nicht auf gute Ideen.

Hast du diese Regeln auch bereits gesehen und dich gewundert, wie sie entstehen konnten?

Die Regel „Bitte Türen leise schließen" kann ich nachvollziehen. Wieder mal extra für mich geschrieben, denn ich bin ein Tollpatsch. Ich arbeite daran. Versprochen. Übrigens: Ich wette, dass Alexa flüstern kann, war eine Idee aus Deutschland.

Jedoch solche Regeln wie „Ruhezeit auf dem Spielplatz" machen mich nachdenklich. Wozu ist ein Spielplatz denn da? Wie sollen wir Kindern sagen, sie sollen leise spielen?

Ich habe recherchiert und herausgefunden, warum Spielplätze zwischen 13 und 15 Uhr nicht benutzt werden dürfen. Für Baden-Württemberg ist die Begründung: Mittagsruhe. Aber für wen? Die meisten Erwachsenen sind ohnehin auf der Arbeit. Und Kinder, die noch um die Zeit schlafen, stört das Spielen auf dem Spielplatz nicht.

Du möchtest deinen Rasen mähen oder Hochdruckreiniger anwerfen? Denk daran, dass wahrscheinlich auch bei dir Außenarbeiten mit Gartengeräten an Sonn- und Feiertagen sowie ab 20 Uhr verboten sind.

Deine Nachbarn haben ein Recht auf eine ruhige Mittagspause. Ob du es gut findest oder nicht, Ruhezeiten sind einzuhalten. Achte bitte auf die Hausordnung. Alles andere wäre respektlos.

Gehe dennoch eine Stufe weiter und pflege eine Beziehung mit deinen Nachbarn, sodass du nicht erst mit ihnen ins Gespräch kommst, wenn jemand laut ist. Ein gutes Verhältnis mit deinen Nachbarn lässt sie ein Auge zudrücken, sodass beim ersten Lärm niemand gleich die Polizei rufen wird.

Solltest du aus Versehen deine Nachbarn mit Lärm belästigen, dann nutze das als Gelegenheit, einander näherzukommen. Bringe ihnen am nächsten Tag gerne auch eine Schachtel Pralinen als Entschuldigung. Das ist ein magischer Weg, um eine Beziehung zu vertiefen. Wenn du unsicher bist, kannst du sie auch gerne vorab informieren, wenn es laut werden sollte. Das wird sehr geschätzt.

Interessanterweise herrscht hier in Deutschland die Meinung, dass Menschen mit Migrationshintergrund grundsätzlich lauter sind. Vielleicht ist da etwas dran.

Hier in Deutschland, so nehme ich es wahr, wird den meisten Menschen beigebracht, Rücksicht auf andere zu nehmen. Das ist sehr gut. Nur leider kann es dazu führen, dass Menschen hartnäckig schweigen, wenn das nicht nötig ist. Später wird dann viel Geld in Kurse für Persönlichkeitsentwicklung investiert, in denen es darum geht, die eigene Stimme wiederzufinden und zu nutzen.

Ich bin der Meinung, wenn du von Natur aus laut bist und Energie hast wie ich, darfst du deine Fröhlichkeit weiterhin zeigen. Menschen sind dankbar dafür und erkennen das, was sie vermisst haben. Solange du respektvoll bist, ziehst du Menschen magisch an. Jeder will dann etwas von deiner Energie abbekommen. Ist das nicht toll?

Zurück zu den Regeln:

Ich suche euch heute, meine verlorene Verwandtschaft, denn auch für euch wurden diese Regeln geschrieben. Wie auch für viele andere Nichteinheimische. Das heißt: Wir haben mehr gemeinsam, als du denkst. Regeln sind für eine reibungslos funktionierende Gemeinschaft da.

Es gibt jedoch Regeln, die du gerne hinterfragen darfst. Als langjährige Qualitätsmanagerin und Auditorin weiß ich, dass die wenigsten Menschen in den Unternehmen ihre Vorgaben und Richtlinien auf einem aktuellen Stand halten. Manche Regeln haben vielleicht mal in einem anderen Kontext Sinn gemacht. Sie sollten deshalb hin und wieder hinterfragt werden.

In Sachen Gehörschutz tut Deutschland eine Menge für unsere Gesundheit. Das haben wir zu respektieren. Viel Lärm schadet deinen Ohren.

Mir ist bewusst, dass jeder hier auch ein eigenes Schmerzempfinden hat, was Lärm angeht. Daher möchte ich dir Folgendes mitgeben: Gerade mit unserer Stimme kommen wir in den Dialog mit Nachbarn. Sei nicht so streng mit den Nichteinheimischen, denen diese Regeln noch nicht bewusst sind. Ein freundlicher Hinweis ist besser als ein strafender Blick.

Es gibt zahlreiche Beispiele dafür, wie Nachbarn auf „stille“ Weise Krieg führen. Mir wurde bereits ein Logo meiner Firma vom Briefkasten entfernt und eingeworfen, weil ich mit den Farben wohl zu laut war. Alle Briefkästen haben ihre Ordnung, meiner war „zu laut“.

Noch ein Beispiel?

Uns wurde bereits ein Einkaufswagen vor die Haustür gestellt, weil die Nachbarn annahmen, wir hätten ihn an einer nicht vorgesehenen Stelle abgestellt. Damals war ich richtig wütend auf diesen unbekannten Nachbarn, denn beim Öffnen der Tür hätten sich unsere Kinder oder sogar wir Erwachsenen verletzen können. Warum hat dieser Mensch nicht geklingelt, um es zu melden?

Ein anderes Mal wurde mein Sohn (damals sechs) in einem Schwimmbad angeschrien, weil er den älteren Herrn in der Nähe nass machen würde. Oh, Wunder.

Ruhestörung hat, wie du siehst, viele Gesichter. Manchmal wirst du verdächtigt, weil du ein bestimmtes Aussehen hast. Lass es dir nicht gefallen. In meinem Fall, da ich den „Wohnpolizisten" nicht kannte, habe ich einen bösen offenen Brief geschrieben, um auch eine Position zu beziehen und zu sagen: Jetzt ist es genug. Um zu sagen: Sei kein Feigling. Rede mit uns.

Genau darum geht es doch in einer Nachbarschaft. Miteinander reden, füreinander da sein, sich füreinander freuen, anstatt einander böse Blicke und Briefe zuzuwerfen. Du möchtest doch nicht einsam sterben, weil du die Nachbarschaft vertreibst. Meinen Kindern oder in Zukunft meinen Elternkindern möchte ich nicht vorschreiben, wann sie vor Freude laut sein dürfen und wann nicht. Sonst bringen wir sie für immer zum Schweigen.

Ich wünsche mir, dass du es zulässt, wenn Kinder um dich herum zeigen, dass das Leben schön ist.

Ich wünsche mir, dass du es zulässt, wenn Jugendliche im Zug oder unterwegs unbeschwert ihre Freude zeigen.

Ich wünsche mir, dass du deinen Mitmenschen Freude gönnst und sogar irgendwann mit ihnen feierst, statt sie zur Ruhe zu ermahnen, wenn das nicht gerechtfertigt ist.

Da gute Taten zu Hause und in der Nachbarschaft beginnen, lautet dein Weg Nummer 26: Lass dich auf das Anderssein deiner Nachbarschaft ein. Freue dich mit ihnen, wenn sie laut feiern und glücklich sind. Nur so können wir die Magie der Vielfalt und die Magie in uns in der Nachbarschaft und darüber hinaus entfesseln.

Magie entsteht, wenn du in kritischen Fällen Verständnis zeigst und Menschen sowie ihre Ängste, ob aus deiner Sicht gerechtfertigt oder nicht,
ernst nimmst.

#27

Wenn der Vermieter Angst hat

„Wissen Sie, Frau Omondi, wir haben schlechte Erfahrungen mit Menschen wie Ihnen gemacht."

In meinen Vorträgen darf diese Story nicht fehlen. Ich liebe sie. Warum erfährst du anschließend.

Ich war auf der Suche nach meiner ersten Privatwohnung in Deutschland, für mich und meinen kleinen Sohn, denn ich hatte Studentenwohngemeinschaften satt. Eine der Besichtigungen war in Wallhausen, einem kleinen schönen Vorort von Konstanz.

Bei der Besichtigung war die Freundin meines potenziellen Vermieters da und nicht der Vermieter selbst. Er wohnte weit weg. Ich wusste sofort, dass die Wohnung zu uns passt: Preis, Lage, Zustand und die Freundin waren sehr umgänglich, also musste der Vermieter auch umgänglich sein. Zwar wäre der Weg zur Schule meines Sohnes und für mich zum Bahnhof viel weiter, aber ich war froh über diese Möglichkeit. Ich spürte, dass wir uns einig werden würden. Natürlich gab es auch andere Bewerber, dennoch verließ mich das Gefühl nicht, dass es diesmal klappen würde.

Wie es so war damals, durfte ich einige Dokumente nachreichen und der Vermieter würde sich melden.

Er meldete sich auch. Und sagte ab.

Ich verstand die Welt nicht mehr. Faktenbasiert schien alles in Ordnung zu sein. Ich war zunächst nur überrascht, nicht handlungsfähig.

Einige Stunden später nahm ich meinen Mut zusammen und rief ihn an. Damals war das Telefonieren nicht so einfach wie heute.

Ich hatte in der Zwischenzeit mitbekommen, dass Vermieter Ausländern ungern ihre Wohnungen überlassen. Ich wollte unbedingt wissen, ob da etwas dran ist, denn rein auf die Anforderungen bezogen hatte ich meines Erachtens alle erfüllt.

Als er sich am Telefon meldete, fragte ich: „Warum sagen Sie mir ab?"

Er schwieg.

Ich merkte, dass da etwas ist, was er nicht sagen wollte. Also formulierte ich meine Frage um: „Ist es, weil ich nicht aus Deutschland komme?"

Er antwortete: „Wissen Sie, Frau Omondi, wir haben schlechte Erfahrungen mit Menschen wie Ihnen gemacht."

Natürlich. Menschen wie mir. Menschen, die so schön sind wie ich, die so freundlich sind wie ich? Ah, Ausländer.

Ich ließ ihn nicht weiterreden, sondern sagte einfach: „Geben Sie mir eine Chance. Geben Sie mir eine Chance."

Er gab sie mir.

Dieses Erlebnis berührt mich bis heute, denn als ich die Wohnung Jahre später kündigte, sagte er: „Sehr schade. Sie waren meine beste Mieterin."

Was für eine Wendung diese Geschichte genommen hatte! Was für eine Wirkung für Menschen, die wie ich schön, äh, Ausländer sind. Was hat diese Chance mit ihm als Vermieter gemacht? Wie wird diese Erfahrung seine zukünftigen Entscheidungen positiv beeinflussen? Die Auswirkung der Auswirkung klingt doch nun sehr vielversprechend, oder?

Warum ich diese Story liebe:

Erstens: zeigte sie mir, dass jeder den ersten Schritt machen kann. Egal wie klein, wie machtlos du dich gegenüber Vermietern oder anderen Entscheidern fühlst, unterschätze dich nicht. Unterschätze nicht die Macht einer Fragestellung und die Macht der Dialoge.

Zweitens: Erst wenn wir richtig zuhören und unser Gegenüber verstehen, finden wir Lösungen. Mein Vermieter hatte Angst, dass ich vielleicht nicht bezahlen kann. Er hatte nichts gegen mich als Person. Es ging um sein Risiko. Mal ehrlich: Eine junge ausländische Studentin mit einem Kind, die jederzeit nach Kenia zurückkehren kann?

Zum Glück hatte ich damals einen tollen Praktikumsplatz in der Schweiz und diesen Nachweis konnte ich ihm geben. Zudem half mir der Mann meiner Freundin damals mit einer Bürgschaft.

Du siehst: Weil er mir eine Chance gab, nein, weil wir uns gegenseitig eine Chance gaben, fanden wir eine Lösung für seine berechtigten Ängste.

Auf den ersten Blick kam es dir vielleicht auch so vor, dass er keine Ausländer mag. Wie fatal es gewesen wäre, ihn als Rassist zu bezeichnen! Das ist sowieso nicht meine Art, denn so verbaue ich mir die Chance auf ein ernsthaftes Gespräch.

Natürlich ist es traurig, dass aufgrund von Herkunft oder Hautfarbe so schnell verurteilt wird. Wer macht das nicht? Die Frage ist, lassen wir uns auf Dialoge ein? Passiert das, passiert auch Magie. Denn jetzt als Vermieterin verstehe ich ihn noch besser.

Heute haben nicht die Politik oder der Gesetzgeber die Macht, sondern Technologieunternehmen, Vermieter, Energielieferanten uns so weiter. Mit jeder unserer Entscheidungen und jeder Handlung entscheiden wir auch über das Schicksal vieler Menschen. Lass uns das bewusst tun. Lass uns zumindest auf Einwände eingehen und herausfinden, ob wir selbst in unseren Köpfen ein Update brauchen. So können wir uns eine Chance geben und die Welt mit neuen Augen sehen. Dann merken wir, dass es berechtigte Angst geben kann. Mit den Beteiligten darüber zu sprechen, eröffnet Lösungsmöglichkeiten.

Ich bin sicher, wir haben den Weg frei gemacht für weitere Susans. Ich rechne meinem damaligen Vermieter hoch an, dass er sich darauf eingelassen hat.

Bist du Vermieter, so bewerte nicht zu schnell. Suche das Gespräch und Lösungen, anstatt Nein zu sagen, weil das am schnellsten und einfachsten geht.

Auf eine Sache möchte ich noch hinweisen:

Neulich auf dem Weg nach Radolfzell nahm ich ein Plakat wahr, mit dem Bild einer dunkelhäutigen Person und mit einer Botschaft für potenzielle Vermieter eben keinen Rassismus zu betreiben.

Um das Thema ins Bewusstsein zu holen, sicher okay. Dennoch sind solche Kampagnen aus meiner Sicht nur aus einer Perspektive erzählt. Der Sender geht davon aus, dass der einzige Grund für die Ablehnung das Anderssein ist. Dabei geht es um viel mehr.

Hier ein Szenario: Jemand, der vielleicht nur eine Aufenthaltsbewilligung für ein Jahr hat, ist für den Vermieter unattraktiv. Im schlimmsten Fall wird diese

Bewilligung nicht verlängert und die Person geht. Das Risiko ist schon da. Es kann also sein, dass zu schnell pauschalisiert wird.

Diese Themen von Fall zu Fall zu behandeln, ist daher sehr empfehlenswert und benötigt eine entsprechende Grundhaltung seitens des Vermieters und des Mieters.

Irgendwann gibt es genauso viele Dunkelhäutige, die ihre Wohnungen vermieten, dann hilft so ein Plakat nicht. Denn der Gedanke dahinter geht davon aus, die Einzigen, die „beschützt" werden müssen, sind die Nichteinheimischen.

Was ich hier vermisse, ist, dass der Staat dem Vermieter die Angst nimmt, anstatt sich mit pauschalen Plakaten nur für die Minderheit einzusetzen. Welche Möglichkeiten hat der Vermieter, wenn er Angst hat, seine Miete nicht zu bekommen? Das sind die Themen, die angesprochen werden müssen.

Stell dir vor, das ist die einzige Einnahmequelle eines Vermieters. Wie hilft ihm da so ein Plakat?

Wir alle dürfen hin und wieder die Perspektive wechseln, die Schuhe von anderen anprobieren und verstehen, woher die Angst kommt.

Gerade wenn du dich „unfair" behandelt fühlst, merke dir diesen Weg Nummer 27:

Finde heraus, warum jemand dich wirklich ablehnt, falls dir eine Zusammenarbeit wichtig ist. Finde gemeinsam mit deinem gegenüber einer Lösung. Gehe mit gutem Beispiel für die Nachwelt voran. Du nimmst dadurch deinem Gegenüber die Angst, indem du Verständnis zeigst und es anders machst, – auch wenn es nur heißt: „Geben Sie mir eine Chance."

Die Einheimischen scheinen nicht auf die Nachbarschaft angewiesen zu sein, wie du es vielleicht aus deiner Heimat kennst (sich gegenseitig etwas ausleihen, gegenseitig auf die Kinder aufpassen etc.). Solltest du trotzdem Hilfe brauchen, zögere nicht zu fragen.
Magische Begegnungen entstehen durch Hilferufe.

#28

Deine Nachbarn und du

Kennst du die Geschichte mit dem Hund und dem toten Kaninchen im Garten? Diese Geschichte erzählte mir einmal ein Kollege in der Mittagspause, etwa im Jahr 2009. Ich finde im Netz den Autor der Geschichte nicht, nur Weitererzählungen, beispielsweise in einem Forum (Quellenbeispiel: *https://www.dogforum.de/thread/90983-ein-hund-neue-nachbarschaft-und-ein-toter-hase-d/*)

Eine Familie – Vater, Mutter und Sohn inklusive Hund – ist gerade in ein neues Haus gezogen. Es ist ein Haus mit Garten.

Die Nachbarn haben ebenfalls einen Garten, allerdings mit Hasen. Die neue Familie lebt noch nicht lange dort, als ihr Hund plötzlich mit einem toten Hasen im Maul nach Hause kommt. Sie sind entsetzt und sagen sich: „O nein, wir können unmöglich ehrlich zu den Nachbarn sein! Wir sind erst so kurz hier und nun passiert so etwas. Bloß nicht gleich mit den neuen Nachbarn verscherzen."

Also muss eine Idee her: Sie nehmen den toten Hasen, legen ihn zurück ins Gehege und lassen es so aussehen, als wäre der Hase eines natürlichen Todes gestorben.

Tage später kommt die Familie, welcher der tote Hase gehört, mit den neuen Nachbarn ins Gespräch. Verwundert berichten sie: „Ihr werdet nicht glauben, was uns passiert ist! Einer unserer Hasen ist gestorben. Wir haben ihn aus dem Gehege entfernt und im Garten begraben. Kurz darauf lag er tatsächlich wieder im Gehege.“

Der Hund hatte also bloß einen toten Hasen ausgegraben.

Diese Story erzähle ich immer wieder, weil sie aufzeigt, wie wir uns anderen gegenüber zeigen wollen: Nur ja keinen Fehler machen, von der besten Seite präsentieren. Und bei den anderen genau diese Fehler suchen.

So verschweigen wir auch die Wahrheit, um ja keinen schlechten Eindruck zu machen. Wir ermahnen unsere Kinder, leise zu sein, um keine Nachbarn zu stören. Wir schleichen im Mehrfamilienhaus umher, um nur ja nicht gehört und angesprochen zu werden – Ruhe ist schließlich das höchste Gut. Bloß nichts anstellen, wofür es sich für unsere Nachbarn lohnt, die Polizei anzurufen. Umgekehrt werden wir beobachtet. Erinnerst du dich an die inoffiziellen Polizisten? Die sind auch in der Nachbarschaft.

Wir jammern zu schnell, wenn es laut ist, weil sich die ganze Nachbarschaft nach uns richten soll. Wir beklagen uns über die Nachbarn, die seit Langem nicht gemäht haben, ihre Hecken nicht schneiden und ihre Blumen nicht gießen. Wenn sie dies tun, ist es uns wiederum zu laut. Wir schauen uns eine Familie an und wissen am besten, dass es um sie nicht gut steht. Wir sind ja so reich, so wohlhabend, dass wir nur über die anderen sprechen und lästern. Wir brauchen unsere Nachbarn nicht, denn wir sind eine Leistungsgesellschaft.

Als Student bist du auf deine WG-Mitglieder angewiesen. Es herrscht buntes Treiben. Irgendwann gründest du eine Familie und du willst deine Ruhe. Du kannst dir nun eine eigene Wohnung oder ein Haus kaufen. Dennoch hörst du von Nachbarschaftsstreits, die sogar vor Gericht enden. Nicht weil sie so komplex und lohnenswert sind. Nein, aus Sicht einer Nichteinheimischen sind sie völlig überbewertet. Hier einige Beispiele:

Der Baum wächst bis in den Nachbarsgarten hinüber.

Die Musik oder der Fernseher ist zu laut.

Die Hunde sind zu laut.

Dreck und Müll liegen herum. Geruchsbelästigung.

Es entsteht Lärm durch Kinder oder durch Rasenmähen.

Du hast sicher auch davon gehört, dass Menschen hier so einsam sein können, dass sie sogar alleine in ihrem Zuhause sterben, ohne dass es jemand mitbekommt. Erst der Geruch der Leiche alarmiert die Nachbarn. Beim Anblick dieser Liste sagst du einfach: Kein Wunder.

Wenn du den Umzug in eine Privatwohnung wagst, bist du unsicher. Bei der Besichtigung hast du keine umfassenden Erkenntnisse über die Nachbarn. Du kannst fragen, aber das ist nur eine Momentaufnahme. Wirklich miteinander zu leben wird eine Herausforderung.

Brauchen wir einander wirklich nicht? Vielleicht seltener als in Kenia beispielsweise, wo wir und unsere Nachbarn fast eine große Familie waren. Dennoch mach diese Chance nicht zunichte. Ich habe mich immer gewundert, wie Menschen hier leben können, ohne die Namen ihrer Nachbarn zu kennen. Und doch, Jahre später, hielt ich es genauso. Natürlich sagte ich Hallo zu meinen Nachbarn, aber wirklich lange mit ihnen sprechen? Kaum.

Hier eine kurze Anekdote:

Eines Tages kam ich von meiner Joggingrunde zurück. Ich hatte den Schlüssel dabei. Meine Hände waren aber dermaßen eingefroren, dass ich die Haustür und die Nebentüren nicht aufbekam.

Es war am Vormittag. Das heißt, bis meine Kinder aus der Schule oder mein Mann von der Arbeit kommen würden, würden Stunden vergehen. Ich schaute nach links und nach rechts, beobachtete die Straße, ob zufällig jemand mit warmen Händen vorbeikam, den ich um Hilfe bitten konnte. Sie würden jahrelang davon erzählen und wahrscheinlich sagen: „Allen Afrikanern passiert so etwas.“ Jedoch waren die Schmerzen zu groß. Keine Zeit für Stolz.

Ich nahm also meinen Mut zusammen und klingelte bei der Nachbarin. Du hast richtig gelesen: Mut, – weil ich ein schlechtes Gewissen hatte. Wie, Susan, du klingest nur, weil du Hilfe brauchst? Ja, leider. Immerhin war ich nicht zu stolz, um nach Hilfe zu fragen. Heraus kam die freundlichste Frau, der ich seit Langem begegnet war. Sie half sehr gerne. Erst an diesem Tag fragte ich nach ihrem Namen. Wie peinlich, oder? Aber immerhin hatten wir nun eine andere Verbindung. Monate später schenkte sie mir Pralinen, da ich in ihrer Abwesenheit viele Pakete für sie annahm. Bin ich nun eine gute Nachbarin? Ich weiß nicht. Ich weiß nur, wenn es darauf ankommt, werde ich es zeigen.

Noch etwas: Auch wenn du bisher Hemmungen hattest, mit deinen Nachbarn in Kontakt zu treten, unterstelle deinen Nachbarn nichts. Die Gedanken formen unser Tun. Mache den ersten Schritt. Hier eine Story für einen Perspektivwechsel:

Ich war auf einer Dienstreise in Hamburg, die zwei Wochen dauerte. Das heißt, mit einem Wochenende dazwischen, an dem mein Mann und die Kinder zu mir kamen, um das Wochenende gemeinsam zu verbringen. Wie du dir vorstellen kannst, haben wir in unserem Haus Kontaktstellen mit Alarmen, die losgehen, wenn sie mit Wasser oder Rauch in Berührung kommen.

Als Mein Mann bei einem Zwischenstopp in Kassel auf seinem Smartphone eine Alarmmeldung sah, war er zu weit weg, um etwas zu tun. Er setzte die Reise wie geplant fort und hoffte, dass es zu Hause keinen Schaden geben würde.

Zurück daheim – du ahnst es, totale Überwachung – schaute er sich die Kameraaufnahmen an. Den Zwischenfall hatte er schon wieder vergessen. Dabei entdeckte er auf den Kameraaufzeichnungen, wie ein Mann durch den Garten lief, durch das Fenster schaute und die Treppen hinunter zum Keller ging, um dann den Weg zurückzuschleichen, den er gekommen war. Er kletterte über eine Hecke, die damals noch dort wuchs.

Mein Mann war überzeugt, dass der Mann ein Einbrecher gewesen war. Sein Herz klopfte. Wir hatten die Kamera aus technischer Neugier installiert und nicht mit so etwas gerechnet. Mein Mann war aus dem Konzept. Er sicherte alles als Beweismittel und wollte gerade die Polizei rufen, als er sich an die Alarme erinnerte. Das bedeutet, unser Nachbar war durch das vor Ort hörbare Signal auch alarmiert worden und hatte nur schauen wollen, ob alles okay war.

Was für eine krasse Geschichte für einen Perspektivwechsel! Vielleicht bist du ein guter Nachbar, weil du Pakete annimmst oder weil du anderen das Leben nicht unnötig schwermachst.

Wenn du also noch nicht bereit bist, deine Nachbarn zu dir einzuladen, sag mindestens Hallo, suche keinen Streit, denke nicht für sie. Spiele nicht den inoffiziellen Polizisten, denn auch dir kann es passieren, dass du klingeln musst, damit deine Nachbarn dir helfen, sofern du noch keine smarte Türöffnungsmöglichkeit hast.

Dein magischer Weg Nummer 28: Unterstelle deinen Nachbarn nichts Falsches. Gehe davon aus, dass sie keine Verbrecher sind, sondern wohlwollend. Ihr seid euch ähnlicher, als ihr denkt, deshalb seid ihr ja gleichermaßen auf die Idee gekommen, dort zu leben, wo ihr lebt. Sei die Magie, die du in der Nachbarschaft sehen möchtest. Lasse sie zu. Empfange sie ebenfalls.

Hast du je Kinder aus
unterschiedlichen Kulturen
miteinander spielen sehen,
und wie sie selbstverständlich
ohne Berührungsängste
miteinander umgehen?
Das ist die beste Schule,
wenn es um Vielfalt geht.

#29

Vielfalt feiern made by Kindern

„Warum fangen wir heute nicht mit Sonntag an?“

Ich liebe es, wie Kinder mich immer wieder „wachrütteln“. Auch im Umgang mit Vielfalt können wir eine Menge von Kindern lernen. Dabei spielt es keine Rolle, ob es eigene sind oder nicht. Auch du erinnerst dich bestimmt, wie es war, als du Kind warst. Meist gehen diese tollen Eigenschaften mit der Zeit verloren.

Doch zunächst diese kurze Story:

Als mein Sohn noch im Kindergartenalter war, wollte er eines Tages einfach daheimbleiben. Er verstand nicht, warum er mit dem Spielen aufhören sollte, um das zu tun, was wir von ihm wollten. Einerseits verstanden wir ihn. Auf der anderen Seite hatten wir aber selbst Termine.

Mein Mann, der so gut und geduldig etwas erklären kann, nahm sich Zeit und sagte mit den Fingern zeigend: „Es gibt sieben Tage in der Woche…“

Mein Sohn hörte ihm aufmerksam zu. Nickend zeigte er, dass er den ersten Teil verstanden hatte.

„Montag bis Freitag gehen wir zur Arbeit oder in den Kindergarten", fuhr mein Mann fort und zeigte dabei fünf Finger. Mein Sohn nickte verständnisvoll. „Samstag bis Sonntag sind wir daheim. Und heute ist nicht Sonntag", beendet er seine Erklärung mit zwei Fingern.

Mein Sohn schaute ihn an und fragte selbstbewusst: „Warum fangen wir dann heute nicht einfach mit Sonntag an?"

Mit so einer Antwort hatten wir nicht gerechnet. Anders gedacht und doch so treffend. Wir konnten an diesem Tag die Wochentage nicht tauschen, doch diese Antwort begleitet uns immer noch, – um bewusst eine andere Lösung zu finden. Bestimmt hast du auch Fragen von Kindern in deinem Umfeld gehört, die dich umdenken lassen, selbst wenn du die Antwort gerade nicht kennst. Warum immer den gleichen Weg gehen, warum nicht mal anders, wie Kinder eben?

Es müssen nicht immer die „erfolgreichsten" und „berühmtesten" Leute sein, von denen wir lernen. Manchmal sind unsere Augenöffner wirklich nah. Die Frage ist, lassen wir sie zu? Ganz banal aus dem Alltag habe ich schon so vieles von meiner Tochter gelernt. Hier ein paar kurze Anekdoten:

Die Tomaten-Sushi-Story

Mein Sohn mag keine Tomaten und kaum Obst. Also sage ich immer etwas Kluges, um ihn zu überzeugen. Da sagte meine Tochter, seine Zwillingsschwester ganz gelassen: „Mama, du magst doch auch kein Sushi. Wie wäre es für dich, wenn wir dich zwingen würden, Sushi zu essen?"

Meine Tochter schafft es, mit diesen praktischen Beispielen im Alltag immer, meine Sicht auf die Dinge zu ändern. So etwa auch hier:

Die Einzige, die sich nicht die Hände wäscht

Noch lange vor Corona bestand ich darauf, dass wir gleich bei der Ankunft zu Hause die Hände waschen. Manchmal frage ich deswegen zu viel und nerve meine Kinder damit. Doch seit ich diese Antwort erhielt, bin ich vorsichtig:

„Natürlich habe ich mir die Hände gewaschen. Die Einzige, die sich hier nicht die Hände gewaschen hat, bist du, das sieht man doch."

Wie wir gelacht haben! Und wie recht sie hatte. Ich kann bis heute nicht beweisen, dass ich die Hände gewaschen habe, wenn sie immer so dunkel aussehen.

Solche Geschichten und Erlebnisse haben wir bei uns in der Familie genügend. Sie zeigen mir, dass die Fähigkeit über uns zu lachen, anderen die Angst nimmt. Wir gehen mit unserem Anderssein locker um – ob ernsthaft oder mit Humor. Ich kann mir nicht vorstellen, dass Kinder mit Vorurteilen oder Berührungsängsten geboren werden. Welche Eigenschaften von Kindern machen nun magische Begegnungen möglich?

Neugier – Wie sonst können wir voneinander lernen? Lass uns diese Kinderneugier nicht töten, sondern ihr Raum geben.

Unbefangenheit und Offenheit – Fragen und sagen, was gerade ist und dabei nicht nachtragend sein.

Aufmerksamkeit und Interesse – Das hilft uns, Begegnungen auf Augenhöhe zu schaffen.

Kinder **fragen warum**, um mehr zu erfahren. Sie sind dabei hartnäckig. Die Warum-Frage hilft uns, die Sinnhaftigkeit von etwas zu verstehen oder die Grundursache zu erforschen, damit wir weniger Annahmen machen.

Kinder **machen es anders** und definieren ihre Sonntage selbst.

Kinder lieben **Rollenspiele.** Ob böse oder weniger böse Figuren – Piraten, böse Ninjas oder Lords. Diese sind notwendig, um zu spüren, wie die unterschiedlichsten Wesen ticken.

Kinder **nehmen es, wie es ist**. Sie überlegen nicht lange. So weißt du, woran du bist.

Ich bin dankbar, dass meine und andere Kinder mich immer daran erinnern, wie ich wirke. Ich bin immer wieder fasziniert, wie sie mir helfen, meine Sicht der Dinge zu ändern und mich ergänzen. Als mein Sohn die ersten Kapitel dieses Buches las sagte er: „Unbedingt schwarzen Humor reinbringen." Vielleicht ist es mir gelungen. Ich erinnere mich an das Gespräch beim Abendessen, als meinem Sohn meine Antwort, während eines Star Wars-Quiz nicht gefiel. Er sagte zu mir: „Ich sehe schwarz bei dir." Und meine Tochter Amora gleich hinterher: „Obera, da hast du ins Schwarze getroffen." Wir lachten herzhaft.

Ich weiß, dass Kinder in der Schule oft mit Vorurteilen konfrontiert sind. Doch es ist unsere Aufgaben als Eltern, Raum dafür zu schaffen, um über die Unterschiede zu sprechen, über den Umgang mit solchen Vorurteilen – und um dann zu merken, dass diese Unterschiede nicht spalten. Sie sind wichtige Gesprächsthemen, die uns zusammenbringen. Ich wünsche mir so sehr, dass jede Familie Raum für Dialoge, Ängste sowie Erfolge zulässt. Einerseits lernen die Kinder, Menschen mit unterschiedlichsten Merkmalen zu akzeptieren. Anderseits blühen sie in ihrem Anderssein auf, wovon wir wiederum lernen können.

Lass uns Kinder dabei unterstützen, zu neugierigen Erwachsenen zu werden. Wenn diese natürliche Art auf Offenheit und Neugier von Erwachsenen trifft, passiert Magie. Zu den „Das-sagt-man-nicht-Bemerkungen": Ich bitte dich darum, als Betroffener nicht sauer zu sein. Sowohl Eltern als auch die Personen, auf die „mit dem Finger gezeigt wird", haben die Chance und die Verantwortung, Kindern zu zeigen, wie offen wir sind. Deshalb ist es sehr entscheidend, wie wir reagieren. Bitte solche Fragen und Bemerkungen zulassen, nicht bestrafen und zu Hause nochmals in Ruhe darüber sprechen. Beispiele, die ich oft gehört habe, sind:

„Schau, schau Mama, da ist ein Neger." Oder „Schau mal, da ist eine schwarze Frau. Warum ist sie schwarz?"
„Sprecht ihr mit Affen?" oder „Lebt ihr in Kenia auf Bäumen?"

Als mein erster Sohn Sammy etwa sechs Jahre alt war, hatte er einen Freund aus Asien. Ich gestehe, ich habe nie gefragt, woher genau er kam, Schande über mich. Wir nennen ihn hier einfach Dogbar.
Dogbar war der beste Freund meines Sohnes. Sie kannten und schätzten sich, lernten vieles einfach gemeinsam, ohne auf die Eltern zu warten. So kam Sammy zweimal zu uns und sagte: „Ich kann jetzt Fahrrad fahren" und „Ich kann jetzt Inliner fahren." Für uns Eltern war es natürlich eine Erleichterung, solche Freundschaften hier zu erleben. Die beiden hatten auch andere Freunde, aber in dieser für Studierende eingerichteten Zwei-Zimmer-Wohnung waren sie für mich ein Traumteam.

Eines Tages, da waren sie bereits mehr als ein Jahr befreundet, wollte Dogbar Sammy zum Spielen abholen. Mein Sohn war noch unter der Dusche. Um in sein Zimmer zu gelangen, musste er durchs Wohnzimmer, wo sein Freund auf ihn wartete. Er hatte nur ein Handtuch um. Dogbar sah ihn zum ersten Mal ohne Kleidung. Plötzlich schien er erschrocken, zeigte auf Sammys Beine und sagte: „Guck mal, Sammy, deine Beine sind schwarz!"

Ich werde das nie vergessen. Dogbar spielte jeden Tag mit Sammy, jedoch hatte er ihn nie als schwarze Person mit schwarzen Beinen gesehen. Erst die Beinnacktheit brachte ihn zu dieser Erkenntnis. Jeder hat seine Wahrnehmungsschwerpunkte. Dogbar hatte einen Freund. Punkt. Manche Kinder sehen und thematisieren die Unterschiede. Das ist wunderbar, wie ich bereits geschildert habe. Diese andere Seite finde ich ebenso faszinierend. Es gibt Erwachsene, die das auch schaffen. Sie sehen ineinander Menschen, Kollegen, Freunde – Punkt. Von Sammys Art, magische Begegnungen zu schaffen, lernte ich ebenfalls eine Menge. Er kam ein Jahr nach mir nach Deutschland. Er lernte die Sprache schneller und war neugieriger als ich.

Vergiss nicht deinen Weg Nummer 29: Es müssen nicht immer die „erfolgreichsten" und „berühmtesten" Leute sein, von denen wir lernen. Beobachte einfach die Kinder, wie sie miteinander umgehen und spielen.

06

Teil 6:

Medien, Statistik und Integration

Kommt dein Wissen über andere Kulturen mehrheitlich aus den Medien? Wenn ja, wird es Zeit, (virtuell) zu reisen. Wenn das nicht möglich ist, tausche dich intensiv mit deinen Nachbarn oder Kollegen aus.

#30

Medien und Vielfalt

„Hast du einen Plan?"

Hast du auch manchmal das Gefühl, Filme und Medien seien einseitig?

Zunächst mal, meine Familie und ich lieben es, gemeinsam Filme zu schauen. Die meisten Filme, die wir uns ansehen, sind natürlich aus den USA, wobei wir mittlerweile bewusst mischen, um andere Sichtweisen und Seiten der Storys zu bekommen. Je nach Genre – tiefgründig und humorvoll mit Learnings. Manchmal aber auch nur Spannung sowie Action ohne richtige Dialoge.

Kennst du das aus „Stirb langsam 4.0"?

„Hast du einen Plan?"

„Ja, wir holen Lucy da raus und legen alle anderen um."

Doch manchmal machen mich die Tendenzen nachdenklich. So haben wir festgestellt, dass in den meisten Filmen die Rollen „sauber" verteilt sind:

- Die Deutschen sind immer böse oder kümmern sich um die Wurst.
- Die Italiener sind Mafiosi, dicht gefolgt von den Russen.
- Die Franzosen denken nur ans Essen und können gut kochen (aus meiner Sicht machen sie auch sehr gute Filme).

- Schwarze Menschen sterben zuerst (ein Running-Gag für uns aktuell beim Filme schauen: Wetten, wer zuerst stirbt).
- Es gibt die USA und den Rest der Welt. Nein, die Welt besteht nur aus den USA.
- Einheimische sind stumm, nackt und/oder Krieger.
- Zuerst schießen, dann fragen.
- Die meisten bösen Leute haben schwarze Autos.
- Frauen erschrecken als Erstes und schreien ungemein (okay, bei mir stimmt das, in meiner Familie bin ich die Schreckhafteste).
- Asiaten können alle super kämpfen.
- In der Schweiz kannst du nur in die Berge oder ein Nummernkonto eröffnen.

Die Liste ist lang. Hast du Ergänzungen?

Zum Glück gehen wir auch gerne raus, suchen Dialoge und thematisieren diese Klischees. Sonst würden wir wie einst eine Frau in Deutschland, als mein Kollege im Jahr 1997 wegen eines Jobs bei ihr klingelte (er hatte einen Termin) schreien: „Oh mein Gott! Da steht ein Schwarzer vor meiner Tür!" – Was für ein Schreck. Stell dir vor, jemand stirbt, weil er/sie einen Schwarzen gesehen hat.

Ich liebe Filme. Teilweise super gemacht bringen sie mich zum Nachdenken oder sind belehrend. Wir alle lieben Geschichten und die Filmemacher bringen sie richtig gut rüber. Doch Filme und Medien erzählen größtenteils nur eine Seite der Story. Wir dürfen trotzdem den Inhalt hinterfragen.

Zum Glück werden Filmemacher immer bewusster, sprechen ethische Grundsätze an und repräsentieren immer mehr die Minderheit (ohne dass sie zu früh sterben).

Welche Klischees werden aus deiner Sicht in Filmen bedient? Was ist mit den Medien allgemein? Was lesen wir über andere Länder? Und noch wichtiger: Was macht das mit uns?
Hier eine kurze Story:

„Und jetzt kommt die Kenianerin Susan Omondi."

Wer kennt das nicht, ein Blick auf die Angaben und wir wissen genau, dass alle Kenianer schnell laufen können. Echt? Nein. Ich werde es nie können.

Vor Jahren, als ich noch jung war, nahm ich wieder mal an einer Laufveranstaltung teil. Als ich an eine Ecke mit vielen Zuschauern kam, hörte ich unerwartet: „Und jetzt kommt die Kenianerin Susan Omondi."

Ich wusste sofort, warum. Es wurde erwartet, dass ich schnell bin, der Applaus war gigantisch, nur meine Familie und Freunde waren da und ich bin sicher, sie lachten ebenfalls.

Ich zog meine Kapuze hoch und sagte: „Nein."

Der Moderator redete sich clever heraus, als er den „Fehler" bemerkte: „Heute macht sie nur Training mit ihrer Kollegin."

Mensch, haben wir gelacht. Jahre später lachen wir immer noch darüber.

Das ist ein lustiges Beispiel. Es gibt andere Beispiele, die unter anderem unsere Zusammenarbeit erschweren. Wir haben Themen gespeichert, brauchen aber ein Update. Ich finde es super, wenn jemand den Mund aufmacht, sich irrt und eine Begegnung zulässt. Dann haben wir eine echte Chance, diese Annahmen aus dem Weg zu räumen.

Die Erzählung aus Kapitel 11 zeigt ebenfalls deutlich, was Annahmen und Medien mit uns machen. Du erinnerst dich: „Frau Omondi, Sie sind doch in Kenia aufgewachsen..."

Du lebst in Deutschland? Dann kennst du sicher den Bodensee. Wenn nicht, bin ich sehr enttäuscht. Echt? Nein. Wir begegnen fremden Menschen und Kulturen und neigen dazu, aufgrund von Annahmen Entscheidungen zu treffen.

Natürlich ist mir bewusst, dass die Medien dazu beitragen. Wir können es ihnen nicht verübeln. Sie leben von Übertreibungen. Es werden Klicks gezählt, anstatt Inhalte. Wahrheit wird verdreht und wir wissen, dass Wahrheit subjektiv ist. Den Wahrheitsgehalt in den Medien können wir mittlerweile leicht überprüfen.

Erst gerade, beim Schreiben dieses Kapitels rief mich mein Mann, um einen Beitrag über Kenia im Fernsehen zu sehen. Es ging um Hunger und Dürre. Natürlich waren die Bilder nicht erfreulich und erweckten mein Mitgefühl. Am Ende waren dort weiße Menschen, die diese Welt „retten" wollten. Das, was ich sah, war nur ein Teil von Kenia. Berichtet wurde aber über Kenia insgesamt.

Keine zehn Minuten später schrieb mir zufällig mein Bruder aus Kenia und schickte, ohne dass wir vorher miteinander gesprochen hatten, ein Video mit dem Titel „Wer mir sagt, dass es in Kenia nicht regnet, den lade ich hierher ein". Das Video zeigte Regenfälle in Strömen. Berichte über Wetterverhältnisse aus demselben Land zur selben Zeit und doch so unterschiedlich.

Beide hatten mit ihren Erzählungen recht. Was in den Medien aus meiner Sicht vergessen wird, ist, konkreter zu werden. Es wird pauschalisiert: Kenia geht es so, die Menschen aus dem Ausland sind eher Verbrecher als Deutsche. Selten wird etwas Positives berichtet. Warum ist das so?

Besser ist es, die eigene Weltanschauung bewusst zu hinterfragen. Denn: Wir alle haben die Verantwortung, die Welt so zu gestalten, dass wir uns ohne Angst begegnen können. Ich freue mich, wenn du, liebe Leserin, lieber Leser, den Medienkonsum auch hinterfragst und anderen eine Chance gibst.

Weiterhin lade ich dich ein, wenn du die Möglichkeit hast, andere Menschen auszufragen. Stimmt es, dass... Ich erinnere mich, wie viele Leute mich zu Beginn auch zu Themen befragten, von denen ich keine Ahnung hatte. „Geht es deiner Familie gut? Es passiert doch das und das in Kenia." Zu Beginn rief ich immer bei meiner Familie an. Sie hatten auch keine Ahnung von diesen Berichten. Kenia ist groß. Afrika ist groß. Europa ist groß. Es gibt nicht Amerika und den Rest der Welt, es gibt andere Länder, die so was von unterschiedlich sind. Dass diese Menschen fragten, half uns, die falschen Annahmen aus dem Weg zu räumen und die Medienberichte zu hinterfragen.

Die Medien müssen übertreiben. Presseexperten mit Prinzipien machen das sicher nicht bewusst. Davon bin ich überzeugt. Doch wir Leser nehmen auch nur das wahr, was wir sehen möchten.

Wie du helfen kannst? Gerade mit den sozialen Medien ist jeder zum Medienverantwortlichen geworden. Achte bitte auf das, was du teilst. Woher hast du es und welche Botschaft sendest du damit? Führen deine Posts dazu, dass Menschen falsch wahrgenommen werden, oder sorgst du für Aufklärung? Denn es sind nicht nur die klassischen Medien, die in der Pflicht sind, sondern vor allem du.

Aus welcher Perspektive erzählst du eine Story? Lässt du andere Meinungen zu? Lässt du andere Perspektiven zu?

Die gute Nachricht für dich: Außerirdische landen nur in Amerika. Mit großer Wahrscheinlichkeit wirst du also alle, die hier landen, auch verstehen.

Dein magischer Weg Nummer 30, um die Magie der Vielfalt zu entfesseln: Hinterfrage Storys, die du hörst oder die du dir selbst zusammenreimst. Hinterfrage die medialen Erzählungen. Verurteile Menschen nicht zu früh nur aufgrund von Medien-Erzählungen. Lass uns die Gefahr, die einseitige Geschichten mit sich bringen, vermindern.

Mach es anders. Mach es besser. Für magische Begegnungen.

Probleme liegen im Auge des Betrachters. Jeder hat sein eigenes Schmerzempfinden und das ist gut so. Den wahren Grund hinter dem eigenen „Jammern“ selbst zu

erforschen, ist entscheidend und bringt dich weiter. Schäme dich nicht für deine Probleme.
Die darfst du behalten.

#31

Mensch, haben die Probleme

„Mensch, haben die hier Probleme."

Zugegeben, manche Probleme waren mir nicht bekannt, als ich hier neu war. Zugegeben, auch ich habe damals diese Aussage getroffen: „Mensch, hast du Probleme."

Soll ich dich auf die Reise mitnehmen und erzählen, in welcher Situation ich das beispielsweise dachte? Ohne dass du zu früh über mich urteilst? (Okay, das ist wahrscheinlich bereits passiert. Ist halb so wild.)

Hier ein Auszug:

„Ich habe so einen Stress. Ich muss vor Weihnachten noch so viel einkaufen!"

„Ich habe zu viel gegessen. Ich muss unbedingt abnehmen."

„Mein Nachbar parkt immer falsch."

„Wir waren seit einem Jahr nicht mehr im Urlaub."

„Bei diesem Wetter kannst du gar nichts machen."

„Was ziehe ich heute an?“ – Ups, das bin ich.

„Die Frau läuft immer auf der falschen Seite der Straße.“

„Grauenhaft! Es gibt nicht mal eine Quittung für das Trinkgeld.“ – Ein deutsches Ehepaar auf einer Rundreise in Ägypten.

„Es gibt keine Sonderangebote mehr. Stell dir das vor!“

„Der Amerikaner hatte zu wenig Zuckerguss.“ – Achtung, nicht der Mensch, sondern das Gebäck. Zumindest ging ich davon aus.

Ich war zu Beginn sehr bestürzt über solche Probleme und sagte mir wirklich: „Mensch, hast du Probleme.“ Wahrscheinlich dachten die Menschen hier, als ich beispielsweise erzählte, dass ich als Studentin meine Mutter unterstütze und nicht umgekehrt, ebenfalls: „Mensch, hat sie Probleme!“

Auch wenn ich mich über solche Aussagen wunderte, so stimmte mich der Vergleich mit Afrika noch trauriger: „Stimmt, in Afrika sind die Leute so arm. Wir sind hier so privilegiert und jammern auf hohem Niveau.“ Denn so pauschal stimmt das auch nicht. Ein Blick auf Kinder, die nackt spielen, und schon sind diese automatisch arm? Und überhaupt: Was bedeutet „privilegiert“?

Ich stellte diese Frage einigen meiner Gesprächspartner ganz direkt. Sie waren dankbar dafür, denn sie fragten sich dann ebenfalls: Warum meinten sie, sie wären privilegiert? Wenn wir es auf Materielles beziehen, mag es im Durchschnitt stimmen. Aber im Ernst, sind das die einzigen Probleme, die es gibt?

Da ich beide Situationen kenne, kann ich bestätigen: Je mehr Geld ich habe, desto weniger Sorgen habe ich. Es sei denn, ich vergesse meinen Werdegang und meine Mission.

Einige sagen, sie hatten nicht das Glück, „arm" zu sein, um diese Erkenntnis zu erlangen. Das braucht es aus meiner Sicht auch nicht, sondern es geht lediglich darum, ehrlich mit seinen Problemen zu sein. Hast du wirklich Schwierigkeiten oder suchst du nur Ausreden, um für Aufmerksamkeit zu sorgen?

Es ist super, dass du von Luxus umgeben bist. Ein schlechtes Gewissen bringt dir auch nichts.

Heute sehe ich das differenzierter. Aus diesen zwei Gründen:

Erstens: Probleme liegen im Auge des Betrachters. Jeder hat sein eigenes Schmerzempfinden und das ist gut so. Den wahren Grund hinter dem eigenen „Jammern" selbst zu erforschen, ist entscheidend und bringt dich weiter. Schäme dich nicht für deine Probleme. Die darfst du behalten. Für meine Kinder ist Aufräumen ein Luxusproblem.

Zweitens: Es ist großartig, Luxusprobleme zu haben. So merkst du, was du schon alles erreicht hast. In der nächsten Stufe wird dir vielleicht klar, dass es gar keine Probleme sind.

Achte jedoch darauf, wem gegenüber du das sagst – jetzt, wo du bewusster unterwegs bist. Sollte es dir nicht gelingen, nimm die Bestürzung deines Gegenübers als Anlass zum Hinterfragen: „Ist das wirklich ein Problem?" Mir hilft es, so vorzugehen. Die Sorgen, die ich mit meinem Mann teile, sind andere als die, die ich meiner Mutter erzähle. Und doch ist es mir wichtig, egal wem gegenüber nicht unnötig zu jammern, sondern Lösungen zu finden. Dazu hilft es, sich vorher zu fragen: Ist das wirklich ein Problem? Meine drei Kinder und mein Mann helfen mir zum Glück dabei.

Kleiner Ausflug zum Thema Stress

Bevor wir abschließen, möchte ich noch auf das Wort Stress eingehen.

„Hast du auch Stress?“ – Diese suggestive Frage wurde dir bestimmt schon gestellt oder du hast ihn unbewusst übernommen. Überhaupt hast du das Gefühl, Stress wurde für die Menschen in Deutschland gemacht. Sie lieben ihn von Herzen. Egal ob du einen Studenten oder andere Menschen fragst, wie es ihnen geht, du hörst oft: „Ich habe Stress.“ Warum lasst ihr ihn nicht los, wenn er euch so bedrückt, dachte ich hin und wieder.

Diese Aussagen kennst du bestimmt bereits:

„Ich habe so einen Stress. Zwei Prüfungen in einem Monat.“

„Mein Chef macht mir Stress.“

„Ich habe Stress mit meiner Familie.“

Ich benutze das Wort Stress bewusst nicht. Natürlich gibt es Situationen, in denen Menschen Stress erleiden, bis zum Burnout oder noch schlimmer. Dennoch beobachte ich, dass aus meiner Sicht jede Kleinigkeit als „Stress“ betitelt wird. Die Verwendung in einem solchem Kontext würde mir eine Belastung suggerieren, die nicht meine ist. Bei jeder Wie-geht-es-dir-Frage würde das Wort Stress verwendet werden. Mir ging es nie besser, auch wenn eine Prüfung bevorstand – wenn wir im Studentenumfeld bleiben. Ich entschied mich dennoch bewusst, dieses Wort nie zu nutzen. Das hilft mir bis heute. Ich nehme wahr, wann die Belastung groß ist, und steuere dagegen, aber ich möchte ihn nicht haben, diesen Stress.

Irgendwann waren die Menschen um mich besorgt, weil ich keinen Stress hatte. Die Frage wurde umgedreht: „Hast du nie Stress?“ – Als ob es eine Leistung wäre, Stress zu haben. Wenn du nicht darüber redest, hast du doppelt verloren.

Klar: Wenn du das Glück hast, alles zu haben, was zum Leben nötig ist, wenn du weißt, dass du dein ganzes Leben lang fließendes Wasser hast, beschäftigen dich andere Probleme, als ich damals in Kenia hatte, als wir um drei Uhr morgens aufgestanden sind, um Wasser zu holen. Alles verständlich. Vielleicht lohnt es sich dennoch zu hinterfragen, welche Worte du verwendest und ob du nicht den Stress von anderen übernimmst.

Bist du neu in einer anderen Kultur und denkst wie ich damals? Achte auf dich. Irgendwann erwischt es dich vielleicht.

Noch besser: Ich wünsche dir, dass du für dich bewusst entscheidest, welche Angewohnheiten du übernimmst und welche nicht. Diese Wahl haben wir immer. Das ist das Schönste an Begegnungen zwischen unterschiedlichen Kulturen. Wir können das Beste aus verschiedenen Erfahrungen vereinen.

Etwas aus der Perspektive eines zunächst Unbeteiligten zu betrachten, ist ein magischer Weg, der wiederum anderen hilft, ihre Perspektive zu wechseln. Ich durfte bereits mehreren Kollegen erklären, warum ich so denke. Sie fanden das sehr hilfreich und hinterfragten, ob ihre Probleme wirklich Probleme waren.

Empathisch auf diese vielleicht nicht vorhandenen Probleme einzugehen, ist ein magischer Weg, um voneinander zu lernen. Selbst wenn ihr nur zum Schluss darüber lacht. Genau das ist dein magischer Weg Nummer 31, um gemeinsam durch Integration und Vielfalt erfolgreich zu sein.

Mir hilft es auch zu sagen: „Ich stecke nicht drin." Wer weiß, vielleicht ist ein Amerikaner mit zu wenig Zuckerguss wirklich ein Problem.

Nun zu dir:

Welches Luxusproblem hast du heute? Ich nehme es dir nicht weg, versprochen.

Bei welchen Aussagen hast du auch bereits gedacht: „Mensch, haben die Probleme"?

Das Wissen über andere Kulturen
braucht ein Update.
Die Welt hat sich geändert und
auch wir müssen uns ändern
damit aus dem ICH und DU
ein WIR wird.

#32

Wir brauchen ein Update

„Susan, auch jetzt passiert das noch in meinem Umfeld“, sagte mir ein Student, nachdem er sich zum zweiten Mal meine Rede „Diversity und die Magie in dir“ anhörte. „Du musst unbedingt weitermachen, du machst uns Mut.“ Er sagte weiterhin: „Kannst du dir vorstellen, was für ein Gefühl es ist, wenn Mitstudierende dich für eine Zusammenarbeit in einer Gruppe ablehnen, weil du aufgrund deiner Herkunft deren Note schlechter machen würdest?“

Solche Storys stimmen mich sehr traurig und machen mich nachdenklich. Dennoch weiß ich, dass wir Fortschritte machen. Jeder von uns darf nachhelfen, damit wir keine Rückschritte machen und damit wir unseren Kindern eine andere Welt überlassen.

Als ich die Dokumentation „Schwarze Adler“ von Torsten Körner anschaute, kamen mir die Tränen. In dieser Doku erzählen afrodeutsche Fußballprofis wie Gerald Asamoah und Shary Reeves über ihre Erfahrungen. Wenn das, was mir passiert ist, schlimm war, wie schlimm muss es für sie gewesen sein? So sagte die ehemalige Bundesliga-Spielerin Shary Reeves: „[...] das war schlimm [...]. Ich habe mir überlegt, wie mache ich das jetzt? Wie werde ich weiß [...]?“ Gerald Asamoah, der ein Zeichen setzte, schrieb mir, als ich mich bei ihm bedankte: „Wir müssen weitermachen, es ist leider ein weiter Weg!“ Und ich gab ihm mein Wort.

Solche Erzählungen eröffnen neue Sichtweisen und schaffen ein Denk-Update bei uns. Wir alle, du und ich, brauchen ein Update für unsere Denkweise. Dabei kommt es sehr darauf an, was wir an Nachrichten konsumieren.

Ich bin dankbar, dass immer mehr Menschen, auch dank der Sozialen Medien, vermehrt die andere Seite der Geschichten zeigen und sich diesen Themen widmen. Für mehr Bewusstsein. Ich setze stark auf Selbstverantwortung. Zur Selbstverantwortung gehört Selbstreflexion.

Trägst du eine Brille? Wie war es, kurz bevor du dir eine Brille angeschafft hast?

Ist es nicht wunderbar, die Möglichkeiten nach einer „Seheinschränkung" – auch im übertragene Sinne - zu entdecken?

Ich für meinen Teil wollte zunächst nicht wahrhaben, dass ich eine Brille benötigte. Ich vermute bei uns Menschen ist es bestimmt auch nichts anderes, wenn es um Denkweisen geht. „Ich doch nicht, ich habe doch keine Vorurteile", hast du dir bestimmt auch schon mal gesagt. Dabei braucht jeder von uns hin und wieder ein Update, damit das engstirnige Denken in uns durch einseitige Medien, Erzählungen oder Erfahrungen bewusst hinterfragt wird.

Denn: **„Das Leben ist scharf"** – um meinen Mann (damals mein Verlobter) zu zitieren. Hier ist die kurze Anekdote:

„Eingeschränkte Sehkraft? Nein, bei mir doch nicht", dachte ich an diesem Tag.

Ich erinnere mich noch ganz genau. Vor vielen Jahren schauten mein Mann und ich uns auf einer Beamerprojektion eine Excel Tabelle bzgl. des Haushaltes an. Im Abstand von etwa vier Metern konnte er alles super sehen. Ich hingegen musste viele Fragen stellen. Ab und zu stand ich auf und ging näher heran, um die Tabelle besser lesen zu können.

An diesem Tag sagte er: „Vielleicht solltest du einen Sehtest machen.“ „Wozu? Ich sehe doch“, antwortete ich, weil ich es nicht wahrhaben wollte.

Als er darauf bestand, willigte ich ein und fragte: „Wenn eine Brille nötig sein sollte, zahlst du sie?“ Damit wollte ich testen, wie ernst er das meinte.

Er sagte: „Einverstanden.“ Das berührte mich natürlich sehr, weil ich sah, dass er sich wirklich Sorgen machte.

Der Test bestätigte seine Vermutung und so bekam ich eine Brille. Und siehe da, die Excel Tabelle war kein Thema mehr.

Tage später fuhren wir nach Hamburg und ich nahm die Brille mit, um die Sehenswürdigkeiten auch aus der Ferne bewundern zu können. Ich merkte, wie scharf und „unnatürlich“ alles aus meiner Sicht war. Ich sagte laut: „Wow, ist das scharf. Ist das echt?“ Dabei zeigte ich auf Firmenlogos auf hohen Gebäuden.

Daraufhin erwiderte mein Mann: „Tja, willkommen im Leben. Das Leben ist scharf.“

Seitdem begleiten mich die Worte meines Mannes auch im Umgang mit meinen Mitmenschen. Das Leben ist scharf, ich habe diese Schönheit nur nicht ganz gesehen.

Ich lernte:

- Meine Sicht der Dinge ist nicht entscheidend, vor allem wenn meine Sehschärfe dermaßen eingeschränkt ist. Ich darf deshalb meine Brille hin und wieder schärfer einstellen.
- Ab und zu „die Brille anderer“ aufzusetzen, schafft den Blick auf Dinge, die mir bisher verbogen waren.
- Etwas mit Abstand zu betrachten, schafft eine andere Perspektive für meine Herausforderungen, auch im Umgang mit Vielfalt.
- Es gibt mehr Gutes als Schlechtes. Dies zu entdecken, ist die Kunst.
- Etwas nicht wahrhaben zu wollen, bremst mich, die Edelsteine in mir und in anderen zu entdecken.

Doch genau das zu erkennen, schafft einen bewussten Umgang mit mir selbst und mit anderen. Neugier, um mehr zu sehen, um mehr zu verstehen, schafft magische Begegnungen. Das heißt, wir brauchen ein regelmäßiges Update wie bei Smartphones, um Fehler in unserer Denkweise zu korrigieren oder um neue Funktionen in uns zu installieren, damit wir besser sehen und verstehen. Das alles führt dazu, dass wir nicht zu schnell verallgemeinern und beurteilen.

Wie gelingt dir das im Alltag?

Vermeide Medien und Erzählungen, die einseitig sind. Woran erkennst du das? Eine Gruppe von Menschen wird grundsätzlich gut dargestellt, eine andere Gruppe weniger.

Schaue dir Dokus oder Filme an, die für Aufklärung sorgen, die von anderen Menschen gemacht wurden als jenen, die dir bekannt sind. Meine Familie und ich schauen uns mittlerweile bewusst Filme aus aller Welt an. Früher waren wir nur auf Filme aus Amerika fixiert. Ich schätze unbewusst, da sie wirklich super Filme machen. Dadurch war natürlich unsere Sichtweise beschränkt. Seit einer Weile haben wir Freude daran, andere Filme aus anderen Ländern zu entdecken, die unsere Augen öffnen.

Wenn du kein Filmfan bist, dann lies Romane, ebenfalls aus anderen Ländern oder Kulturen. Schau dir auch Erzählungen an, beispielsweise von Gästen in Deutschland, die eine andere Wahrnehmung mitbringen. Lass dich auf diese Beobachtungen ein. Hast du Kollegen oder Nachbarn, die dir unheimlich vorkommen? Sprich mit ihnen. Stelle Fragen.

Schau dir Daten und Statistiken an, die dich verblüffen. In meinen Programmen stellen wir teilweise die Fragen aus dem Buch „Factfulness“ von Hans Rosling vor, wobei sich die Antworten mittlerweile verschoben haben oder Weitere hinzugefügt werden können. Eine der Fragen lautet: „Was schätzt du: Wie viel Prozent der Weltbevölkerung hat Zugang zu Elektrizität?“ Die meisten Leute liegen falsch und schätzen das viel geringer ein.

Ich berichtete bereits von dieser Art von Fragen: „Wem würdest du Geld spenden: a) einem ‚armen' afrikanischen Kind oder b) einem Kind aus der Nachbarschaft, das Geld für ein Smartphone fürs Homeschooling braucht?" Natürlich gebe ich den Teilnehmenden bewusst nicht die Möglichkeit, beides zu wählen. Es geht um den Trend. Die meisten wählen Antwort a), einem afrikanischen Kind. Ein guter Kollege, der aus meiner Sicht reflektiert unterwegs ist, sagte anschließend zu mir: „Susan, das war eine sehr gute Frage. Ich habe auch Antwort a) gewählt und fragte mich hinterher: Woher kommt meine Annahme?" Diese Annahmen sind nicht harmlos. Denn solange wir andere Menschen als hilfsbedürftig ansehen, werden wir ihre Expertise und Talente nicht anerkennen.

Mach diese Übung für dich: Schreib deine Annahmen über andere Kulturen oder andere Länder auf, egal in welcher Kategorie. Recherchiere möglichst in vielen Quellen und überprüfe deine Annahmen. Eine Frage, die viele immer noch verblüfft, ist auch: „Welches Land hat das mobile Geld revolutioniert?" Ich bin gespannt, ob du richtig liegst oder es erahnen kannst.

Dein magischer Weg Nummer 32 lautet heute: Fordere dich heraus. Installiere dir immer wieder ein Update. Justiere deine Sehschärfe.

Ist dein Leben scharf? Welche Brille trägst du gerade?

Wenn die Politiker sich mehr anstrengen würden, wenn die Einheimischen uns respektieren würden, wenn die Nichteinheimischen nicht so lästig wären…

Stopp!
Es braucht nur dich.
Schuldige suchen war gestern.

#33

Die etwas andere Statistik

„Woher kommst du?"

„Aus Kenia."

„Ah, Kenia ist ein schönes Land. Was für eine Landschaft."

„Aber auch viel Armut" – wird oft dazu ergänzt.

Warst du schon in Kenia? Falls du als Tourist dort warst, ist das, was du wahrnahmst, anders als das, was ich sah, als ich dort lebte. Menschen in Deutschland haben mich darauf hingewiesen, wie schön Kenia ist. Wir hatten nun mal andere Prioritäten, als Nationalparks zu erleben. Von den Reisen, insbesondere von Nairobi nach Homa Bay, und aus dem Geografieunterricht wusste ich, dass Kenia einiges zu bieten hat. Zebras, Giraffen und Co. sahen wir entweder im „Animals Orphanage" in Nairobi oder unterwegs, – also freilaufende Wildtiere.

Ich hatte eine andere Ansicht als die Touristen. Für mich ist Kenia natürlich mehr als nur das Land der Safari. Je nachdem, worüber in deiner Umgebung häufig berichtet wurde, so hast du auch Kenia gespeichert. Das gilt für jedes Land.

Als ich in Kenia war, nahm ich auch nur ausgewählte Bilder aus Europa wahr. Ich stellte fest, bevor ich eifrig hierherkam, hatte ich weder recherchiert (deshalb haben mich viele Ablehnungen überrascht), noch hatte ich eine vielseitige Quelle für meine Wahrnehmung. Hier sind fünf Beispiele. Bedenke dabei: Für mich war Deutschland ein Maßstab für Europa, so wie für viele hier Afrika gleich Afrika ist. In Nigeria und Kenia wird doch die gleiche Sprache gesprochen, war jemand hier total überzeugt.

Vorher	**Nachher**
Hier liegt kein Müll auf der Straße	Von wegen
Es gibt keinen Hass/Krieg mehr	Oh doch
Es gibt keine Heimatlosen	Warum nicht?
Die Menschen helfen Entwicklungsländern	Toxisch
Alle sind offen (Referenz: Touristen)	Zum Teil

Eine Informationsquelle ist sehr entscheidend für unsere Wahrnehmungen und somit für unseren Umgang mit Vielfalt. Eine Story nur aus einer Perspektive zu betrachten, limitiert unser Denken und Handeln.

Mit seinem Buch „Factfulness" zeigt uns Hans Rosling, wie falsch wir mit unseren Annahmen liegen. Er schlägt vor, sie mit Daten zu überprüfen und Instinkte zu bekämpfen, um toxischen Vorurteilen entgegenzuwirken. Dazu nutzt er in seinem Buch zehn Fragen, die die meisten falsch beantworten werden (siehe vorheriges Kapitel). Die Website Gapminders.org führt seine Arbeit fort und ist eine gute und alternative Quelle, um deine Annahmen zu überprüfen.

In meinen Programmen und Vorträgen nutze ich auch einige Fragen, die animieren zu reflektieren. Viele meiner Teilnehmenden sind froh darüber und melden zurück: „So durfte ich meine Denkweise hinterfragen."

Eine der letzten Fragen war: Was meint ihr: Welches Land hat die meisten Frauen im Parlament?

Kennst du die Antwort? Großartig. Kennst du sie nicht? Auch großartig. Die meisten liegen hier auch falsch. Denn davon wird kaum berichtet. Die Fragen helfen dir, dich damit auseinanderzusetzen und Länder aus einer anderen Sichtweise zu sehen.

Warum erwähne ich das? Ein Land mit nur einer Sache zu verbinden, führt dazu, dass die Menschen aus diesem Land ebenfalls nur so angesehen werden und nicht als Experten in ihren gelernten Berufen. Verbitterte alte Menschen in Pflegeheimen, die meinem Kollegen sagen; „Sie dürfen mich nicht anfassen", weil er aus Afrika kommt, haben andere Bilder im Kopf. Ehrlich: Ich möchte nicht verbittert und hasserfüllt sterben.

Eine Kollegin, die mich für einen Auftrag engagierte, sagte wortwörtlich: „Ich wollte, dass die Menschen in der Verwaltung sehen, dass Afrikaner nicht nur tanzen können. Sie haben etwas auf dem Kasten. Du bist ein Beispiel dafür." Das ehrte mich. Tanzen und so etwas wie kenianisch schmeckendes Essen kochen kann ich auch. Ich kann aber noch viel mehr. Jeder von uns ist vielfältig unterwegs. Die Bilder aus den Medien führen dazu, dass wir Menschen selten mit unterschiedlichsten Talenten anerkennen.

Ein Gegenbeispiel: Auch Überbewertung aufgrund der Herkunft ist nicht besser. Mein Beispiel, wie ich Europa früher sah, führte auch dazu, dass ich Individuen, die als Obdachlose auf der Straße lebten, als „minderwertig" und „faul" ansah. Ich habe nicht verstanden, wie jemand in so einem „reichen" Land betteln kann.

Bis ich die andere Seite der Storys mitbekam. Einmal passierte mir dies im Zug in der Schweiz, als ich von Aargau nach Singen über Zürich führ.

Ich saß in der ersten Klasse, wollte viel Platz und Ruhe. Es war spät am Abend und ich sehnte mich nach meiner Familie. Dann kam dieser Obdachloser und blieb bei mir stehen. Während in mir Was-will-er-jetzt-Gedanken herrschten, fragte er, ob er bei mir sitzen dürfe. In meinem Kopf wollte er nur Geld. Er brachte einen unverkennbaren Geruch mit. Ich nahm mir Zeit, um zu antworten, und sagte mir in Gedanken: „Gerade ich rede übers Offensein. Lass dich darauf ein." Ich nahm meinen Mut zusammen und sagte Ja. Ich wartete darauf, dass er nach Geld oder etwas Ähnlichem fragen würde.

Er erzählte mir seine Lebensgeschichte und ich stellte fest, dass er sich in vielen Ländern auskannte. Als er in seine Tasche griff, dachte ich an alles, aber nicht daran, dass er lediglich ein Bier herausholen und es mir anbieten würde. Ich lehnte dankend ab. Er wunderte sich, wie jemand hierzulande kein Bier mögen konnte. Wir lachten. Zum Schluss sagte er deutlich, dass viele ihn falsch einschätzten. Dabei wollte er nur reden. Er bedankte sich, dass ich ihm zugehört hatte. Dieses Erlebnis berührt mich bis heute.

Siehst du, wie falsch ich mit meiner Annahme lag? Ohne dieses Gespräch hätte ich diese Erkenntnis nicht. Wenn du also nächstes Mal einen Obdachlosen siehst, denke daran, jeder bringt seine Geschichte mit. Du weißt nicht, wie sie in diese Situation gekommen sind.

Die Medien verallgemeinern, vereinfachen und dramatisieren. Die wahren Storys erfährst du aber nicht durch das Fernsehen. Diese sind für die Zuschauer zurechtgeschnitten. Sie sollen unterhalten, dich von einer Sache, einer Meinung überzeugen.

„Ich stecke nicht drin" zu sagen, hilft mir enorm. Wenn wir beispielsweise mit Kollegen in den Großstädten zum Essen in Restaurants sind, erscheinen oft „Straßenbewohner". Natürlich ist es lästig. Doch ich möchte auch nicht werten. Wenn Kollegen von mir eine Zustimmung dazu möchten, wie faul die Obdachlosen sind, sage ich daher: „Ich stecke nicht drin." Es steht mir nicht zu, sie zu werten. Warum auch? Ich möchte ebenfalls nicht bewertet werden, da ich noch zu einer Minderheit in Deutschland, der Schweiz oder Österreich gehöre.

In der Regel werten wir aber sehr schnell. Daher schlage ich dir vor, die Macht der Dialoge zu nutzen. Sei offen, frage auch direkt, wie viele mich nach einem Fernsehbericht fragten: „Stimmt es, dass in Kenia überall Hungersnot herrscht?"

Auch ich habe nicht immer Antworten, denn meine Kenntnisse sind eingeschränkt. Aber so kann ich nach Antworten suchen.

Ein Perspektivwechsel im Alltag kann auch helfen. Wenn wir bei Filmen und Medien bleiben: Ich hatte die Star Wars-Filmreihe als schlecht, langweilig und nutzlos eingestuft, bevor ich sie sah. Meine Kinder lieben es und konnten meine Meinung nie verstehen. Es war immer ein Hin und Her. Sie gaben nicht auf und schenkten mir ein Buch darüber. „Mama, wenn du dieses Buch gelesen hast..."

Ich schaute mir bewusst alle Folgen von Star Wars an, die wir hatten. Ich wollte mich in meine Kinder hineinversetzen. Daraus ergaben sich coole Gespräche. Ich teilte die Protagonisten in schlecht und gut, meine Kinder hingegen sahen die Verwandlung und sagten, dass jeder seine Rolle und seine Stärken hat.

Noch etwas Tolles hat es in uns ausgelöst: Ich konnte sie endlich in „ihrer Sprache" mit anderen Dingen erreichen. Weißt du, wie oft das Wort „Macht" in Star Wars vorkommt? Genau das brachte mich dazu, meinen Kindern die Botschaft anders zu vermitteln. Wenn sie es „zulassen", dass ich sie ärgere, frage ich: „Habe ich so viel Macht über dich?" Am Anfang haben sie sich noch mehr darüber aufgeregt. Doch nach einer kurzen Zeit lernten sie, das auch geschickt zu nutzen. Wenn ich mich über ihr Verhalten ärgere, sagen sie: „Ich habe die Macht über dich." Es wurde ihnen klar, wie blöd es doch ist, wenn jemand ihre Reaktion auf bestimmte Situationen bestimmt. Ich beobachte, dass sie sich seitdem weniger aufregen.

Genau diese Macht der Wahl wünsche ich dir auch, lieber Leser, liebe Leserin. Dein Weg Nummer 33 lautet daher: Du hast die Macht, deine Annahmen zu hinterfragen, die Macht, die bisherigen bekannten Quellen zu erweitern, die Macht zu wählen, wie du dich selbst und andere behandelst – und so magische Begegnungen zuzulassen. Möge die Macht mit dir sein.

Wenn du mindestens eine Pandemie überlebt hast, wirst du wissen, ob diese den Zusammenhalt oder die Spaltung der Menschen gefördert hat. Erst in schwierigen Zeiten erkennst du, wie du wirklich denkst.

#34

Pandemie und Vielfalt

„Susan, findest du nicht auch, dass die Corona-Politik uns spaltet?“

Mir wurde diese Frage im Jahr 2021 oft gestellt. Wenn Daten publiziert werden, bilden wir selbst Meinungen und bewerten unter Umständen zu schnell. Die Situation in Krisenzeiten zeigt erneut, dass Vielfalt und die damit verbundenen Herausforderungen nicht erst anfangen, wenn andere nach Deutschland kommen.

In schwierigen Zeiten merken wir, ob wir zusammenhalten und ob wir andere Meinungen zulassen. Frage dich einfach, wo dein Einflussbereich ist, damit du nicht die Schuldigen suchst. Wie stehst du zu der Meinung von Kollegen oder Familienmitgliedern, die anders ist als deine? Die Bereitschaft, Entscheidungen von anderen, die uns wichtig sind, zu verstehen, eröffnet Lösungsmöglichkeiten. Was wir in den Familien und Betrieben brauchen, ist ein starkes Fundament, das nicht jederzeit von außen erschüttert werden kann.

Ich möchte hier auf zwei Themen eingehen.

Erstens: Statistik und Pandemie

„Die meistinfizierten Menschen sind Menschen mit Migrationshintergrund.“

„Die meisten aufgrund von COVID-Infektionen im Spital liegenden Patienten sind Menschen mit Migrationshintergrund."

So ungefähr lauteten zahlreiche Schlagzeilen. Wir wissen bereits, dass Medienverantwortliche ein anderes Ziel verfolgen, das sie nur mit solchen Aussagen erreichen. Ein Durchschnittsbürger wird aber wenig hinterfragen, was genau mit dieser Statistik bezweckt wird.
Natürlich müssen wir Themen beim Namen nennen, um Lösungen zu finden. Mich stören solche Schlagzeilen ohne Zusammenhänge und ohne eine Erklärung, warum diese Daten erhoben worden sind, dennoch. Durch Mundpropaganda wurden sie weitergereicht und bei jeder Weiterreichung entfernen sie sich vom wahren Grund der Erhebung. Was machen diese Zeilen mit Menschen, die ausländerfeindlich sind und Futter für ihren Hass suchen?

Es gab viele Vorfälle, nur weil jemand einen Migrationshintergrund hatte. Mit Fingern wurde auf andere gezeigt: „Ihr seid die Ursache."
Erst im vierten Anlauf verstand ich den Zweck: Es gab Handlungsbedarf, etwa weil die Regeln nicht übersetzt wurden. Die Bezeichnung „Menschen mit Migrationshintergrund" wurde zur Vereinfachung benutzt. Es ging aber um Menschen, die kaum Deutsch sprachen. Das Gleiche erfuhr ich auch in Bezug auf Jugendliche oder Nichtgeimpfte. „Ihr seid die Ursache." – Diese Haltung ist sehr toxisch.

Zweitens: Wenn die Pandemie eine Familie spaltet

„Meine Kinder reden nicht mehr mit mir."

„Meine Eltern verstehen nicht, warum ich mich nicht impfen lassen möchte. Wir treffen uns nicht mehr."

„Zu Weihnachten gab es einen Riesenstreit. Entweder denkst du wie der Rest der Familie oder du bist kein Teil davon."

Mehrmals vertrauten sich mir Menschen mit solcherlei Aussagen an. Zunächst wollte ich das nicht glauben. Ich bin der Meinung, dass die Quelle von Hoffnung und Licht, wenn beispielsweise so ein unbekanntes Virus uns erreicht, die Familie oder enge Freunde sind.

Wir sprachen in unserer Familie darüber. Erst nach und nach wurde uns klar, dass wir unterschiedliche Ängste und Ansichten hatten. Wie stehe ich zur Masken- oder zur Impfpflicht? Mit all diesen Herausforderungen waren wir noch nie konfrontiert worden. Wir ließen Raum dafür und lernten uns dadurch besser kennen. Dass aber am Ende Familien nicht mehr miteinander redeten und Kontakte abgebrochen wurden, macht mich sehr nachdenklich. Erst in schwierigen Situationen wissen wir, wie stark die Familie ist.

Wir haben verlernt, in der Gesellschaft unterschiedlicher Ansicht zu sein und einander gleichzeitig zu akzeptieren. Alles wird in Schwarz und Weiß geteilt. Entweder bist du für eine Impfung, dann sind wir Freunde, oder dagegen, dann sind wir Feinde. Dabei vertrauen wir den Zahlen sowie Wissenschaftlern und Politikern, dass sie für uns die beste Entscheidung treffen. Warum lassen wir uns davon spalten?
Ein Tipp: Finde in solchen Fällen heraus, ob es vielleicht Probleme gab, die vor der Pandemie nicht ausgesprochen wurden. Lerne bewusst deine Familie besser kennen: Welche Ängste haben deine Familienmitglieder gerade? Nur Ängste vor Ansteckung oder steckt mehr dahinter? Wenn euch ein Einfluss von außen auseinanderbringt, dann ist das Fundament nicht stabil genug. Seid ihr bereit, das Fundament zu stabilisieren? Nehmt es als Chance, euch zu fragen, welche Werte euch als Familie wirklich wichtig sind. Sachliche Argumente helfen hier, gemeinsam das Beste für die Familie zu entscheiden.

Ein Kollege sagte mir: „Meine Frau will keine Impfung. Das ist okay. Ich verstehe sie. Sie versteht auch, dass ich die Impfung will." Dieser Satz gab mir Hoffnung. Ich hoffe, auch ihr könnt andere Meinungen zulassen und trotzdem eine Familie sein. Das ist ebenfalls Vielfalt. Dass die Politiker euch spalten, ist für mich nur eine Ausrede. Sie waren nicht da, als ihr eure Familie gegründet habt, oder?

In der Pandemie gibt es Gewinner und Verlierer, je nachdem wie du Erfolg definierst. Nimm solche Situationen als Chance, deine Einstellung gegenüber dem Anderssein zu hinterfragen. So kommst du als Gewinner heraus. Für mich persönlich war das größte Geschenk dieser Pandemie, dass ich meinen Kindern so nah war wie noch nie. Dass ich ihre Ängste, Freuden und Sorgen erleben durfte. Ich erkannte, dass der Schulstoff nicht das ist, wofür ich ihn gehalten hatte. Ich entschied mich erneut und bewusster, sie in ihren Talenten zu unterstützen.

Im Umgang mit Vielfalt habe ich entdeckt, dass mein Sohn, damals zwölf, endlich einen Vorfall, den es aufgrund seiner Hautfarbe gegeben hatte, verarbeitet hat. Erlaube mir, dir eine Story zu erzählen.

Im Sommer 2021, während wir Erwachsene mit der Optimierung von Testterminen in Salzburg beschäftigt waren, sagte mein Sohn: „Mama, ich habe nun sogar eine offizielle Bestätigung, schriftlich: Ich bin ein Nega–“

Er deckte dabei nur die ersten vier Buchstaben auf. Der Rest des Wortes blieb verdeckt.

Ich habe viel gelacht. Die Situation war urkomisch. Ich stellte mir vor, wie viele Menschen diese Bescheinigung haben, und fragte mich, ob sie das witzig finden würden. Dann lachte ich nochmals. Die Kinder in seiner Klasse hatten etwas Verbindendes gefunden. Endlich eine Bestätigung, dass sie, unabhängig von der Hautfarbe, nega… tiv sind. Als ich die Verbindung zu einer eher traurigen Geschichte herstellte, die vor zwei Jahren in seiner neuen Schule passiert war, freute ich mich über diese Art, mit Vielfalt umzugehen.

Zwei Jahre zuvor

Nach der ersten Schulwoche fragten wir meinem Sohn, wie es in der Schule lief. Mein Sohn: „Alles gut. Nur, da gibt es einen älteren Jungen, der immer ‚nega… tiv‘ zu mir sagt.“

Mein Mann: „Sagt er das nur zu dir?“

Mein Sohn: „Nein, zu allen, die so wie ich aussehen.“

Mein Mann: „Weißt du, was ein Negativ ist?“

Er erklärte ihm, wie das Wort unter anderem in der Fotoindustrie benutzt wird. Er ermutigte ihn und sagte: „Vielleicht kannst du diesen Jungen aufklären. Du weißt es nun besser.“

Ich war naiv gewesen zu glauben, so etwas würde unseren Kindern nicht mehr passieren, zumindest nicht wie in diesem Kontext, denn diese Zurufe waren für meinen Sohn herabwürdigend. Ein Begriff ist nur ein Begriff, bis wir ihn negativ oder positiv belegen. Als jemand zu mir sagte: „Du bist aber eine schöne Negerin“, fand ich das nicht schlimm (siehe Kapitel 17). Für meinen Sohn war das eine andere Nummer, weil die Zurufe von einem größeren Jungen kamen, dessen Verhalten er nicht einschätzen konnte. Ich machte mir Sorgen.

Wie gehen wir zu Hause damit um? Darauf eingehen und zeigen, welche Möglichkeiten wir haben. Denn wir können andere nicht ändern, wir können aber lernen, mental stark und schlagfertig zu sein. Ich ermutige Eltern, sich zu fragen: Was würde ich machen, wenn es mein Kind wäre, das jemandem so etwas Ähnliches zuruft? Die wichtigste Erkenntnis für mich wieder einmal: Wenn ich selbst über mich lachen kann, werden solche daher gerufenen Sätze mir auch nichts anhaben. Ich bin froh, dass mein Sohn inzwischen darüber lacht.

Weg Nummer 34 ist zu verinnerlichen, dass du gerade in schwierigen Situationen dich und andere besser kennenlernst. Frage dich also: Was waren für dich die wichtigsten Erkenntnisse im Umgang mit Vielfalt in deiner Familie, in der Gesellschaft oder in Betrieben? Diese bewusste Fragestellung ist magisch. Die Einflüsse von außen werden euch nicht mehr spalten. Frage dich: Ist das Fundament stark? Lasse ich Raum für Diskussionen und andere Ansichten?

Stelle dir vor, Einheimische und Nichteinheimische tauschen für eine Woche die Rollen. Mitinbegriffen sind Behördengänge, Job- und Wohnungssuche oder auch Kneipenbesuche. Würdest du mitmachen? Deine Antwort zeigt dir, ob du bereit bist, deinen Blickwinkel zu verändern.

#35

Die andere Seite
Blickwinkelveränderung

„Wenn ich es geschafft habe, werde ich mich für diejenigen einsetzen, die bei der Wohnungsvergabe benachteiligt sind.“

„Ich werde meine Wohnungen nur an diejenigen vermieten, die weniger Chancen haben.“

Hast du dich schon mal dabei ertappt, dass du dich so sehr für eine Sache einsetzt, dass du vergisst, deinen Blickwinkel zu ändern? Im Zusammenhang mit Vielfalt und aufgrund von schlechten Erfahrungen hatte ich den Drang, mich für die Menschen einzusetzen, die auch aufgrund ihrer Herkunft ausgegrenzt sind.

Ich erinnere mich genau an den stillen und zugleich hartnäckigen Antreiber meines Tuns: Ich wollte hart arbeiten und zeigen, dass wir es hier auch schaffen können. Und wenn ich dies erreicht hatte, wollte ich meine Wohnungen nur noch an Menschen wie mich vermieten. Rückblickend: Wie engstirnig. Wie fantasielos. Wie visionslos.

Als es das erste Mal so weit war, haben mein Mann und ich an ein deutsches Paar vermietet, das eine halb barrierefreie Wohnung suchte. Ich setzte mich mit meinen Gedanken auseinander und fragte mich:

1. Ist es nicht egal, wem gegenüber wir fair sind, um so auch empathisch Menschen abzuholen, die Vorurteile haben?
2. Wenn ich nur die eine Seite wähle und vertrete, schaffe ich dann nicht eine parallele Gesellschaft, also genau das Gegenteil von dem, wofür ich mich einsetze?
3. Ist es wirklich meine Aufgabe, Menschen zu beschützen? Wir wissen doch bereits, dass so etwas toxische Abhängigkeit schafft. Außerdem rauben wir Menschen dann den Raum, sich selbst zu entfalten.
4. Ist es nicht sehr gefährlich, sich extrem für eine Seite und eine bestimmte Sache einzusetzen? Denn Unrecht und Unrecht ergibt kein Recht. Wir grenzen somit die andere Seite aus und damit wird es zu einem Teufelskreis.
5. Sind es nicht gemeinsame Werte, die uns ausmachen? Ein Mensch mag äußerlich anders aussehen, aber gemeinsame Werte sind viel entscheidender.

Hans Rosling nennt diesen Instinkt „Single Perspective Instinct“ und erklärt sehr nachvollziehbar in seinem Buch „Factfulness“, dass gesellschaftliche Probleme nie einfach sind, sondern komplex. Deshalb gibt es nicht nur eine Ursache und nicht nur eine Lösung.

Er beschreibt weiterhin, wie wir Experten und Aktivisten blind für Weiterentwicklungstrends sein können, weil wir nützlich sein wollen. Ich erlebe es auch oft so: Experten für Diversität, die sich für nur einen bestimmten Aspekt entschieden haben, vernachlässigen (unbewusst) die anderen. Sie scheinen nur noch die Dringlichkeit für ihre Themen zu sehen, sodass sie nicht einmal Verbesserungen und Weiterentwicklungen wahrnehmen.

Im Jahr der Entstehung dieses Buches ist das Thema Female Empowerment nicht zu übersehen. Viele Männer berichten, dass Frauen in ihrem Umfeld sich verbittert dafür einsetzen und in ihnen Feinde sehen. Dabei können wir diese Ziele nur gemeinsam erreichen. Eine andere Nebenwirkung ist, dass verstärkt nach diesen Frauen gesucht wird, die „beschützt“ werden sollen. Dabei nehmen die Aktivisten ihnen den Raum, sich selbst zu entfalten. Dieser Beschützerinstinkt hat in der Geschichte noch nie richtig funktioniert, auch wenn wir Eltern ihn Generationen später immer wieder testen.

In Kapitel 30 habe ich bereits erklärt, warum eine Story aus einer einzelnen Perspektive gefährlich ist. Hier lade ich dich bewusst ein, ob einheimisch oder nicht, dir vorzustellen, dass ihr die Rollen tauscht.

Rolf Dobelli erklärt das in seinem Buch „Die Kunst des guten Lebens" ganz gut (siehe dazu das Kapitel in seinem Buch „Die Schuhe der Anderen"). Er macht uns dabei deutlich, dass Nachdenken und Tun zwei grundverschiedene Dinge sind, um die Welt zu verstehen. Sein Fazit ist deshalb:

> „Es gilt in die Schuhe der anderen zu steigen und tatsächlich darin herumzulaufen [...]. Und weil das nicht immer möglich ist, hier ist noch eine Empfehlung. Lesen Sie Romane. Möglichst viele, möglichst gute. In einen guten Roman einzutauchen und das Schicksal des Protagonisten mit allen Höhen und Tiefen mitzuerleben ist eine effiziente Zwischenlösung – zwischen Nachdenken und Tun".

Ich lade dich ein, die extreme Seite zu verlassen, egal, welche guten oder schlimmen Erfahrungen du bereits gemacht hast. Versetze dich sogar in die Rolle des Ablehners hinein und frage dich, wie du in dieser Situation entschieden hättest. Du brauchst nur bereit zu sein, das Ganze für eine Weile nicht persönlich zu nehmen. Jede Story zählt, denn Vielfalt hat viele Facetten.

Ein anderer Bericht zur Verdeutlichung:

Wir schreiben das Jahr 2020. Ein Schwarzamerikaner wird von Polizisten ermordet – durch Ausübung von Gewalt bis zum Tod. Eine schreckliche Sache, die mich auch heute noch sehr mitnimmt. Kurz danach werden in einer Schule nicht weit weg von New York Eltern befragt, ob sie dafür wären, einen weißen Polizisten, der sich um ihre Kinder kümmert, zu entlassen, da die Kinder gemäß der Aufsichtsperson, die sich für Kinder und gegen Rassismus einsetzt, nun vor diesem Polizisten Angst hätten.

Als eine Bekannte von mir, die als Elternteil betroffen war, mir dies erzählte, war ich erneut betroffen über die Wirkung dieses Vorfalls. Ist es so einfach? Wenn wir keine weißen Polizisten haben, dann ist der Fall gelöst?

Was ist faul an dieser Geschichte? Eine Menge. Unter anderem:

Warum sollte der weiße Polizist in der Schule mit gewalttätigen Polizisten gleichgesetzt werden?

Warum sollen wir Kinder vor einem Menschen beschützen, dem sie seit Langem vertrauen, wie in diesem Fall?

Welche Botschaft senden wir an andere und auch an die Kinder, wenn wir so handeln?

Was passiert bei umgekehrten Storys? Wie schnell können wir die Seiten wechseln?

Bevor wir uns für eine Sache einsetzen, ist es wichtig zu klären, warum wir das tun. Es ist wichtig, zu fragen, welche Botschaft wir mit unserem Handeln aussenden. Dass ich sehr skeptisch gegenüber blinden Spenden sowie Entwicklungshilfe bin, weißt du bereits. Suche ein Beispiel in deiner unmittelbaren Umgebung, denn dort erlebst du selbst die Wirkung der Wirkung. Spiele es in deiner vertrauten Umgebung durch.

Mein Sohn fragte mich einmal, warum Mädchen bevorzugt werden. Alle Aktionen für Mädchen, die wir mitbekommen und die er zurecht infrage stellt, schließen Jungs aus. Mit unseren Aktionen erzeugen wir lediglich die anderen Extreme und nennen es Fortschritt.

Ein magischer Weg, seine Gedanken zu hinterfragen und den „Single Perspective Instinct" zu durchbrechen, ist es, Geschichten aus dem Leben von Einheimischen und Nichteinheimischen zu hören. In diese Berichte einzutauchen und sich selbst sowie seine eigenen Gedanken zu hinterfragen, wirkt magisch.

Noch eine letzte Story?

Im Gespräch mit einem Kollegen erzählte mir dieser, dass er und seine Frau sich bewusst dafür entschieden hätten, keine Kinder zu bekommen. Wir haben immer coole Gespräche: fachlich, kulturell, menschlich, ohne Angst vor Konsequenzen.

Ich fragte: „Ist das nicht egoistisch?"

Er: „Warum? Ist es nicht egoistisch von Leuten, die Kinder haben? Überleg mal. In wessen Interesse hast du gehandelt, als du dich entschieden hast, Kinder zu kriegen?"

Diese Antwort wirkt bei mir bis heute. Ich merkte, wie recht er hatte. Nicht weil die andere Seite, also Menschen mit Kindern, egoistisch ist, sondern weil diese Betrachtung von mir sehr einseitig war. Bedingt durch Erziehung und meine Umgebung hatte ich das nie richtig hinterfragt. Nun kam jemand, der meine Denkweise infrage stellte. Diese Story zeigt auch eine Ansicht auf, die in der Gesellschaft oft zu finden ist. Menschen, die anders denken als wir, sind per se als egoistisch oder negativ einzustufen. Ein sehr gefährliches Spiel.

Es ist wichtig, dass wir solche Gespräche führen. Es ist wichtig, dass wir bewusst solche Gesprächspartner finden; außerhalb der gewohnten Umgebung. Wir lernen uns selbst und einander nur so am besten kennen. In all diesen Erzählungen und Erfahrungen haben wir gesehen, dass es gefährlich ist, einfach nur das Gegenteil zu tun.

Daher lautet dein Weg Nummer 35: Strebe an, deine Herzensthemen empathischer anzugehen, ohne radikale Aufteilung in schwarz und weiß. Durch Empathie und Verständnis für die andere Seite erreichst du sogar deine „Gegner" auf eine magische Weise. Denn vielleicht sind sie keine Gegner, sondern Verbündete. Wir können nur durch Vielfalt und Integration erfolgreich sein, wenn wir bereit sind, die andere Seite zu betrachten. Das ist es wert.

07

Teil 7:

Unterwegs

Gewöhne dir an, Menschen bei ihrem Namen zu nennen, anstatt sie distanziert zu beschreiben, wie „die türkische Nachbarin", „die Deutschen", „die kenianische Familie". Das macht zwar dein Leben einfacher, macht aber auch etwas mit deinem Gehirn.
Es bleiben *WIR* und *DIE ANDEREN* – und meist sind *WIR* hier *ANDEREN* überlegen.

#36

Es gibt Nichteinheimische und die besseren Nichteinheimischen

„Spieglein, Spieglein an der Wand, wer ist der bessere Ausländer im ganzen Land?“

Hast du bereits mitbekommen, dass die Deutschen in der Schweiz die Schweizer Türken sind? Als ich zum ersten Mal davon hörte, war ich empört und zugleich fand ich es etwas amüsant im Sinne von: Wer kommt denn auf so eine Idee?

Empört war ich deshalb, weil mir noch nicht richtig dämmerte, dass es kein Kompliment an die Deutschen in der Schweiz ist – etwas diplomatisch ausgedrückt. Wahrscheinlich ist es menschlich, dass wir gerne kollektiv vergleichen. Die Türken, die Griechen, die Italiener, die Marokkaner, die Afrikaner (seltsamerweise wird dabei Afrika als ein Land angesehen). Selten ist es positiv gemeint.

So erlebte ich einmal, wie ein Kollege aus Österreich einen Kollegen aus der Türkei im Gespräch als „den Türken“ bezeichnete. Meine Kollegen aus der

Schweiz und aus Deutschland nannten ebendiesen Kollegen wiederum „den Österreicher", anstatt ihn beim Namen zu nennen. Klar, so ist es eindeutig. Dennoch wissen wir, dass es einen negativen Touch hat. Es fühlt sich nicht nach Wertschätzung an, nicht nach Respekt fürs Anderssein, nicht nach Begegnung auf Augenhöhe. Es verleiht eher den Eindruck: Ich bin hier die bessere Person aus einem angesehenen Volk. Du hast dich uns unterzuordnen. Ich bin dir überlegen.

Warum ist das so?
Ich vermute, jeder möchte Anerkennung und sieht in anderen erst einmal Rivalen. Diese müssen nicht einmal etwas Schlimmes getan haben. Ihr Fehler ist einfach, dass sie – wie im Falle unterschiedlicher Kulturen – wie Türken, wie Albaner oder wie Afrikaner aussehen. Damit bist du schon als der Schlechtere qualifiziert.

Ob dies auch unter Nichteinheimischen passiert? Ich glaube, genau hier passiert es am häufigsten. Zwei Begründungen:

Erstens: Dank Medien und anderen Quellen möchten wir uns von dieser Kategorie Menschen unbewusst distanzieren. Ich erinnere mich, wie es uns zu Beginn erging. Genau das, was ich im Kapitel 30, Medien und Statistik erläutert habe, passierte uns. Damals war ich weniger bewusst unterwegs. Gemäß Medien und Erzählungen wurden aus unserer Sicht beispielsweise Menschen aus den arabischsprechenden Ländern sehr schlecht eingestuft und häufig mit Kriminalität in Verbindung gebracht.
In dieser Zeit glaubten wir alles, was aus den Medien kam. So ein fortschrittliches Land macht doch keinen Fehler. Wir haben Medien konsumiert, Erzählungen gehört, und zwar allesamt negative Erzählungen, ohne diese zu hinterfragen. Wir haben nur mit unseren Gesprächen und Haltungen unbewusst die Bestätigung gesucht, dass diese andere Gruppe uns unterlegen ist. Wir wollten uns davon distanzieren.

Obwohl viele Studenten gern Döner aßen, hielten die meisten aus Kenia Distanz zu dessen „Erfindern". Wir teilten uns in Gruppen, langsam und unbewusst, doch bemerkbar, wobei eine Gruppe sich als besser und die andere als weniger gut einstufte. Umgekehrt ist es sicher ebenfalls passiert. Auch ausländische Personen aus anderen Gebieten Europas sahen sich als uns überlegen an.

Zudem hatten wir immer die Kolonialisierung im Kopf und betrachteten alle weißen Menschen als uns überlegen. Nicht zu vergessen, dass in der Gegend, in der ich aufwuchs, gute Bücher nur weiße Helden hatten. Wie also sollte ich darauf kommen, dass Dunkelhäutige ihnen ebenbürtig sind?
Ein weiterer Punkt kommt hinzu: Die meisten Menschen aus arabischen Ländern blieben eher unter sich. Viele konnten nicht richtig Deutsch sprechen, obwohl sie gemäß Erzählungen seit Jahren hier waren. So dachten wir: Wir sind Studierende, wir kommen nicht, um niedrige Arbeit zu verrichten. Wir sind besser. Diese Gedanken entstehen automatisch. Wir wollten nicht mit Kriminellen in einen Topf geworfen werden. Jemand sagte wortwörtlich: „Die Marokkaner sind für Diebstahl bekannt." Jedes Mal, wenn etwas aus der WG verschwunden war, haben wir die Marokkaner verdächtigt. Wie schlimm konnte es noch werden?

Erst als wir auch Freundschaften mit Menschen aus der Türkei, Marokko oder Westafrika entwickelten, lernten wir uns als Individuen kennen und schätzen.

Zweitens: Konkurrenz

Neid und Konkurrenz sind eine weitere Begründung. Ich meine nicht die gesunde Konkurrenz, sondern eine, mit der du niemandem etwas Gutes gönnst, aus Angst, dass dir plötzlich jemand überlegen ist. Genau das, was du mit allen Mitteln zu verhindern versuchst: Du möchtest es nicht anerkennen. Diese Gruppe von Menschen, die einfach anders waren, als wir aus Kenia, besaß eine gewisse Stabilität und Zufriedenheit. Ihre Geschäfte liefen unserer Meinung nach super. Sie waren tüchtiger als wir.

Wir wollten die neue Heimat beeindrucken. Da sind die Menschen, die in noch größeren Gruppen kommen, historisch bedingt oder weil sie sich geografisch näher sind, eine echte Konkurrenz. Wir waren unter den Minderheiten eine Minderheit mit noch weniger Geld.

Dann waren da noch die Menschen aus Portugal, die in großen Familien kamen und nach dreißig Jahren immer noch am Fließband arbeiteten. Ihr Deutsch war auch noch nicht so gut wie unseres. Natürlich waren wir besser. Es fehlten nur noch vegane und Premium-Migranten. Wie engstirnig.

Rückblickend war zum Teil Naivität der Grund für dieses Denken. Es herrschte eine Rivalität, die – wie so oft – niemand sachlich begründen konnte. Warum auch immer. Wäre es nicht besser, Kräfte zu vereinen, um voranzukommen? Das lernten wir auch noch, zum Glück.

Wie sind wir nun aus diesem Teufelskreis herausgekommen? Ich spreche hier bewusst in WIR-Form, denn wir waren eine Gruppe von Kenianern, die das gleiche Schicksal zur gleichen Zeit durchlebte. Eine negative Haltung, noch dazu kollektiv, ist etwas sehr Toxisches.

Drei Dinge passierten:

Erstens: Wir nahmen wahr, dass eine bestimmte Gruppe in etwas sehr begabt war. Beispiele:

Bei den Festen erkannten wir, wie die Menschen aus Westafrika zu ihrer Musik stehen. Sie waren sehr begabt und standen zu ihren Wurzeln. Sie waren einfach Gewinner – in ihrer Ausstrahlung, in ihrer Bewegung, in ihrem Tun. Sie begeisterten Menschen mit ihrer traditionellen Musik und ihren Gewändern.

Wie ließen uns beeindrucken und stellen fest (wir redeten auch laut darüber, damit wir das verinnerlichten), dass dieses Volk eine starke innere Haltung hat. Dass wir auch viel glücklicher wären, wenn wir Kenianer bleiben und nicht etwas sein wollten, was wir nicht sind.

Abgesehen von dieser künstlerischen Art beobachteten wir beispielsweise im Studienkolleg, dass Menschen aus Russland (wir hatten nur wegen der Medien Vorbehalte gegen sie) und aus China (Vorbehalte wegen Erzählungen, dass sie ihre Suppe schlürfen) viel begabter in Mathe und ähnlichen Fächern waren. Auch hier ließen wir uns beeindrucken. Du ahnst bestimmt, wer uns zur Hilfe kam, wenn wir mit Mathe nicht vorankamen.

Zweitens: Wir stellten mit der Zeit fest, dass die Werte sogenannter Freunde aus dem eigenen Volk und dem eigenen Land zum Teil anders waren als unsere. Was sie antrieb, waren nicht unsere Werte. Es kristallisierte sich mit der Zeit heraus, ob wir nur Freunde waren, weil wir zufällig aus Kenia kamen oder weil wir gemeinsame Werte entdeckten und gemeinsam wachsen wollten. Genau dieser Neid, den wir kollektiv gegenüber anderen hatten, machte sich bei und zwischen uns bemerkbar. Seltsam, dass wir oft diesen schmerzlichen Perspektivwechsel brauchen, um uns zu ändern. Ein Glück, dass wir noch Schmerzen empfinden.

Drittens: Wir schlossen bewusst Freundschaften mit Menschen aus allen Ländern, die in einem Studentenkolleg vertreten sind, und lernten uns darüber hinaus kennen. Wir luden uns gegenseitig zum Essen ein, machten zusammen Ausflüge und lernten mehr als nur das, was wir oberflächlich wahrnahmen. So entdeckten wir gemeinsame Werte außerhalb von Klischees und Normen.

Du weißt ja, Liebe geht durch den Magen. Noch heute koche ich nach den Rezepten von Freunden, die ich mittlerweile nicht wiedererkennen würde. Doch diese Momente bestätigen mir immer wieder: Lassen wir uns aufeinander ein, dann passiert Magie.

Dein magischer Weg Nummer 36: Vorsicht vor Eingruppierungen von Nichteinheimischen und Distanzierungen, nur weil du das Gefühl hast, die anderen sind besser oder weniger gut.

Also liebes Spieglein: Es gibt keinen besseren oder schlechteren Ausländer.

Lass Menschen weitererzählen, auch wenn sie sprachliche Fehler machen.
Du möchtest nicht die Magie töten, bevor sie beginnt.

#37

Auto, brumm brumm freiwillige sprachliche Fehler

...oder wenn wir Deutschen es höflich finden, dem Fremden mit unserer Sprache entgegenzukommen.

Ich liebe das Buch „Gebrauchsanweisung für Deutschland“ von Maxim Gorski, ein Buch für jeden, der in Deutschland lebt und bereit ist, anderen mit Humor zu begegnen. Doch meine Story fand statt, bevor ich das Buch kannte.

Im Fahrschulunterricht:

Meine Freundin aus Indien und ich gingen nach einer Vorlesung zusammen zum Fahrschulunterricht. Das heißt, wir hatten vor dem Unterricht keine Zeit, uns über die Vorlesung zu unterhalten. Wie immer gab es zwischen uns etwas zu Lachen. So setzten wir das im Fahrschulunterricht fort (mach uns das bitte nicht nach). Der Fahrschullehrer, sehr überzeugt, dass er etwas Spannendes erzählte und dass der einzige Grund, warum wir ihm nicht zuhörten, sein konnte, dass wir seine Sprache nicht verstanden, sagte zu uns schauend ganz laut: „Auto, brumm brumm“, und visualisierte seine Worte.

Nun lachten wir erst recht. Ich lache noch heute darüber, wenn ich mich an diese Szene erinnere.

Als ich 2005 von einer Freundin das Buch „Gebrauchsanweisung für Deutschland“ bekam, fand ich krasse Beispiele, die ausnahmsweise eine Wahrnehmung wie diese belegen. So schreibt Maxim Gorski: „Leider hat sich noch kein Sprachwissenschaftler mit dem Phänomen der freiwilligen Sprachregression beschäftigt“. Weiterhin sagt er: „Viele Deutsche verlassen sich lieber auf den optischen als auf den akustischen Eindruck“. Er erzählt von einem Palästinenser, der seit vierzig Jahren in Stuttgart lebte und sogar schwäbisch konnte. Als dieser von einem Pförtner in rudimentärem Deutsch angesprochen wurde, wunderte sich der Palästinenser, dass Ausländer nun auch bei der Behörde arbeiten. Er meinte damit den Pförtner.

Wenn du ausländisch aussiehst – wobei das ebenfalls im Auge des Betrachters liegt –, entscheiden sich viele, ihre Sprache bewusst zu verschlechtern, um sich mit dir zu verständigen. Es kann ja nur an der Sprache liegen, wenn ihr euch nicht versteht. Ich sehe aber die gute Seite daran. Die Absicht dahinter ist sehr gut. Sie kommen dir entgegen. So ergeben sich manchmal spannende Begegnungen. In Island ist mir das wieder sehr aufgefallen, als zwei Frauen sich auf Deutsch unterhielten und ich plötzlich eine Antwort ebenfalls auf Deutsch gab, auf eine Frage, auf die sie selbst keine Antwort hatten.

Ich liebe es, Menschen so aus dem Konzept zu bringen. Es dauerte eine Weile, bis sie begriffen, was gerade passiert war, und Danke sagten. In Kenia würde ich mich auch ziemlich wundern, wenn ein Weißer mir plötzlich auf Luo antwortet.

Dass Sprachen meist mit dem Aussehen verbunden werden, ist eine sehr spannende Beobachtung. Wenn ich in Kenia bin, kommt es oft vor, dass Menschen überrascht sind, weil ich mit meinen Kindern in meiner Muttersprache spreche. Wie kann ich nur? Jeder Kenianer weiß doch, dass wir alles Mögliche tun, damit wir Fremden das Leben erleichtern. Die Folgen der Kolonialisierung sind immer noch in den Köpfen der Menschen dort.

Ach, wenn du denkst, dass alle Deutschen die galoppierende Sprachregression mögen, täuschst du dich. Manche haben wenig Verständnis dafür, dass du (noch) nicht so gut Deutsch kannst. Andere wiederum haben vollstes Verständnis und unterstützen dich dabei, ohne die Sprachregressionen zu praktizieren.

Ich plädiere dafür, Vielfalt zu akzeptieren, ohne Angst zu haben, dass wir dabei etwas verlieren. Eine Sowohl-als-auch- anstatt einer Entweder-oder-Einstellung ist ein magischer Weg der Begegnung.

Sprache ist ein sehr wichtiges Mittel. Für mich war das klar, denn ich wollte hier erfolgreich werden. Ich liebe diese Sprache. Als ich neu war, gab es noch keine coolen Apps, um sie zu lernen. Ich tat alles, um sprachlich weiterzukommen. Ich schaute viel Fernsehen, um meine Sprachkenntnisse zu vertiefen (seitdem ich Deutsch gut verstehe, mag ich die Inhalte aus dem Fernsehen allerdings nicht mehr).

In den Ferien arbeitete ich beispielsweise am Fließband. Die meisten Menschen um mich herum waren sehr hilfsbereit und sehr freundlich. Die meisten kamen aus dem Ausland. Ausländer fragen sich immer gegenseitig: „Wie lange bist du schon in Deutschland?" Die Antworten, die ich hörte, machten mich nachdenklich. Manche waren seit dreißig Jahren oder länger in Deutschland und konnten kaum Deutsch. Warum? Die ganze Familie ist hier, sie sind unter sich, sie brauchen kein Deutsch, bei den Fließbandarbeiten sowieso nicht.

Vielleicht wussten sie es nicht besser. Vielleicht hatten sie es wirklich nicht nötig. Für mich kam das nicht infrage. Natürlich kenne ich auch Studenten, die hier unbedingt in English studieren wollen, damit sie die schwierige Sprache Deutsch nicht lernen müssen. Das kann jeder für sich entscheiden. Dennoch empfehle ich dir, Deutsch zu lernen. Ob du es bei der Arbeit oder beim Studium brauchst, ist irrelevant. Mit dem Deutschlernen werden dir andere Türen eröffnet, auch wenn du einige Sätze, die du im Sprachunterricht gelernt hast, nie brauchen wirst, wie zum Beispiel „volltanken bitte". Einfach weil seit Jahrzehnten keiner mehr an den Tankstellen ist, um dich zu bedienen.

Wenn du neu in Deutschland bist, wirst du feststellen, dass wir Deutschen dich ständig korrigieren, anstatt dir zuzuhören. Die gute Nachricht: Wir meinen es nur gut – gehe bitte zumindest immer davon aus. Alles andere bringt dich um, bevor du die Sprache lernst.

Wir: „Ah, meinst du ‚Nacht' und nicht ‚nackt'?"

Du (nicht ausgesprochen, versteht sich): „Natürlich meine ich das. Im Kontext verstehst du doch, was ich sagen möchte." Du hast recht. Du hast vollkommen recht.

Zum Glück verstehen uns die intelligenten Geräte zu Hause, im Auto und bei der Arbeit. Trotz unserer Aussprache gewinnt die Sprachsteuerung. Sie sind fehlertoleranter. Ein Hoch auf Programmierer und Designer, die Diversität schätzen.

Ich habe gelernt, mich bewusst zurückzuhalten, um den Redefluss meines Gegenübers nicht zu stören. Zu mir selbst bin ich auch nicht zu streng. Lieber sich auf das Wichtigste konzentrieren. Doch wer definiert, was wichtig ist?

Für die Schweißexperten ist der Buchstabe W sehr wichtig. So sagte mir ein Kollege: „Susan, der wichtigste Buchstabe im Wort Schweißen ist das W."

Was darf auf deinem Gebiet nicht verwechselt werden?

Doch erlaube mir noch einen Gedanken zum Schluss: Mut zur Lücke auf beiden Seiten hilft im Alltag sehr. Nach meiner Erfahrung gibt es zwei Kategorien von Einheimischen, wenn es um Sprachakzeptanz geht.

Erstens: Die Du-kannst-aber-gut-Deutsch-Kategorie – Diese sehen deine Sprachentwicklung als positiv. Dass du dich überhaupt damit auseinandersetzt, beeindruckt diese Leute und sie bewerten dich höher. Bei Bewerbungen war das immer ein Pluspunkt, wenn die Menschen sich so äußerten.

Zweitens: Die Ich-werde-dich-nie-verstehen-Kategorie – Für sie wird dein Deutsch nie gut genug sein. Sie werden dich nie verstehen, weil sie sich schon in den Kopf gesetzt haben, dass sie dich nicht verstehen. Sie geben dir nicht die Chance. Dass der eigene Akzent meistens bleibt und dass er kein Hindernis ist – und ich habe ihn –, scheinen sie nicht zu akzeptieren.

So wurde die Familie meiner Freundin in einem Laden folgendermaßen begrüßt: „Oh, Scheiße." Die Verkäuferin hatte nichts gegen dunkelhäutige Kunden. Sie hatte Panik, dass sie jetzt Englisch sprechen musste. Der Gedanke, dass die Familie genau wie sie Deutsch versteht, kam ihr nicht. Ebenso wenig wie der, dass nicht alle Afrikaner Englisch können.

In welcher Kategorie findest du dich als Einheimischer wieder?

Übrigens, wenn du neu hier bist und etwas angestellt hast, sag einfach: „Ich nix Deutsch." Dann vermeidest du lautes Geschimpfe. Es lohnt sich ja nicht, mit dir zu schimpfen, wenn du es nicht verstehst.

Du siehst, mit der Sprache können wir viele magische Wege entdecken.

Was ich dir als magischen Weg Nummer 37 mitgeben möchte, ist, lerne die deutsche Sprache, ohne dabei deine eigene Sprache zu verlernen. Gib deine Muttersprache an deine Kinder weiter: Sie lernen sowieso Deutsch, schneller als du. Da brauchst du dir keine Sorgen zu machen.

An dich als Einheimischer: Bitte nicht den Redefluss stören, weil du unbedingt korrigieren möchtest. Halte dich zurück und beobachte, wie dein Gegenüber bei der Erzählung aufblüht. Es sei denn, er hat den Buchstaben W bei dem Wort Schweißen vergessen. Mit der Zeit siehst du ihn als Mensch, der spannend ist, nicht als den mit dem sprachlichen Fehler.

Wenn du schnell mit einem Nichteinheimischen befreundet sein möchtest, jammere mit über das Wetter. Sei jedoch gewarnt: Du kommst da nicht so schnell wieder raus.

#38

Das Wetter und Vielfalt

„Hast du überhaupt einen Fernseher daheim?“, fragte mich eine Kollegin, lange bevor es tolle Wetter-Apps gab. Nicht weil ich etwas Weltbewegendes und Entscheidendes verpasst hatte. Nein. Ich hatte mich nicht an den Wettervorhersagegesprächen beteiligt.

„Wie wird das Wetter morgen?“ ist eine gute Frage, um in Deutschland ein Gespräch anzufangen. Sie scheinen hier über alles informiert zu sein. Einheimische sind hier offenbar Wetterpropheten. Du denkst dir als Neuankömmling: Der Fortschritt macht es möglich, dass das Essen, das du auf den Tisch bekommst, nicht vom Wetter abhängig ist. Die meisten sitzen in Büros und sind keine Farmer. Warum in aller Welt lieben sie die Wettervorhersagen?

Das Beste ist, sie lieben nicht nur die Wettervorhersagen, sie lieben es auch, über das Wetter zu klagen.

Es ist zu kalt.

Es ist zu nass.

Es ist zu warm.
Es ist zu neblig.

Die Luft ist zu trocken.

Es wird darüber gesprochen, wie das Wetter wird und wie es war. Wie immer ist es keinem recht, denn jeder will sein eigenes Wetter passend zu seiner Aktivität. Du hast das Gefühl, das Wetter bestimmt die Launen der Menschen.

„Das war ein verregnetes Wochenende" wirst du noch oft hören.

Kennst du vielleicht solche Situationen?

Es war einmal in einem Februar. Eines Tages gab es Beschwerden rund um den vielen Schnee. Meine Kollegin beschwerte sich auch. Am nächsten Tag lag kaum noch Schnee auf der Straße, sondern eine Art Schneematsch. Meine Kollegin beschwerte sich wieder. Ich fragte direkt: „Was willst du wirklich? Gestern hat es nicht gepasst, heute auch nicht."

Sie musste über sich selbst lachen. Sie ist ohnehin sehr offen und ihr war einfach nicht bewusst, wie das ankommt.

„Stört dich das Wetter nicht, Susan?", fragen mich Kollegen immer wieder. Wenn das Klagen über das Wetter ein Kriterium für Integration wäre, wäre ich raus.

Ich antwortete gelegentlich: „Ich kann es eh nicht ändern." Ich weiß, es kann ein toller Weg sein, Gespräche darüber zu vertiefen. Dennoch widerstrebt es mir, in den Jammermodus zu gehen. Ich sage auch hin und wieder, ohne eine Antwort zu erwarten: „Dann seid ihr im falschen Land." In der Hoffnung, dass diese Aussage zum Nachdenken anregt.

Du wirst wahrscheinlich auch bereits Berichte gehört haben, in denen Menschen als Helden beschrieben werden, da sie durch den Regen oder durch die Hitze gelaufen sind. Das ist natürlich eine Leistung.
In deiner Heimat, wenn es so ist wie dort, wo ich aufgewachsen bin, sind Menschen dankbar für den Regen. Ich habe Verständnis, wenn Farmer, egal wo,

über Trockenheitsperioden klagen. Die Deutschen und ihr Wetter, eine Sache für sich.

Bevor ich dir meine drei wichtigsten Learnings mitteile, hier noch einige Beobachtungen:

Wenn das kollektive Jammern durch die Radiomoderatoren unterstützt wird

Hast du jemals eine Wettervorhersage im Radio gehört? Die Moderatoren vertreten das Gefühl vieler. Ob sie das bewusst machen, ist eine andere Frage. Du bekommst den Eindruck, dass sie genau das vermitteln möchten:

Morgen gibt es leider schlechtes Wetter.

Morgen gibt es endlich gutes Wetter.

Sie scheinen hier aber eine einhellige Meinung zu haben und für mich zu bestimmen, was schlecht und gut ist. Schlecht ist Regen. Gut ist kein Regen. Wehe es wird zu warm oder zu windig oder zu saharastaubig oder zu neblig.

Wie du siehst, brauchst du kein eigenes Gefühl dafür zu entwickeln. Dieses Gejammer wird offiziell durch die Medien unterstützt. Das finde ich amüsant und beängstigend zugleich.

Klimaveränderungen: Sie wissen nicht, was sie wollen

Du hast sicher auch vom Kampf gegen die globale Erwärmung gehört. In Sachen Klimawandel wird viel aufgeklärt. Es gibt zahlreiche Quellen und Plattformen, wie dich selbst mit deinen Lebensgewohnheiten. Ich verfolge das sehr gerne, denn dort geht es um sachliche Berichterstattung und konkrete Handlungsempfehlungen.
Wie du weißt, beschreibt das Klima, wie das Wetter über einen längeren Zeitraum aussieht. Obwohl mir bewusst ist, dass das Wetter von heute oder

morgen nicht viel über die Klimaveränderungen aussagt, wundere ich mich doch sehr über diese Widersprüche in den Verhaltensweisen. Ich interpretiere es so: „Solange das Wetter mir passt, ist es okay, wenn das Klima sich negativ verändert.“

Ich meine, ich kann doch nicht über Regen klagen, wenn ich weiß, dass lange trockene Perioden ein Zeichen dafür sind, dass etwas nicht stimmt. Dir kommt es vielleicht auch so vor, als ob die Menschen nicht wissen, was sie wollen.

Kennst du Sabrina? Oder Doris? Tief- und Hochdruckgebiete

Sabrina sorgt für schlechtes Wetter. So ungefähr wirst du es am Anfang gehört haben. Gemäß Experten sorgen Hochdruckgebiete für gutes und Tiefdruckgebiete für schlechtes Wetter. Schlecht und gut sind global für alle definiert.

Zufällig in dem Jahr, als ich nach Deutschland kam, das war 1997, bekamen alle Tiefdruckgebiete Frauennamen, Hochdruckgebiete hingegen Männernamen. Ich war verwundert über diese Personalisierung, interpretierte es als eine gute Sache, denn so erzeugen wir Emotionen bei den Menschen. Darauf gekommen, dass die Bezeichnung der Tiefdruck- und der Hochdruckgebiete systematisch diskriminierend ist, wäre ich nie. Wie auch, für mich gibt es kein schlechtes Wetter. Bei meinen Recherchen stellte ich fest, dass es eine Frau war, die beschlossen hatte, diese Namen zu vergeben. Dass jemand mit dieser Aufteilung bewusst männlich und weiblich diskriminierend sein wollte, bezweifle ich.

Doch genau das beschäftigt unsere Gesellschaft heute. Jemand sah es als diskriminierend. So kam es, dass seit 1998 die Namen abwechselnd für Hochdruck- und Tiefdruckgebiete vergeben werden: männlich und weiblich. Im Kern bleibt es aber die systematische Teilung von schlechtem und gutem Wetter. Wieder einmal Symptome bekämpft, nicht die Ursache. Immerhin: Frauen und Männer scheinen ein gemeinsames Verständnis dafür zu haben, was gutes und schlechtes Wetter ist. Das ist Gleichstellung auf höchstem Niveau.

Spätestens jetzt weißt du, dass die Deutschen einen besonderen Sinn für Humor haben. Wenn das die Probleme sind, die wir haben… Ich könnte unendlich über das Wetter und die Deutschen berichten – eine spannende Beobachtung. Ich wähle aber, dir an dieser Stelle drei Learnings mitzuteilen.

Erstens: Über das Wetter zu sprechen, vereint und ist ein toller Weg, ins Gespräch zu kommen. Hier spielen die Herkunft oder deine Hautfarbe keine Rolle. Ihr habt einen gemeinsamen Feind. Schaffst du es zu klagen, gehörst du dazu. Du bist sogar integriert, bevor du den Test gemacht hast.

Nutze es auch für dich, um die Einheimischen besser kennenzulernen. Als ich die ersten webbasierten Managementsysteme in den Unternehmen aufbaute, nutzte ich den Köder Wetter, um mehr Akzeptanz zu erreichen. Mit Wettervorhersagen als Teil des Intranets hast du garantiert Besucher.

Zweitens: Hinterfrage diese Angewohnheit und zeige die andere Seite, etwa inwiefern andere Menschen darauf angewiesen sind, dass es regnet. Glaub mir, meistens wird nur nachgeplappert oder nachgejammert. Menschen, die offen sind, wie meine Freundin in der obenstehenden Erzählung, sind dankbar für einen Perspektivwechsel. Sobald du auch hier gefangen bist, wirst du bei anderen Herausforderungen auch nur Schuldige dafür finden, warum etwas nicht gelingt. Heute ist es das Wetter, morgen sind es die Deutschen.

Drittens, das Wichtigste und damit dein Weg Nummer 38: Nimm das Wetter als Anlass, wieder zu verinnerlichen, dass du zwar die Situation nicht ändern kannst, wohl aber deinen Umgang damit. So auch den Umgang mit Menschen aus anderen Ländern. Du kannst nicht bestimmen, wer dein nächster Nachbar oder Kollege ist. Lerne, die Situation anzunehmen, wie sie ist und das Beste daraus zu machen. Lass dich nicht aufhalten, nur weil es regnet. Ich meine, du bestehst ja nicht aus Zucker.

Lass dich nicht vom Wetter aufhalten, wenn es darum geht, magische Wege für Begegnungen zu entdecken.

Es gibt zahlreiche gute und nützliche Angewohnheiten, die du von den Deutschen lernen kannst.
Sich zu beklagen, gehört nicht dazu.

#39

Wenn du nicht klagst, gehörst du nicht richtig dazu

„Ich kann mich gar nicht beschweren."

Kennst du diesen Satz? Hast du ihn auch bereits verwendet? Ich glaube, wenn du diesen als Nichteinheimischer verwendest, bist du bereits integriert, noch bevor du den Integrationstest gemacht hast.

Andere Varianten davon sind:

„Da kannst du nichts sagen."

„Da gibt es nichts zu meckern."

Einer der Vorteile, wenn du eine Sprache als Erwachsener neu lernst, ist, du machst es bewusst und hinterfragst einiges. Für mich gibt es einen Satz, den ich seit 1997 nicht verstehe: „Da gibt es nichts zu meckern." Heißt das, du hast dein Bestes gegeben, um etwas zu finden, und du bist so was von enttäuscht, nichts gefunden zu haben? Du hast das Recht zu jammern und es wird dir nicht einmal gegönnt? Darüber, dass du nichts zum Jammern findest, beklagst du dich? So eine Frechheit aber auch.

Als ich das erste Mal jemanden darum bat, den Satz bewusst zu wiederholen, lachte die Person und verstand, wie der Satz ankommt. Es entwickelte sich ein wunderbares Gespräch: tiefgründig und humorvoll zugleich.

Hat dir auch schon einmal, plötzlich und unerwartet, während du deine Arbeit genossen hast oder während er selbst von seiner Arbeit erzählte, jemand gesagt: „Viel Arbeit, gell?"

Du erkennst auch, dass hier eine Suggestivfrage verwendet wird. Bewusst oder unbewusst, die Folge ist fast dieselbe, wenn du nicht aufpasst.

„Viel Arbeit, gell?" ist die Meinung deines Gesprächspartners, die zu deiner wird, wenn du nicht aufmerksam bist.

„Viel Arbeit, gell?" verstärkt das Leid deines Gegenübers und wird zu deinem, wenn du nicht aufpasst. Er oder sie hat ungern viel Arbeit, du hingegen bist gerade froh, dass du überhaupt einen Job hast.

„Viel Arbeit, gell?" beeinflusst dich, so zu denken wie dein Gesprächspartner. Es hört nicht auf, nur weil du ihm heute recht gibst. Das wird zur Angewohnheit, zu einer Einstellung, wenn du nicht aufpasst.

Das sogenannte Solidaritätsjammern überfordert mich ebenfalls total. Es wird erwartet, dass du zustimmst. Alles andere bringt deinen Gesprächspartner aus dem Konzept. Es wird erwartet, dass du noch ähnliche Bemerkungen hinzufügst. Alles andere lässt dich als Außenseiter dastehen. Denn wenn du nicht klagst, gehörst du nicht richtig dazu. Da du aufgrund der Herkunft oder deines Sprachakzents ohnehin nicht dazugehörst, denkst du, das ist ein leichter Weg, um dazuzugehören.

Nein, falsch. Mach es nicht. Warum? Wenn du Einheimische aus dem Konzept bringst und zu deinen Werten stehst, werden sie dich noch besser verstehen wollen.
„Wie, Susan, das stört dich nicht?"

„Wie, Susan, hast du nie Stress?"

Das ist so. Ich sehe es nicht ein, warum ich mitjammern soll. Zudem weiß ich, dass es nichts bringt, wenn Menschen nur herumjammern, denn so machen wir uns selbst klein. Wir verringern unseren Einflussbereich.

Ich glaube, früher haben uns solche Unzufriedenheiten und Äußerungen weitergebracht, damit wir überlebten. Wie so oft behalten wir heute einiges bei, was nicht mehr nötig ist. Zum Teil frage ich mich, ob eine Strategie dahintersteckt, die ich noch nicht erkenne. Dann wird es Zeit, dass wir die Einbürgerungsvoraussetzungen anpassen.

Maxim Gorski, der aus meiner Sicht uns Deutsche sehr humorvoll beschreibt, schreibt in seinem Buch „Gebrauchsanweisung für Deutschland":

> „Fest steht, die Deutschen klagen generell recht gern. So richtig zufrieden sind sie erst, wenn sie unzufrieden sind. Da es ihnen seit mehreren Jahrzehnten so gut geht [...], haben sie die ideale Voraussetzung für Unzufriedenheit erreicht".

Ich habe mir lange überlegt, warum es schwierig wird, aus diesem „Klagemodus" zu kommen. Hier sind die Top Fünf meiner Gründe:

Erstens: Du gehörst erst dazu, wenn du gerne jammerst und mitjammerst. Wer möchte nicht dazugehören? Wenn dieses Bedürfnis sehr groß ist, habt ihr als eine Gemeinschaft ein gemeinsames Feindbild, selbst wenn es nur das Wetter ist (siehe vorheriges Kapitel). Dann bist du in einer Wohlfühlzone. Das Problem: Je mehr du dich beklagst, desto schwieriger wird es da rauszukommen. Überlege dir sehr gut, ob das Solidaritätsklagen dein Ticket zur Integration sein soll.

Zweitens: Wer klagt übernimmt keine Verantwortung. Wer klagt kommt nicht ins Tun und es passieren keine Fehler – zumindest denken die Kläger so. Alle andere sind schuld. Sogar Situationen sind schuld. Die Person, die klagt, muss nichts machen. Nur abwarten, dass andere sich bewegen.

Vergleiche dich aber nicht mit den Menschen, die gerne jammern und keine Verantwortung übernehmen, denn für dich gelten andere Regeln. Du bekommst nicht plötzlich Kindergeld oder Sozialhilfe aufgrund deines Aufenthaltsstatus.

Drittens: Mangelnde Kreativität, ein anderes Gesprächsthema zu finden. Menschen lieben Drama. Menschen in Deutschland noch zehnmal mehr. Endlich ist etwas passiert, worüber jemand jammern kann. Wie erklärst du es sonst, dass jemand aus dem Fenster schaut und sehr erpicht darauf ist zu sehen, wie der Nachbar (falsch) parkt oder wie Kinder (laut) spielen, um später darüber zu jammern?

Das ist eine Falle, die du vermeiden solltest – denn das System wird dich nicht füttern, wenn du andere nur so ansiehst und über sie lästerst.

Viertens: Jammern dient dem Selbstschutz, vor allem wenn Neid herrscht. Da ihnen teilweise nichts gegönnt wird – ich frage mich, wie wir in einem so reichen Land andere beneiden können –, jammern einige, um sich selbst zu schützen. Zum Beispiel sind sie in einer höheren Position oder sie haben viel Geld, ein tolles Auto, sogar eine in deiner Wahrnehmung tolle und intakte Familie. Damit du nicht auf die Idee kommst, alles wäre ihnen zugeflogen, hörst du immer: „Das ist viel Arbeit" oder „Ich habe es nicht leicht". Es ist eine Heldentat, irgendwie verpackt im Jammern und damit im Selbstmitleid. Verkehrte Welt, denkst du vielleicht gerade.

Fünftens: Es war immer so. Die Eltern haben gejammert und je nach Generation – falls der Krieg da bereits vorbei war und diese auch wohlhabend waren – auch die Großeltern. Das liegt in den Genen. Du kennst doch die Aussage, die in Firmen gerne verwendet wird: „Das haben wir schon immer so gemacht." Warum dann sich ändern, denn privat denken diese Menschen genauso.

Das heißt, es wird in manchen Fällen nicht einmal bewusst gemacht. Traue dich also zu fragen, warum sie so jammern, wie sie jammern. Du kannst es als generelle Beobachtung mitteilen. Glaube mir, dein Gesprächspartner wird dir dankbar sein.

Um jemanden hier aus dem Konzept zu bringen, musst du nicht nur das Bild schief hängen lassen. Vermeide einfach in Gesprächen das Jammern. Lasse dich nicht auf diese Art integrieren. Glaube mir, das Jammerspiel nicht mitzuspielen, ist ein super Weg, Vielfalt und die Magie in uns zu entfesseln.

Heute schon geklagt, liebe Leserin, lieber Leser? Es ist dein Recht.

Noch besser und damit dein magischer Weg Nummer 39: Hinterfrage dein Gejammer und finde Wege dazu zu gehören, ohne zu klagen, denn das bringt dich in tiefe Gespräche mit wertvollen Erkenntnissen. Die meisten Gesprächspartner gehen auch darauf ein und sind froh über diesen Perspektivwechsel.

Wir können nur gemeinsam erfolgreich sein, wenn wir die Zeit für konstruktive Gespräche nutzen. Sich ständig zu beklagen, ohne zu handeln, bringt uns kaum weiter und verlängert nur die Distanz zwischen dir und deinen Mitmenschen.

PS.: Ich wohne in so einer schönen Gegend, ich kann mich gar nicht beklagen.

In diesem Land kann dir jeder als Polizist vorkommen.

Die gute Nachricht:
Es ist nur zu deinem Besten.

#40

Hier not fahren
die inoffiziellen Polizisten

„Hier not fahren."

Gerade wenn du aus anderen, weniger „reglementierten" Ländern kommst wie aus Kenia (ohne Wertung, nur anders), wirst du dich wundern, warum wir Deutschen eine bessere Polizei sind als die Polizei selbst. Ein witziges Phänomen, wenn plötzlich Fremde laut von den Balkonen rufen – womöglich sogar deine erste Begegnung mit deiner Nachbarschaft –:

„Hier darf man nicht parken."

Du warst einfach unachtsam. Punkt. Du wirst dich aber wundern und feststellen: Wow, die Polizei in diesem Land hat es einfach, so viele Vertretungen. Mir passierte das oft.

Ich war einmal zufällig auf einem Gehweg – weit und breit kein Mensch – mit einem Fahrrad unterwegs. Eine Dame, die unbedingt etwas loswerden wollte und nicht sicher war, ob ich Deutsch konnte, rief mir laut zu: „Hier not fahren."

Es dauerte ein paar Sekunden, bis ich bemerkte, dass sie mit mir sprach, und weitere Sekunden, um zu verstehen, was sie meinte. Denn: Wenn jemand deine Sprache nicht versteht, helfen Wiederholungen, langsames Sprechen und Lautstärke. Doch ich rief mir Maxim Gorskis Aussage in seinem Buch „Gebrauchsanweisung für Deutschland" ins Gedächtnis: „Die Deutschen tun nichts ohne Grund."

Spätestens dann, wenn du Kinder hast und auch Schokolade von den Balkonen fällt, wirst du wissen: Es ist alles nur gut gemeint. Sieh es also positiv, denn „Hier not fahren" und alle anderen Anweisungen von Fremden sind gut gemeint und bewahren dich vor weiteren Ärgernissen.

Doch was darf ich alles hier in diesem Land und was nicht?

Wenn du neu in Deutschland bist, wirst du dir mindestens eine dieser Fragen stellen:

„Ist hier alles verboten, was nicht ausdrücklich erlaubt ist?"

oder

„Ist alles erlaubt, was nicht ausdrücklich verboten ist?"

Das lässt sich sogar steigern: Verboten, strengstens verboten, polizeilich verboten.

Aktiviere bloß nicht den Reiz des Verbotes bei dir, um beispielsweise ein Grundstück ohne Erlaubnis zu betreten. Denn Verbote haben hier Konsequenzen und einen triftigen Grund – teilweise. „Privat" ist hier als Synonym für „Verbot" zu sehen.

Du denkst wahrscheinlich: „So schade um diese Grundstücke und Uferwege." Zum Glück hat dir dein Deutschlehrer die Bedeutung des Wortes „verboten" mehrfach erklärt. Er wusste, dass du damit Probleme haben wirst. Dir scheint, als ob es das meistverwendete Wort in der Kommunikation mit Fremden ist. Komm nicht auf die Idee, ein Verbotsschild zu ignorieren, nur weil kein Aufseher dabei ist. Denn hier wimmelt es nur so von inoffiziellen Polizisten. Jeder hat das Recht, dich zu ermahnen. Hierbei spielt es keine Rolle, ob er den Grund des Verbotes versteht. Das Verbotsschild gibt ihm das Recht. Wenn er es nicht schafft, dich zu ermahnen, riskierst du einen bösen Blick. Du hast das Gefühl, die Menschen sind dankbar für Verbote.

Mit der Zeit verstehst du auch komplizierte Sätze wie: „Wo kämen wir denn hin, wenn alle das täten!“

Doch gemach: Diese Frage ist im Zusammenhang mit Ethik in der Technologie legitim und mehr als empfehlenswert, wenn du dich selbst als Erschaffer einer Lösung hinterfragst. Wäre deine Lösung noch immer eine gute Lösung, wenn andere sie dir nachmachen würden? Du siehst, die Deutschen ermahnen nicht ohne Grund.

Zu Beginn wunderst du dich, ob Deutschland von einer hohen Macht einen Bonus für Verbote bekommt. Die Steigerung zu strengstens oder polizeilich verboten findest du amüsant und zugleich beängstigend. Irgendwann denkst du, wie lieb die Menschen doch sind, denn sie wollen nur verhindern, dass du dich verletzt. Jahre später stellst du fest, dass es teilweise mit Haftung zu tun hat – so lieb sind sie doch nicht zu dir.

In den Unternehmen angekommen triffst du auch auf viele Regeln, die stellenweise nicht mehr relevant sind. Nur keiner traut sich, sie zu hinterfragen. Es ist ja bequem, sich hinter Regeln zu verstecken. Wer möchte schon riskieren, als Erster eine Entscheidung zu treffen?

Magische Begegnungen schaffst du, wenn du den Sinn hinter den Verboten verstehen möchtest. Hinterfrage den wahren Grund und spricht das empathisch an. Menschen sind dankbar dafür.
Noch etwas:

Du kannst dir hier alles erlauben, was nicht ausdrücklich verboten ist. Denn: „Jeder Mensch hat in Deutschland das Recht auf freie Entfaltung seiner Persönlichkeit, soweit er nicht die Rechte anderer verletzt und nicht gegen verfassungsmäßige Ordnung verstößt" (Art. 2 Abs 1, Grundgesetz, *www.gesetze-im-internet.de*).

Die wenigsten Ausländer/-innen setzen sich mit diesen Gesetzen auseinander. Dabei ist das immens wichtig, vor allem wenn du aus Ländern kommst, in denen keine Demokratie herrscht.

(Buchtipp: „Klartext Integration" von Ahmad Mansour).

Übrigens: Ein Schild in Konstanz am Uferweg bleibt mir seit zwanzig Jahren im Kopf, sinngemäß: „Vernünftige fahren hier nicht. Für alle anderen ist es verboten." Das heißt, bei so vielen Verbotsschildern sind wir meistens unvernünftig? Macht dich das auch nachdenklich?

Trotz dieser Beobachtung, wie in diesem Kapitel geschildert, ist das schlimmste Verbot das, welches du dir selbst auferlegst und auf andere projizierst. Du hemmst dich dadurch nur. Dafür brauchst du nicht mit den Fingern auf Verbotsschilder zu zeigen. Die Verbote in deinem Kopf gehen mitunter sehr weit zurück – zu deinem Ursprungsland oder zu deiner Erziehung.

Durch die Auseinandersetzung mit den Werken eines meiner Lieblingsautoren, nämlich Stephen R. Covey, lernte ich das Reiz-Reaktion-Modell von Viktor Frankl anzuwenden, was mir den positiven und konstruktiven Umgang mit Herausforderungen, wie in diesem Buch geschildert, enorm erleichtert. Stephen R. Coveys Buch „Die sieben Wege zur Effektivität" empfehle ich jedem, der selbstbestimmt und effektiv leben und arbeiten möchte. Für das andere Buch, das ich aktuell zusammen mit meiner Co-Autorin Alexandra Lang zum Thema Eigenverantwortung schreibe, habe ich weiter zu den Werken von Viktor Frankl recherchiert. Mehr über ihn findest du auch bei Wikipedia (Quelle: https://en.wikipedia.org/wiki/Viktor_Frankl). Ich persönlich höre ihn gerne sprechen und bin sehr dankbar für seine Reden und Interviews, die ich unter anderem auf YouTube finde.
Was haben seine Werke mit Verboten, die du dir selbst erteilst, zu tun?

Als eine Frau Lukas ihn interviewte, anerkennend und wissbegierig, fragte sie ihn: „Herr Professor, Sie haben mit Ihrem Leben bezeugt, was Sie lehren. Aber was sollen wir Schüler machen, die kein Kriegsgräuel erlebt haben und keine persönliche Bewährung mitten in der Hölle vorweisen können?"

„Ach, Frau Lukas", antwortete Viktor Frankl, „Jeder Mensch hat sein Auschwitz!"

Verblüfft schwieg Frau Lukas.

(Quelle: *https://www.elisabeth-lukas-archiv.de/willkommen/elisabeth-lukas/homo-patiens/*)

Ich schwieg ebenfalls, als ich dieses Interview hörte, wissend, dass er recht hatte.

Ich bin sehr überzeugt, dass sein Reiz-Reaktion-Modell, das in unserem gemeinsamen Buch zum Thema Eigenverantwortung erläutert wird, nicht nur auf die extremen Situationen, die er erfahren musste, anzuwenden sind, sondern auch im Alltag. Den vielen kleinen Reizen und Enttäuschungen, den vielen kleinen „Gefängnissen" und Verboten, in die wir uns selbst hineinbefördern, dürfen wir auch mit diesem Werkzeug begegnen.

Mit anderen Worten und damit dein magischer Weg Nummer 40: Limitiere dich nicht selbst, dann wirst du mehr Möglichkeiten als Verbote sehen. So stelle ich beim Wandern häufig fest, dass ein versperrter Zugang bessere, neue Wege eröffnet.

Was erlaubst du dir heute? Auch hier ist sehr deutlich, dass jeder bei sich beginnen darf. Eben Du, Ich, Wir und damit eine gelebte wunderbare Vielfalt in der Gesellschaft.

Sagst du als Nichteinheimischer nur Ja oder denkst du mit? Teile es dem Volk mit, sonst bekommst du nur alte Klamotten.

#41

Achtung, denkende Nichteinheimische

„Warum kontrollieren Sie nur mich?“

Hast du schon mal eine Frage gestellt, deren Antwort du zwar kennst, bei der jedoch Neugier mit Wut verbunden ist, sodass du es aus dem Mund deines Gegenübers hören möchtest? Vielleicht kennst du solche Situationen.

In deiner bereits natürlichen Auffälligkeit möchtest du nicht nochmals extra aus einer Menge von Pendlern herausgezogen und kontrolliert werden. Einmal, zweimal, dreimal ist in Ordnung, aber jeden Tag, von Montag bis Freitag, an der gleichen Stelle?

Die Personen, die in der Regel kontrollieren, sind so laut, dass jeder mitbekommen wird, was du wieder mal „falsch“ gemacht hast. Du weißt ja: Wenn jemand eine Sprache nicht versteht, hilft es, lauter zu sprechen, sodass es auch alle mitbekommen. Dabei fällst du schon genug auf.

Eines Tages hatte ich es satt, von den Grenzgänger-Polizisten in der Schweiz kontrolliert zu werden. Zu dieser Zeit fuhr ich immer mit einer Freundin und weiteren Pendlern zusammen. Wir hatten viel Spaß miteinander. Ich war Teil dieser Gruppe. Sobald der Zug ankam, ging es weiter mit dem Anschlusszug. Damals hatte ich mir noch kein zweites Fahrrad angeschafft, um vom Bahnhof zur Arbeitsstelle zu fahren. Das heißt, teilweise verpassten wir den Bus, da deutsche Züge für Verspätung bekannt sind.

Teilweise habe auch nur ich den Bus verpasst. Weil ich ja aus der Menge gezogen wurde, um kontrolliert zu werden. Natürlich weiß ich, dass ich auffällig bin und dass es damals unwahrscheinlich war, als Europäerin erkannt zu werden. Ich war für die Polizisten in Deutschland und in der Schweiz gleichermaßen eine Ausländerin. Punkt. Dementsprechend leichte Beute, wenn eine Grenzwache ihre Stichprobe durchzieht.

An diesem Tag war es mir zu viel. Ich wurde wie immer herausgezogen. „Ihren Ausweis bitte."

So schnell konnte sich doch mein Ausweis nicht ändern. Ich zögerte.

Die Grenzwache nahm eine Haltung an, die ich noch nie beobachtet hatte. „Ihren Ausweis bitte", wiederholte der Mann weniger freundlich.

Ich fragte: „Warum nur ich? Warum kontrollieren Sie nur mich aus dieser Gruppe von Pendlern?" Er schwieg. Mittlerweile hatte ich Erfahrung mit Menschen, die schweigen, wenn ich solche Fragen stelle. Also fragte ich suggestiv: „Ist es, weil ich schwarz bin?"

Nach einem kurzen Zögern sagte er: „Ja."

Ich zeigte meinen Ausweis und ging weiter. Da hatte ich die Antwort. Ich hatte die Bestätigung. Ob es mir dadurch besser ging: Ja, ich hatte Klarheit. Meine Kinder sagen in solchen Situationen: „Wenigstens sagte er die Wahrheit." Auch wenn es schmerzt, Klarheit zu schaffen befreit. Glaube mir.

Was ich aber nicht ahnte, ist, dass diese Frage etwas mit dieser Grenzwache machte. Es gab einige Kollegen, die zugeschaut hatten. Ich kann mir vorstellen, dass sie darüber diskutierten.

Am nächsten Tag wurde ich nicht mehr kontrolliert. Am Tag danach auch nicht. Ich hatte schon ein komisches Gefühl. Dennoch war ich zugleich glücklich darüber.

Irgendwann ging das Nicht-Kontrollieren dazu über, dass Wachen mir einfach zulächelten. Immer als ich auf den Zug zurück nach Hause wartete, kamen Grenzwachen heraus und wir fingen an zu sprechen. Zunächst wurde nur ein Wort ausgetauscht, ein Grüezi und irgendwann auch einige Sätze. Ich traute meinen Augen und Ohren nicht.

Es war ein angenehmes Warten. Weil ich nicht mehr als „Verbrecherin" behandelt wurde, nur weil ich anders aussah. Weil ich Teil von anderen war. Ich war zwar noch auffällig, aber nur noch so, dass sie mir Hallo sagten. Solche Wendungen berühren mich immer sehr.

Ja, auch wir Nichteinheimische denken mit. Wir haben vielleicht seltsame Wege, um etwas in Gang zu setzen, aber wenn es funktioniert…

Diese Story bezog sich auf eine Alltagssituation. Solche denkenden Nichteinheimischen findest du aber überall, wenn du nur wachsam bist. Beziehe sie mit ein, wenn du ein Projekt gestaltest, selbst wenn du das noch „Entwicklungshilfe" nennst. Beziehe sie mit ein, wenn du noch denkst, der einzige Weg, um Menschen mit Migrationshintergrund zu helfen, ist, ihnen Spenden, Kleider und altes Spielzeug zu schenken. Frage sie bitte, wie du helfen kannst.

Am besten solltest du wissen, wann eine Kleiderspende reicht. Ich glaube, dass die Maslowsche Pyramide für uns alle gleichermaßen gilt. Irgendwann haben auch Flüchtlinge und Hilfsbedürftige genug von Kleidern. Dann wollen sie innerlich wachsen, streben nach anderen Sicherheitsaspekten und Anerkennung.

Alle in einen Topf zu werfen ist verkehrt. Diese Menschen denken mit. Sie haben vielleicht ein anderes Schicksal als du, andere Schwerpunkte, aber viele kommen mit Abschlüssen nach Deutschland. Diese sind jedoch nicht immer und überall anerkannt, also suchen sie Jobs, die ohne viel Einarbeitung erledigt werden können. Das heißt aber nicht, dass sie nicht fähig sind, selbst zu denken. Auch den so oft verwendeten Satz „Hilfe zur Selbsthilfe" finde ich, wie bereits in Kapitel 4 erwähnt, daneben. Was ist, wenn sie eine andere Hilfe benötigen als das, was du ihnen gibst?

Warum sprichst du nicht mit allen Involvierten? Einige von ihnen trauen sich nicht, da das mit dem Kolonialismus noch in ihren Köpfen ist. Für die Deutschen mag es verschwunden sein, aber für die damaligen Betroffenen dauert es auch lange, bis sie das kapieren. Gib ihnen Raum. Die ganz Raffinierten übernehmen bereits oder bald dein Geschäft und du wirst überrascht sein.

Gewöhne dir an, Fragen zu stellen. Dein Gegenüber zu zwingen, eine Antwort zu geben, hilft ihm zu reflektieren. Das funktioniert auch bei mir ganz gut, wenn meine Kinder mir eine Frage stellen. Wenn ich sie nicht beantworten kann oder wenn mir die Antwort komisch schmeckt, lasse ich die betreffende Regel lieber weg.

Auf diese Bemerkung habe ich aber noch keine Antwort. Ich war joggen und wie meistens bellte mich ein Hund an, warum auch immer. Da sagte dessen Herrin: „Mein Hund hat noch nie einen schwarzen Menschen gesehen, deshalb bellt er." Vielleicht frage ich einmal den Hund.

Übrigens, ich warte auf den Tag, an dem die Menschen in der Minderheit ebenso ihre Preise rechtfertigen können. Ich meine, wenn traurige Kinderbilder verwendet werden, um Geld zu sammeln, ist es legitim, dass Menschen wie ich auch ihre Preise erhöhen. Hier eine kurze Überlegung:

Du magst schwarze Zahlen. Wir auch. Für die gleiche Dienstleistung sind unsere Herstellungs-/Selbstkosten aber höher. Wir möchten jedoch nicht auf die gute Marge verzichten. Hier ist die Begründung:

Die Fotografie-Technologie hat uns schon lange vernachlässigt. Fotografen klagen so oft über die Belichtung: Es liege wohl an meiner Hautfarbe. Der

Gesetzgeber, der erlaubt, dass wir in der Dunkelheit arbeiten, hat uns ebenfalls vernachlässigt. Wir benötigen mehr Licht, um mit Videos in Webinaren und Co. sichtbar zu sein. Wir benötigen mehr Farbe, um auf der Straße gesehen zu werden.

Mehr Sichtbarkeit heißt: Mehr in Lichtquellen und in Lampen, Kleidung und Zähne zu investieren. Das ist teuer. Alle diese Kosten können wir auch nicht absetzen. Also hab Verständnis, liebe Kundschaft, dass wir diese Kosten an dich weitergeben.

Ob der Kunde das verstehen wird?

Wenn du über diese Vorstellung lachst, dann hast du die hohe Stufe des menschlichen Humors verstanden. Ich danke dir, dass du dich darauf einlässt.

Die Botschaft für dich hier nochmals zusammengefasst und damit dein Weg Nummer 41 zur Vielfalt: Wenn dir etwas seltsam vorkommt oder wenn es dich einfach nervt, stelle Fragen, auch wenn das nur bedeutet: „Warum?“. Tritt mit anderen in den Dialog. Nur so finden wir die gemeinsame Basis für Erfolg durch Vielfalt.

Irgendwann reflektieren die Menschen und die Situation wird sich ändern, weil du etwas hinterfragt hast. Das ist ein magischer Weg zur Integration. In beide Richtungen, selbstverständlich.

08

Teil 8:

So klappt es auch mit den (Nicht)Einheimischen

Eine freie Fahrt ist der Schlüssel
für magische Begegnungen.
Mach es dabei mit Gefühl.

#42

Mach es mit Gefühl

„Mach es mit Gefühl“, sagte mir mein Fahrlehrer bezogen auf Bremsen, Lenken und Parken.

Als ich in Deutschland erneut meine Fahrprüfung absolvierte, da mir die Übersetzung meines kenianischen Führerscheins schwieriger erschien, beeindruckte mich dieser Satz meines Fahrlehrers. Er ist, wie ich finde, auf viele Situationen übertragbar. So auch im Umgang mit anderen Kulturen.

Zugegeben, damals waren die Autos noch nicht so anwenderfreundlich wie jetzt. Also musste die Anwenderin (ich) gefühlvoller sein. Ich stelle immer wieder fest, dass wir beim Autofahren den Umgang mit Vielfalt üben und vertiefen können.

„Wie das, Susan? Das geht gar nicht“, sagst du gerade? „Autofahren hier bei uns ist heilig. Mein Auto ist nicht nur ein Fortbewegungsmittel. Wir führen eine ernsthafte Beziehung...“

Gemach, gemach. Ich gebe dir recht. Es ist gewagt, aber gib mir eine Chance. Immerhin zitiere ich hier denselben Fahrlehrer, der für eine Weile vergaß, dass ich seine Sprache verstehe und mir deshalb sagte: „Auto, brumm brumm." Du siehst, er hat auch bereits Vielfalt in der Fahrschule erkannt.

Hier sind die drei Learnings, übertragen auf den Umgang mit Vielfalt und anderen Kulturen:

Erstens: Hupe nicht kopflos, wenn du nicht weißt, warum das Auto vor dir stehenbleibt. Du siehst nicht, was der Fahrer sieht.

Bezogen auf anderen Kulturen und Menschen: Du steckst meist nicht drin. Wenn du den Hintergrund nicht kennst: Sei neugierig, geduldig und interessiert. Das hilft mehr, anstatt schnell mit der „Hupe zu werten".

Zweitens: „Nutze die rote Ampel, um dich neu zu orientieren", sagte mein Fahrlehrer. Schließlich kommst du nicht mit den Argumenten durch, die vielleicht ein kenianischer Polizist verstehen würde.

Wie hilft dir das im Alltag? Die Weiterfahrt nicht erzwingen und die Pausen für eine neue Orientierung nutzen. Eine rote Ampel gibt dir Raum, deine Wahrnehmung zu hinterfragen.

Drittens: Übe dich in Vertrauen. Auf der Autobahn bist du dankbar, wenn es fließt. Keiner steht gerne im Stau. (Obwohl: Warum fahren alle immer zur gleichen Zeit los?) Dabei ist es wunderbar, diese technischen Möglichkeiten zu nutzen. Während du so 200 km/h fährst, fühlst du dich frei. Zugleich hast du dich und das Auto unter Kontrolle.

Hier sind Fremde egal: Du weißt nicht, wer in welchem Auto sitzt. Dennoch hast du Vertrauen – ab und zu schimpfst du über Sonntagsfahrer, aber du bellst zum Glück nur. Genau dieses Vertrauen brauchen wir in Begegnungen mit anderen Kulturen. Merke es dir, hier vertraust du allen, die in irgendeiner Form an der Fertigung deines Autos mit rund 10000 Einzelteilen beteiligt waren.

Übrigens: Ich bin manchmal tatsächlich grauenhaft und unmenschlich. Bei mir im Auto darf keiner essen. Weder meine Kinder noch Gäste. Ist das nicht grausam? Vielfalt hat doch manchmal ihre Grenzen.

Dennoch erlaube ich mir, dir an dieser Stelle drei Werkzeuge mitzugeben, um die Magie der Vielfalt mit Gefühl zu entfesseln. Dabei ist es egal, um welchen Aspekt der Diversität/Einbeziehung es sich handelt. Vergiss nicht, auch in deinem Geburtsland gibt es solche Herausforderungen. Der Umgang mit Diversität fängt zu Hause an. Mit diesen drei Werkzeugen machst du es mit Gefühl. Versprochen.

Selbstverantwortung und Selbstreflexion

Ob du betroffen bist oder ob du jemandem eine Chance geben möchtest: Warte nicht, bis die Politik, die mächtigen Organisationen oder „die da oben" sich bewegen. Stärke deine Persönlichkeit.

Finde deinen Weg, wie bereits in Kapitel 2 erwähnt. Lass dir Verurteilungen nicht gefallen. Es gibt mehrere Möglichkeiten. Vielleicht bist du schlagfertig wie Anthony Baffoe, der als jemand ihn beleidigte, antwortete: „Hör mal zu, [...] du kannst bei mir auf der Plantage arbeiten." So sagt Shary Reeves: „Tony hat für uns gekämpft. Das war ein Pionier in dem Thema. Ich lasse mir das nicht gefallen. Ich wehre mich dagegen."
...oder wie Gerald Asamoah. Shary Reeves über Gerald Asamoah:

> „Gerald hat man nicht gebremst bekommen [...]. Der hat so diese Leichtigkeit da reingebracht [...]. Der hat etwas verbreitet, was den Leuten auf den Tribünen die Angst genommen hat, wo eigene Menschen gedacht haben: „Das ist ja doch ein cooler Typ.""

Es ist wichtig, dass du deine Wurzeln nicht vergisst, das Beste aus deinem Lebensweg vereinst und an deinem Selbstwertgefühl arbeitest. Das kann keiner für dich übernehmen, wie beim Muskeltraining. Jemand, der etwas daher ruft, hat nicht genug überlegt. Und genauso wenig darf dich das mitnehmen. Verwandle deine Wut in Lösungen.

Spätestens dann, wenn du feststellst, dass es noch krassere Storys als deine gibt, wirst du deinen Weg finden, damit umzugehen. Auch wenn es so viele schlimme Erlebnisse gibt, dürfen wir niemals vergessen: Die meisten Menschen – beispielsweise hier in Deutschland – sind sehr neugierig und bereit uns zu empfangen. Allein deshalb sollten wir uns nicht kleinmachen lassen.
Selbstreflexion und Stärkung deiner eigenen Persönlichkeit sind die Basis, um die zwei nächsten Werkzeuge zu meistern.

Wir brauchen Menschen, die zu anderen stehen

Wir brauchen mehr Menschen, die zu ihren Werten stehen und keine Angst vor dem haben, was Kollegen oder Kunden denken würden, wenn beispielsweise plötzlich eine schwarze Person die Kunden betreut.
Ich erzählte bereits von meinem Gesprächspartner beim Vorstellungsgespräch, der mir sagte: „Frau Omondi, ich würde Sie nehmen, aber meine Kunden werden Sie nicht akzeptieren…" Wie oft habe ich das schon gehört: „Was werden meine Kollegen sagen?"

Hier ist der Punkt: Nicht alles, was Kollegen sagen, ist relevant. Stehe zu deinen Werten. Deine Kollegen werden dir dankbar sein, weil du mutig warst. Wer soll denn den ersten Schritt machen, wenn nicht du in deinem Einflussbereich? Wie viele Partnerinnen und Partner haben es trotz anfänglicher Ablehnung in den Familiengeschichten gewagt? Für Jimmy Hartwig war Fußball die Rettung, weil er Leute hatte, die ihm vertrauten.

Ein bewegender Moment, als Jimmy Hartwig erzählt:

Jemand fragt den Trainer: „[…] wieso spielt der schwarze Hartwig in der Mannschaft da drin? Können Sie mir das sagen?"

Trainer: „Natürlich, weil er gut ist, weil er besser ist als Ihr Sohn […]."

Jimmy: „Und das hörst du. […] boah, da ist ja einer, der steht ja zu dir und verteidigt dich. Das habe ich nie erlebt."

Es sind solche Momente der Standhaftigkeit, die uns weiterbringen und Hoffnung geben. Stehen wir zu unseren Entscheidungen, machen wir einen tollen Weg frei für andere, damit sie uns folgen.

Raum geben

Mein Appell an Unternehmen: Schafft Räume der Begegnung, damit wir andere nicht aus Angst ablehnen. Ich meine damit abseits der fachlichen Ausführung der Arbeit. Interesse zeigen an dem, was Menschen bewegt. Bitte nicht annehmen, dass die einzige Sorge, die die Menschen in der Minderheit haben, ihre Minderheit-Merkmale sind.

Natürlich liegt es auch an jedem, Fragen und Neugier zuzulassen. Es braucht beide Seiten, damit diese Begegnung gewinnbringend ist. Eine Bühne schafft auch das Wechseln der Perspektive. Früher dachte ich selbst, wie bereits berichtet: Nur weil jemand aus Kenia kommt, habe ich mehr Gemeinsamkeit mit dieser Person als mit einer aus einem anderen Land. Bereits nach einem Jahr zeigte sich, dass das überhaupt nicht der Fall ist. Wenn wir uns selbst von der neuen Kultur distanzieren, wird es auch schwierig, gemeinsam weiterzukommen. Schafft Räume für solche Geschichten, wie bereits in Kapitel 21 erklärt. Warum tun sich Menschen schwer, auch darüber zu reden? Aus Angst, dass sie etwas Falsches sagen könnten, vor allem in einer Zeit, in der fast jedes Wort auf die Goldwaage gelegt wird. Was zählt, ist unsere Einstellung. Wir machen es mit Gefühl.

Bitte bedenke: Diese Dinge passieren nicht nur da draußen, in Stadien oder in Pflegeheimen. Sie fangen am Schreibtisch an.

Alle diese drei Werkzeuge benötigen eine emotionale und mentale Reife. Wenn du deine Werte kennst und wahrhaftig dazu stehst, bist du weniger wackelig. **Wenn wir zur Autoanalogie zurückkehren: Ich wünsche dir eine freie Fahrt. Mach es mit Gefühl. Das ist dein Weg Nummer 42.**

Sei freundlich zu allen Beteiligten. Du weißt nicht, wer gerade für deine Sicherheit sorgt.

In jeder Stadt und in jedem Land findest du die positiven und die negativen Seiten. Die Frage ist, worauf fokussierst du dich?

#43

Liebe es, ändere es oder lasse es (sein)

„Das ist aber ein weiter Weg“, sagte mir jemand, als ich wieder einmal unterwegs war, joggend, in einem unbekannten Wald.

Ich liebe es, Städte zu Fuß zu erkundigen, wenn ich beruflich oder privat unterwegs bin. Am liebsten mache ich, was ich Sightseeing-Jogging nenne.

2008, schwanger mit meinen Zwillingen, mein Bauch groß und sichtbar von vorne, jedoch kaum sichtbar von der Seite oder von hinten, nahm ich an einer Schulung bei Stuttgart teil. Da die Schulungen immer bis abends gingen und ich den besten Start mit Jogging am früheren Morgen erziele, ging ich vorher zum Sightseeing-Jogging. Wie immer, wenn ein Wald in der Nähe ist, bevorzuge ich einen Wald und keine Stadt. Das hat etwas Beruhigendes. Da wir in Deutschland sind, ist es unwahrscheinlich, dass ich einem Löwen begegne.

Ob ich mich verirren kann in einem Wald? Ja, das passiert mir sogar oft. Trotzdem, wie an diesem Morgen, ließ ich mein Telefon im Hotelzimmer und lief einfach mit der Zimmerkarte und einem Taschentuch los. Leichtes Gepäck, mehr brauchte ich nicht für ein Morgenerlebnis.

Der Boden, die Vögel, die Bäume, alles trug dazu bei, dass ich lief und lief und mir den Rückweg nicht richtig merkte. Natürlich gibt es in Deutschland – du hast es nicht anderes erwartet – sogar beschriftete Waldwege für Menschen wie mich.

Ich verlief mich dennoch. An meiner Uhr konnte ich sehen, dass bereits mehr als eine Stunde vergangen war. Ich hatte ein komisches Gefühl. Immerhin trug ich hier auch eine Verantwortung gegenüber zwei Wesen, die noch nicht geboren worden waren.

Die Sonne lesen kann ich nicht. Fakt ist: Ich wusste nicht mehr, wo das Hotel liegt. Ich wusste nur, dass das Hotel nahe der Uni liegt und hoffte, dass ich jemanden treffen würde, der mir helfen konnte. Tatsächlich begegnete ich einigen Menschen, doch die erste Person wusste den Weg nicht, die zweite schickte mich wahrscheinlich in die falsche Richtung oder ich hatte vor lauter Aufregung nicht richtig zugehört und die dritte stellte nur fest: „Oh Gott, das ist aber ein weiter Weg."

Okay, einatmen, immerhin schien er sich auszukennen.

„Das ist ein weiter Weg" half mir an dieser Stelle nicht. Ich wollte zum Hotel zurück. Das sagte ich ihm aber nicht. Ich war einfach dankbar, als er mir eine Richtung gab und mir viel Glück wünschte. In Deutschland – das wirst du bereits kennen – kann das so interpretiert werden: „Ob das gut geht? Ich möchte einfach nichts damit zu tun haben."

An diesem Tag hatte ich für einige Minuten, die mir wir eine Ewigkeit vorkamen, zum ersten Mal richtig Angst in einem deutschen Wald. Doch ich fand meinen Weg zurück.

Ob ich mich seitdem nicht mehr im Wald verlaufe? Wo denkst du hin? Aber natürlich. Ich mache mir nicht viele Gedanken, denn ich habe einfach Freude am Laufen und das Vertrauen, dass ich den Weg wiederfinde. Außerdem hat das Verlaufen noch weitere Effekte:

1. Ich stelle immer wieder fest: Ein Weg auf dem Hinweg ist ein total anderer Weg auf dem Rückweg. Im Umgang mit Vielfalt brauchen wir diesen Perspektivwechsel. Es kann sich schnell etwas ändern.
2. Es ist schön, andere um Hilfe zu bitten – so lerne ich die Freundlichkeit der Fremden kennen und das gibt mir das Gefühl, ja, hier bin ich zu Hause.
3. Wenn ich es schaffe zurückzufinden, was wird dann noch unmöglich sein? So finde ich auch bei schlechten Erfahrungen mit anderen Menschen immer wieder zurück.

Genau um diesen letzten Punkt geht es in diesem Kapitel. Es ist eine Entscheidung, die ich treffe, ob ich dieses Land annehmen möchte, auch wenn ich das Gefühl habe, es ist alles noch nicht klar, oder wenn ich daran zweifle, ob mich die Menschen akzeptieren werden.

Doch wo ist es jemals klar gewesen?

Müssen mich alle akzeptieren, bevor ich mich wohlfühle? Ein klares Nein.

Was hat die Waldentdeckung nun mit „love it, change it or leave it" zu tun?

Diesen Spruch nutzten wir bereits als Kinder oder Jugendliche in Kenia, um, wenn jemand gejammert hat, zu zeigen, dass er sich entweder entscheiden kann, etwas zu lieben, etwas daran zu ändern oder es zu lassen.

Auf eines möchte ich an dieser Stelle hinweisen: Es mag dir vorkommen, als ob es in meinen Berichten darum geht, dass mir das Land nicht gefällt. Doch nur weil es mir so gefällt, nein, nur weil es mir am Herzen liegt, weise ich auf Verbesserungspotenzial hin.

Eine Mitarbeiterin, die bereits resigniert hat, meldet sich nicht. Eine Mitarbeiterin, die konstruktiv etwas ändern möchte, der die Firma am Herzen liegt, schweigt nicht, sondern spricht Schmerzpunkte an. So ist auch die Absicht dieses Buches, dass wir zueinander finden. Du siehst, weil ich diese Heimat liebe, genau deshalb setze ich mich damit auseinander. Und genau deshalb lerne ich aus meinem Walderlebnis, dass der Wald aus einer anderen Perspektive ganz anders aussieht, sodass ich mich sogar verlaufe. Perspektivwechsel ist hier ein mächtiges Werkzeug, um die Sicht auf die Dinge in ein neues Licht zu rücken.

Nun der Reihe nach:

Liebe es *(Love it):*

Du hast dich entschieden, hier zu studieren oder einem Job nachzugehen. Selbst als Flüchtender war es deine freie Entscheidung, hier zu landen. Dann liebe es – mit all den Ungewissheiten. So kannst du, wie in meiner Waldgeschichte, immer noch das Vertrauen haben, dass jemand dir helfen wird. Vergiss nicht, hier gilt: Liebe auf den zweiten Blick.

Bist du einheimisch? Dann kannst du dich entscheiden, diese Welt und dieses Land voller Nichteinheimischer zu lieben. Mit dieser Entscheidung kommt Akzeptanz.

„Auch ein hässliches Baby hat man gern", sagte ein Kollege von mir immer und wir lachten.

Zwei Fragen können dir konkret dabei helfen:

Was sind die positiven Aspekte, die ich hier schätze?

Was würde mir fehlen, wenn ich dieses Land oder meine Umgebung verlassen würde?

Ändere es *(Change it):*

Dies bezieht sich auf deine Einstellung, siehe auch die obigen Fragen. Du kannst etwas ändern, indem du den Dialog suchst, oder du baust eine Community mit gleichen Interessen auf, um eine möglichst große Wirkung zu erzielen. Vergiss nicht: Du kannst Menschen nicht verändern, aber du kannst entscheiden, wie

du auf Situationen reagierst. Wenn du das Gefühl hast, die Menschen in deiner Nachbarschaft sind noch nicht bereit für Nichteinheimische, kannst du dir eine andere Wohnung suchen.
Zwei Fragen können dir konkret dabei helfen:

Was genau stört mich gerade?

Welche Möglichkeiten habe ich, etwas daran zu ändern?

Lasse es *(Leave it)*:

Bevor du dich vor Selbstmitleid umbringst oder wenn die Situation zurecht unerträglich ist, du deine Energie nur verschwendet, dann verlasse den Ort oder sogar das Land. Mit Abstand gewinnst du die besten Erkenntnisse. Vielleicht kommst du dann darauf, dass es gar nicht so schlimm war.

Zwei Fragen können dir konkret dabei helfen:

Will ich mich wirklich da rausziehen?

Was brauche ich, um das Land, die Umgebung zu verlassen?

Der Spruch „love it, change it or leave it“ gilt natürlich in allen Lebensphasen und im Umgang mit allen Herausforderungen. Und genau das gebe ich dir als Weg Nummer 43 mit, wenn es um Vielfalt geht: Liebe es, ändere es oder lasse es (sein).

Dass du als Nichteinheimischer hier bist, ist deine freie Entscheidung. So wie ich in den Wald ging: Aufgeben kam nicht infrage.

Dass du von Nichteinheimischen umgeben bist, mag nicht deine Entscheidung sein, dennoch kannst du lernen, Dinge auf eine andere Art zu sehen oder zu tun zu lieben und sogar Vorteile darin erkennen. Wie ich bei meinem Waldlauf. Vielleicht hilfst du mir beim nächsten Mal, wenn ich mich im Wald verlaufe. Sag aber bitte nicht: „Alle Afrikaner verlaufen sich im Wald. Ständig.“

Jeder Mensch hat einen Knopf.
Finde ihn.
Vor allem finde auch deinen und entfessle die Magie in dir.
Deine Ausstrahlung wird auf andere magisch wirken.

#44

Die Magie und die Vielfalt in dir entfesseln

„Wir brauchen Menschen wie dich, die die Diversität anders und positiv angehen", schrieb mir Janis McDavid, Speaker, Autor und Weltentdecker *(www.janis-mcdavid.de)*.

Janis McDavid weiß bisher nicht, welche Wirkung dieser einfache Satz auf mich hatte. Seine Fremdwahrnehmung hat mich nicht nur in meiner Vorgehensweise bestätigt, sie brachte uns näher. Ich durfte ihn bereits dreimal interviewen und spürte die Kraft seiner Geschichten.

War ich schon immer so? Stand ich immer zu meinen Storys und meinen Learnings, um auch die „andere" Seite abzuholen? Natürlich nicht. In meinen Vorträgen erzähle ich bewusst von den Wendepunkten in meinem Leben. Dabei nehme ich die Zuhörenden auf eine Reise mit zu der Zeit, als ich nicht zur Schule ging und auch keinen Kontakt zu meinem Vater hatte. In dieser Zeit waren natürlich meine Stiefmutter und meine Halbgeschwister auch schuld an unserer Situation. Du merkst hier die Verwendung von wir – ja, das war eine kollektive Mitleidsphase – wir und die Anderen. Es wurde von der Gesellschaft erwartet, dass wir hier Positionen einnehmen: Entweder bist du für deine Mutter oder für deine Stiefmutter und deinen Vater. Diejenigen, die in Kenia polygam aufwachsen, werden wissen, wovon ich rede.

Ich erinnerte mich bewusst an die ganze Reise und spezifisch an eine meiner Halbschwestern, die ebenfalls den ersten Schritt machte. Ich war immer offen und besuchte meine Stiefmutter sogar in Nairobi, ohne dass meine direkten Geschwister davon wussten. Doch irgendwann waren das Verstecken und die inneren Konflikte ermüdend.

Als ich in Deutschland war, nahm ich erneut Kontakt auf und war gewillt, meine Halbschwester beim Studium in Deutschland zu unterstützen – denn für mich war klar, dass meine Halbgeschwister nichts mit der Vergangenheit zu tun hatten. Nach zwei, drei Bemerkungen seitens meiner Geschwister schwieg ich und brach den Kontakt ab. Ich war einfach noch nicht bereit. Ich war mental noch nicht reif dafür. Ich war wackelig.

Als meine Halbschwester nach Deutschland kam, ohne meine Hilfe, schrieb sie mir eine E-Mail, die alles in mir erneut bewegte. Ich weine immer noch vor Freude, wenn ich an den Inhalt dieser Nachricht denke. Dankbar, dass sie diesen Schritt machte.

Wir trafen uns, nahmen uns in die Arme und bedauerten die Zeit, die verloren gegangen war, nur weil unsere Eltern sich nicht verstanden. Was hatten wir Kinder im Allgemeinen und was meine Halbgeschwister, allesamt jünger als ich, damit zu tun? Warum hatte ich Positionen eingenommen? Aus Unsicherheit? Aus Angst, von meiner eigenen Familie nicht akzeptiert zu werden?

Meine wichtigste Erkenntnis hierzu: Ein Streit zwischen zwei Menschen ist nicht mein Streit. Ich kann sogar die Brücke sein. Ich bin diese Brücke. Ich lernte auch, meine eigene Wahrheit zu erkennen und meiner Engstirnigkeit gegenüberzutreten. Das alles war ein schmerzlicher und zugleich notwendiger Weg. Seitdem ist es für mich selbstverständlich, dass meine Halbgeschwister zu mir gehören. Mittlerweile, vor allem nach dem Tod meines Vaters, ist der

Rest der Familie offener. Ich verstehe jedoch, dass jeder seine Zeit braucht. Ihr Tempo darf uns aber nicht daran hindern, zueinander zu finden, denn mit jedem Treffen, das wir feiern, stecken wir andere an.

Genau das erlebe ich auch im Umgang mit kultureller Vielfalt. Solange Angst herrscht, passiert Folgendes: Deutsche bleiben unter sich, Kenianer unter sich, Türken unter sich und so weiter. Die andere Gruppe ist per se „weniger gut", nur weil sie anders ist.
Ich empfehle dir deshalb, deine Wahrheit herauszufinden: Warum empfindest du eine tiefe Abneigung gegenüber jemandem? Sind das wirklich deine eigenen Gefühle oder nimmst du einfach etwas aus deiner Umgebung oder Erziehung mit?

„Susan, wie kannst du nach so schlimmen Erfahrungen noch lachen?", fragen mich viele nach Vorträgen oder Beiträgen, die oft mit eigenen Erfahrungen untermauert sind. Ich antworte zuerst nur: „Warum nicht? Wäre ich verbittert, würde ich die Magie der Begegnungen nicht entdecken."

Natürlich hat jeder mal einen guten oder einen schlechten Tag; mal bessere oder weniger gute Erfahrungen. Doch im Laufe des Erzählens meiner Geschichte, nach und nach unter meinen Freunden und dann in der Öffentlichkeit, habe ich die wahre Kraft der Storys entdeckt. Sie sind heilsam und die wahre Begleitung zur emotionalen Reife. Du setzt dich dabei wirklich mit dir auseinander.

Storys sind ansteckend – andere Menschen entwickeln eine Resonanz, auch wenn sie noch nicht bereit sind, selbst darüber zu sprechen. So kommt es häufig vor, dass stille Lesende oder Zuhörende mir nach den Vorträgen oder Beiträgen direkt schreiben: „Du motivierst uns, Susan. Deine Botschaft muss weitergehen und möglichst viele Menschen erreichen." Da sind Menschen wie ich mit Migrationshintergrund, teilweise haben sie sich noch nie vorgestellt, mit Deutschen so interaktiv unterwegs zu sein, oder Deutsche, Schweizer und Österreicher, die dankbar sind, endlich anders abgeholt zu werden.

In jeder Erzählung lernst du erneut, denn du reflektierst dabei. Du entdeckst die Edelsteine in dir, du wächst dadurch. Du lernst von anderen, die dann wiederum lernen, sich zu öffnen. Die magische Kraft der Storys ist für mich die eigene Wahrheit. Natürlich braucht sie die Bereitschaft, verletzlich zu sein.

Die Erfahrung zeigt: Erst durch die Erzählung von eigener Wahrheit lernst du richtig mit der Vielfalt in dir sowie mit damit verbundenen Herausforderungen umzugehen, ohne die Schuld woanders zu suchen. Du kennst den Spruch „Die Wahrheit befreit". Früher habe ich das so interpretiert, dass ich die Wahrheit sagen und nicht lügen soll. Mittlerweile weiß ich, dass es um die eigene Wahrheit geht, die du dir erzählst, die in deiner Geschichte zu finden ist. Das ist die Wahrheit, die dich befreit. Anders ausgedrückt: Solange du deine eigene Wahrheit nicht akzeptierst, lernst du nicht daraus. Du bist weder empfänglich für einen Perspektivwechsel, noch bist du bereit, das Anderssein in dir und in anderen zu lieben.

Daher gebe ich dir hier drei einfache Schritte, wie du das für dich entwickeln kannst:

Erster Schritt: Stehe zu deiner Story. Egal wie peinlich dir das zu Beginn ist. Wie lautet deine Wahrheit? Welche Meilensteine im Leben haben dich stark gemacht? Wo hast du Mist gebaut?

Zweiter Schritt: Teile deine Erfahrungen und Erlebnisse, mit deinen Freunden, mit deiner Familie und so weiter. Ich kenne Personen, die kaum etwas über ihre Heimat erzählen, aus Scham. Sie sagen: „Was werden die andere sagen?" Schämst du dich dafür? Dann zurück zu Schritt eins. Du wirst sehen, es gibt keinen Grund.

Dritter Schritt: Höre dir die Erzählungen von anderen an. Es braucht nicht viel dafür. Sobald du den ersten Schritt machst, werden die anderen sich dir gegenüber öffnen. Das sind tiefsinnige Gespräche, die dazu führen, dass Gesprächspartner ihre Perspektiven wechseln.

Durch deine Storys entfesselst du die Vielfalt und die Magie in dir und in anderen. Du weißt, dass wir nur gemeinsam einen magischen Ort für unsere Kinder und Enkelkinder schaffen. Weiterhin entdeckst du die Macht der

Eigenverantwortung und damit deines Einflussbereiches, die Macht der Dialoge sowie des Warums. Frage dich, warum du das tust, was du tust.

Stelle dir folgende oder ähnliche Situationen vor:

„Die Einheimischen mögen mich nicht. Ich werde es nie schaffen."

„Es ist immer so schwierig mit diesen Ausländern."

Sind das deine eigenen Gedanken? Wie lautet die andere Version der Geschichte? Gehe in dich hinein und entdecke dich in deiner Story.

Dein magischer Weg Nummer 44 lautet deshalb: Es ist die Geschichte und damit die eigene Wahrheit, die dir erzählt, die dich befreit und neue Wege für dich eröffnet. Erzähle, um zu verarbeiten, zu verzeihen und durch deine Storys zu wachsen.

Auch Länder dürfen und sollten mit ihren eigenen Geschichten arbeiten. Dabei geht es nicht um das Wecken von Schuldgefühlen. Kollektive Schuldgefühle sind genauso schlimm wie kollektives Selbstmitleid. Projekte aus Mitleid sind nicht hilfreich. Zu verstehen, wie gewisse Entwicklungen mit welchen Konsequenzen zustande kamen, hilft uns, damit wir nicht wieder denselben Fehler machen. Der Sender Arte hat im Jahr 2022 eine Doku über „die Wilden" in den Menschenzoos ausgestrahlt. Ich erinnere mich, wie ich mit einem sehr geschätzten deutschen Kollegen darüber sprach und dieser mehr als entsetzt war. Ich stellte fest: Es wird lange brauchen, bis diese Narben heilen und eine andere Wahrheit durchdringt. Darüber zu sprechen, ist ein Heilmittel für beide Seiten.

Wir können die Vergangenheit nicht ändern, wir können jedoch daraus lernen. Deine eigene Wahrheit wird anderen einen eigenverantwortlichen Weg ebnen. Du entfesselst nicht nur die Vielfalt und die Magie in dir. Du wirst zum Leuchtturm.

Woran erkennst du, dass du einheimischer bist als die Einheimischen?
Die Antwort wird dir zeigen, wie sehr du dieses Land liebst.

#45

Einheimischer als die Einheimischen

„Geduld, Geduld“, sagte mir mein Mann bereits mehrfach. Und zwar immer, wenn wir in Kenia sind.

Eine Beispielszene:

Wir haben ein Taxi bestellt. Der Taxifahrer hat uns eine Uhrzeit bestätigt. Also warten wir mit deutscher Pünktlichkeit auf dieses Taxi. Als er nicht pünktlich auftaucht, fange ich an mir Sorgen zu machen. Nach genau fünf Minuten rufe ich an. Er sagt: „I am arriving soon.” Ich frage genau, wo er ist, damit ich das einschätzen kann. Er bleibt vage: „Not long, I will be there soon.”

Mein Mann sagt immer: „Soon ist in Kenia etwas zwischen fünf Minuten und zwei Jahren.“

Die Tatsache, dass er noch nicht da ist, stört mich weniger als die Tatsache, dass er nicht die Wahrheit sagt. Am Ende kommt er knapp eine Stunde später. Der Versuch, ein anderes Taxi zu rufen, ist nicht wirklich eine Option, da derselbe Prozess dadurch wahrscheinlich von null beginnen würde.

Als wir Minuten später im Taxi sitzen und durch die sympathische Art des Fahrers nicht mehr böse sein können, frage ich nach dem wahren Grund. Er teilt uns mit, dass er im Stau stand.

Ich frage dann: „Warum hast du das nicht gesagt?"

Seine Antwort: „Und damit riskieren, dass du dir ein anderes Taxi holst? Das ist schlecht für das Geschäft."

Mit meinem deutschen Denken meinte ich, das andere ist schlecht für das Geschäft. Ich musste mir eingestehen, dass er recht hat, aus seiner Perspektive gesehen.

Mein Mann und ich sprachen wieder einmal darüber und er amüsierte sich, wie sehr ich in solchen Fällen aus dem Konzept gerate. Meine Schwester machte auch einmal eine ähnliche Bemerkung, als ich ihr mitteilte, dass ich vielleicht bald in Kenia arbeiten würde. Sie sagte nur: „Du wirst verrückt werden aufgrund der Unzuverlässigkeit."

Wenn ich tiefer gehe, wird mir klar: Ich war einmal ein Teil davon. Ich kannte es nicht anders. Wie also ist es möglich, dass mein Mann inzwischen mehr Verständnis dafür hat? Wie ist es möglich, dass ich, wenn ich hier in Deutschland oder in der Schweiz bin, weniger streng bin?

Als ich in der Coronazeit meinem Mann gegenüber Vorteile der Pandemie aufzählte und anmerkte, wie schön es wäre, ohne Uhren zu leben und nicht ständig unter Druck zu sein nur wegen einer Uhr, sagte er nur: „Ich weiß, die Uhr wurde nicht in Kenia erfunden."

Wir lachten herzlich und doch fragte ich ihn, wie er es schaffte, in Kenia ruhig zu bleiben. Er sagte: „Ich stelle mich darauf ein. Wir haben ja eh Ferien. Ich stelle mich auf die Kultur ein."

Ich merkte, ich bin deutscher als er, wenn wir im Ausland sind. Ich möchte anderen das Deutschsein beibringen, doch es passt nicht. Hier zu Hause weniger, weil mein Mann mich ergänzt. Ich verlasse mich auf seine Genauigkeit und auf die Menschen generell. Wenn ich in Kenia bin, habe ich das Gefühl, ich muss meine Familie beschützen. Ich möchte zeigen, dass Kenia es auch schafft. Damit mache ich mir selbst das Leben schwer, unbewusst.

Doch manchmal bin ich auch hier einheimischer als die echten Einheimischen. Auch hier werde ich nervös, wenn Teilnehmende eines Trainings zu spät kommen.

Ich liebe Checklisten und Strukturen – wohl eine Mischung aus Qualitätsmanagement und Deutschsein.

Ich liebe Kaffee und Fußball, aber kein Bier. Mein Mann trinkt weder Kaffee noch Bier. Zudem mag er kein Fußball. Meine Geschwister fragen sich, ob er überhaupt deutsch ist.

Ich liebe es zu reisen und andere Länder und Kulturen zu entdecken.

Ich liebe Regeln, vor allem gemeinsam definierte Regeln in einem Team oder zu Hause.

Ich liebe Autofahren. Am liebsten auf der Autobahn. Wenn es nicht ums Geld oder um die Umwelt ginge, hätte ich wohl sieben Autos, eins für jeden Tag in der Woche.

Nur beim Jammern möchte ich nicht besser sein. Gott bewahre.

Ich merke, dass wir mit der Zeit Angewohnheiten annehmen, die wir nicht für möglich gehalten hätten. Zumindest die meisten Migranten haben die Wahl, zwischen zwei Kulturen zu entscheiden oder sich bewusst nicht für eine Seite zu entscheiden, sondern für beide.

Bewusst möchte ich die guten Angewohnheiten und Sitten wählen, die sinnvoll sind und mich und meine Arbeit weiterbringen. Dieses Land hat so viel zu bieten. Eine Konzentration auf die negativen Dinge ist nicht nur schädlich für die Integration, sie wird dem Land und seinen Leuten auch nicht gerecht.

Seitdem ich das hier von Maxim Gorski gelesen habe, spreche ich es immer wieder aus, um ja den Grund zu finden: „Die Deutschen machen nichts ohne Grund.“ Ich frage mich neugierig auf die Antwort: „Inwiefern ist das eine gute Angewohnheit?“

Genau diese Frage ist magisch. Du darfst ruhig einheimischer sein als die Einheimischen, auch wenn deine Hautfarbe dich ab zu verrät, wie meine. Vielleicht ist das in fünfzig Jahren anders.

Einheimischer als die Einheimischen bedeutet auch:

- Dir deine Möglichkeiten bewusst zu machen.
- Dich mit dem Grundgesetz und mit weiteren Gesetzen auseinanderzusetzen. Wenn du schon seit Jahren hier lebst und investierst oder ein Business leitest: Du wirst nicht darum herumkommen, das Arbeitsgesetz sowie alle anderen relevanten Gesetze kennenzulernen. Da Gesetze langweilig sind, kannst du das ruhig delegieren, nur die Verantwortung kannst du nicht delegieren.
- Zu verinnerlichen, dass du auch ein Vorbild für alle Neulinge bist, hilft dir, bewusster unterwegs zu sein. Mit deiner Art, mit deinen Worten, die deinen Mund verlassen, beeinflusst du auch Menschen. Mache es also bewusst. Sprich nicht schlecht über Deutsche.
- Dich mit der deutschen Gründlichkeit auseinanderzusetzen, was dir auch Wettbewerbsvorteile verschafft. Denke wie sie, dann kannst du nur gewinnen.

Selbst Brot oder Kuchen zu backen – dieser Schritt hilft dir, das Brot genau nach deinem Geschmack frisch zu liefern. Ich weiß, es gibt genug Sorten in der Bäckerei, dennoch sind diese nicht vergleichbar mit selbstgebackenem Brot. Überhaupt wird Selbstgemachtes von den Einheimischen sehr hoch eingestuft. Irgendwann backst du auch Kuchen, dann machst du eigene Pralinen oder andere Dinge, und siehe da, du hast das Gesprächsthema schlechthin. Ich selbst habe mich jahrelang geweigert, Kuchen zu backen. Ich sah das als eine deutsche Sache an. Mittlerweile beruhigt mich das Backen nicht nur, ich scheine damit Menschen anders zu erreichen. So habe ich sogar für Projekte nach jedem Meilenstein Kuchen mitgebracht, dekoriert mit dem Projektnamen, versteht sich. Probiere es aus, es ist auch ein magischer Weg, denn wir wissen bereits aus Kapitel 5, dass Integration durch den Magen geht. Magisch.

Einheimischer als die Einheimischen bedeutet auch, Klarheit zu schaffen: Eine Tugend und damit das Wichtigste von dem, was ich in Deutschland gelernt habe. Denn durch das Schaffen von Klarheit suchst du keine Schuldigen, sondern hast Fakten und nimmst nichts an. Durch das Schaffen von Klarheit schaust du etwas aus verschiedenen Perspektiven an und überprüfst deine Wahrnehmung. Kurz: Klarheit schaffen ermöglicht eine magische Begegnung, denn du bleibst neugierig und stellst Fragen.

Ich weiß noch, wie mich diese Neugier der Deutschen in Bezug auf meine Herkunft und mich selbst als Person zu Beginn ein wenig störte. Ich fühlte mich ins Zentrum gestellt und dann noch mit meinem bescheidenen Deutsch. Ich war plötzlich „the center of interest“. Mittlerweile genieße ich es.

Traue dich also, deutscher zu sein als die Deutschen beziehungsweise einheimischer zu sein als die Einheimischen. Das ist dein magischer Weg Nummer 45.

Habe auch keine Angst, von deinen Kollegen aus demselben Land ausgegrenzt zu werden. Entweder sind sie ohnehin nicht das beste Umfeld für dich oder sie werden dir folgen, wenn sie sehen, dass du Erfolge damit erzielst. Wage es.

Die Magie und die Vielfalt in dir entfesselst du nicht, indem du nur zusiehst und kommentierst. Mach mit. Sei mittendrin statt nur dabei.

Sei einheimischer als die Einheimischen und begegne so negativen Bemerkungen mit Schlagfertigkeit.

Eine feindliche Begegnung startet nicht am Tag der Begegnungen. Teste daher im Alltag, wie du zur Vielfalt stehst.

#46

Tests im Alltag

„So früh?“

Eine rhetorische Frage an mich, als ich zum ersten Mal ein graues Haar im Spiel entdeckte.

„Echt jetzt? Schön“, sagte ich mir wieder, als ich Monate später weitere graue Haaren entdeckte. Der Versuch, mich mit meinem Mann darüber auszutauschen, zeigte ihm einfach nur, dass ich die graue Tatsache noch nicht akzeptiert hatte.

Als ich in mich ging, um dir Beispiele aus dem Alltag zu nennen, wie etwas Neues uns erst mal aus dem Konzept bringt, empfand ich mein graues Haar gerade dafür perfekt. Nur hier geht es um einen unsichtbaren Kampf in mir. Niemand sonst ist involviert, ich kann dabei nicht mit dem Finger auf jemanden zeigen. Oder sind es doch die Gene, die unser Schicksal früher entscheiden, als wir es wollen?

Wenn plötzlich neue Menschen mit anderen Angewohnheiten in unserem Umfeld auftauchen, brauchen wir Zeit, um das Ganze zu akzeptieren. Jeder hat dabei sein eigenes Tempo. An den Veränderungen im und am eigenen Körper können wir Umgang mit Vielfalt üben. Und zwar auch, um zu verstehen, warum Menschen länger brauchen, um uns im eigenen Land zu akzeptieren. Ich spreche dabei nicht von dulden, sondern akzeptieren.
Die bewusste Entscheidung, dass meine Haare zu mir gehören, macht es leichter, sie so zu lieben und die Schönheit und Reife in ihnen zu sehen. So ist es

bei allem, Negatives und Positives zugleich gibt es immer. Die Frage ist: Wie entscheide ich mich? Worauf fokussiere ich mich?

Umgang mit Vielfalt in und um uns fängt im Kopf an, mit der Entscheidung, dich zu akzeptieren, wie du selbst bist und wie die Situation ist. Vielfalt im Umgang mit den anderen fängt auch im Kopf an. Mit der Entscheidung, andere zu akzeptieren, nicht nur zu tolerieren.

Jedes Mal, wenn du also eine Veränderung bei dir siehst, halte inne und frage dich, ob dich das stört und warum es so ist. Du kannst dann an dir selbst üben. Je bewusster du mit deinen eigenen Veränderungen umgehst (sind diese willkommen, sind sie störend oder bereits akzeptiert), desto bewusster wirst du auch mit anderen umgehen, die anders sind als du.

Noch ein Test im Alltag

„Will jemand ein Eis?"

Wenn du auch gerne ins Kino geht wie ich und meine Familie, wirst du diese Frage oft hören.

Hand aufs Herz: Wenn du kein Eis möchtest, bist du dann genervt? Je genervter du bist, desto mehr Hände siehst du, die zeigen, dass du ihnen egal bist. Sie wollen ihr Eis. Ja, ich bin auch immer wieder genervt, bis ich mir verinnerliche: Wenn mir das nicht gefällt, kann ich mein eigenes Kino mit eigenen Regeln eröffnen. Ich habe ja immer die Wahl, nicht wahr?

Ebenso unterschiedlich sind wir auf der Straße, in den Zügen oder beim Einkaufen. Schnell unterteilen wir in wir und die anderen. Unterschiede bringen uns aus dem Konzept. Manche sagen: „Leben und leben lassen" und treffen es damit auf den Punkt.

Storys verändern Protagonisten im Laufe der Geschichte. Ein Buch zu schreiben, verändert den Autor/die Autorin. In meinem Buch, das gerade entsteht, reflektiere ich und forme mich selbst durch das Schreiben. Daher binde ich den Alltagstest auch mit ein:

Ein guter Weg, sich im Alltag selbst zu testen, ist es, anderen auch eigene Annahmen von früher mitzuteilen. Zu Beginn fällt es dir sicher nicht leicht. Glaub mir, es lohnt sich, denn es befreit dich von der Gefahr, eine Erzählung nur aus einer Perspektive zu hören.

Meine Lieblingsstory betrifft Weihnachten, also ein wiederkehrendes Ereignis, das mir hilft, die Magie der Vielfalt zu entfesseln.

Was passiert, wenn Kulturen „importiert" und angepasst werden? Einiges wird abgelehnt, einiges wird mit allen Mitteln übernommen. Jeden Tag passiert das irgendwo auf der Welt.

Ich erinnere mich noch ganz genau an Weihnachtstage mit einem großen Zypressenzweig, geschmückt mit Baumwolle, bunten Streifen und Luftballons – magisch. Feiern mit dem Wenigen, das wir hatten, war nicht leicht. Ab und zu gab es nichts zu Essen. Meine Mutter gab alles, damit wir – mindestens elf Kinder, da sie auch immer Waisenkinder zu sich holte – auch Freude an Weihnachten hatten. Eine westliche Tradition. Eine Sorge hatten wir dabei immer: Wie zaubern wir einen Weihnachtsbaum her, wie jenen, den meine Mutter einmal bei ihrer Arbeitgeberin aus Europa in Nairobi gesehen hat? Zum Glück hatten wir tolle Nachbarn, auf deren Grundstück Zypressen wuchsen.

Meine Mutter schickte uns immer, um zu fragen, ob wir einen Zweig davon haben können. In unserer Nachbarschaft haben wir uns alles ausgeliehen, von Salz bis zu Werkzeugen. Manchmal war es uns peinlich. Meine älteren Geschwister haben einfach ein Stück davon geklaut und behauptet, sie hätten gefragt.

Warum ich sie nicht verpetzte? Würdest du deine Geschwister verpetzen, wenn sie dir ihren nächsten gekauten Kaugummi versprochen haben?

Endlich war der Baum geschmückt. An diesem Tag wurde sogar Kuchen mithilfe eines Backofens aus Sand gebacken. Der hieß aber nicht Sandkuchen. Wir hatten dann reichlich zu essen und ausnahmsweise auch Fleisch dabei. Es wurde gesungen und getanzt.

Wenn wir Glück hatten, durften wir am Abend davor, am 24.12., zu den Katholiken gehen. Dort gab es ein wunderbares Theaterspiel rund um die Geburt des Christkinds. Mindestens einmal im Jahr beneideten wir die Katholiken.

Am 26.12., da wir keine Geschenke austauschten, boxten wir Kinder uns gegenseitig. Es war ja Boxing Day.
Irgendwann war ich in dem Stark-hinterfragen-Alter. Ich fand heraus, dass es unwahrscheinlich war, dass das Christkind am 25.12. geboren wurde. Zugleich wechselte meine Mutter die Kirche.

In Deutschland angekommen bedeutete Weihnachten für mich leere Straßen und leere Studentenwohnheime.

„Fliegst du zu Weihnachten nach Hause?", fragten viele. Ich verstand ihre Absichten nicht. Ein paar Tage später klagten sie übers Zunehmen.

Ab dem 29.11. lernte ich dann Weihnachten noch zu schätzen: Ich verkaufte auf dem Weihnachtsmarkt und hatte als Studentin bis dahin noch nie so schnell verdientes Geld gehabt. Es fiel mir auch auf, dass vor lauter Weihnachtslaune das Trinkgeld üppiger war.

Je besser ich diese Tradition und wie sie hier in Deutschland gefeiert wird, verstand, desto mehr schätzte ich sie. Sich gegenseitig Zeit schenken und sich austauschen. Schön, dass ich durch meinen Mann eine weitere liebevolle Familie hier habe, welche die Weihnachtszeit für mich zu einer Festzeit macht.
Zwei Dinge mache ich mir immer wieder über Weihnachten bewusst:

Erstens: Die historisch gewachsenen Traditionen dürfen hinterfragt werden. Ob und wie wir diese nutzen, ist eine bewusste Entscheidung.

Zweitens: Eigene Annahmen infrage zu stellen und das bewusste Herauspicken des Besten aus unterschiedlichen Kulturen sind mächtige Werkzeuge im Alltag oder eben einmal im Jahr, wie es so ist mit meiner Weihnachtsgeschichte.

Wenn dich etwas im Alltag stört, sei neugierig, anstatt dich gleich zu ärgern und zu beschweren, wie schlimm andere sind. Sei neugierig, um mehr zu verstehen. Zeige wenn möglich auch spürbar Verständnis. So holst du andere ab. Nur so lernst du, mit neuen Kulturen in deinem Land oder im Ausland umzugehen, da du bereits täglich übst.

Mach dich im Alltag positiv bemerkbar, mit Kleinigkeiten wie zum Beispiel damit, andere konsequent zu begrüßen.

„Hör nicht auf diesen Pessimisten", sagte meine Tochter einmal zu mir, als ich mit ihrem Vater sprach und er seine Argumente lieferte, warum ich mein Vorhaben nicht umsetzen sollte. Wir mussten herzlich lachen.

Ich stelle fest, manchmal haben wir selbst den Pessimisten in uns, der behauptet, dass es mit der Integration, den Einheimischen und den Nichteinheimischen nie klappen wird. Wenn deine innere Stimme Pessimist ist, hör nicht auf sie.

Die Magie und die Vielfalt in dir passiert jeden Tag, wenn du es zulässt. Und das ist dein Weg Nummer 46: Beobachte dich im Alltag, teste dich. Wie bereit bist du für die Vielfalt? Wie pessimistisch ist deine innere Stimme?
Dieses Buch ist aus Alltagssituationen entstanden und aus Storys von Begegnungen mit Menschen wie du und ich. Wir alle dürfen vermehrt aus dem Alltag lernen. Wir brauchen einander, um gemeinsam Erfolge zu feiern. Dabei ist es sehr wichtig, deine Haltung im Alltag zu hinterfragen, um das WIR Gefühl zu erzeugen. Es gibt kein WIR ohne DU und ICH.

Es lohnt sich nicht, etwas zu leugnen. Nimm es mit Selbstironie und sprich über deine Erkenntnisse.

#47

Jetzt ist es passiert. Wenn du plötzlich Socken und Sandalen trägst

„Jetzt ist es passiert."

„Jetzt ist es passiert", sagte mein Mann erneut zu mir, als ich unschuldig die Küche sauber machte. Ich schaute ihn verständnislos an. Also wiederholte er: „Jetzt ist es passiert, Susan, du bist richtig integriert."

Neugierig und gespannt lächelte ich ihn an, mit der Erwartung, dass er mich endlich aufklärte. Woran machte er das gerade fest?

„Du hast Socken und Sandalen an, vierundzwanzig Jahre hat es gedauert."

Ich lachte mit Schuldgefühlen und trotzdem herzlich. Ich lernte: Schleichend nimmst du Angewohnheiten an, die du am Anfang vielleicht nicht annehmen wolltest oder als nicht wahrscheinlich angesehen hast.

Ich wollte im Jahr 2021 endlich für die deutsche Regierung Kosten sparen und als die Kenia-Koalition in einer Personalunion zur Wahl stehen. Wenn Kenia wüsste, wie mächtig das Land für unsere Politik hierzulande zu lange ist (zum Begriff Kenia-Koalition).

Nun, wenn das große Ziel, nämlich Politikerin in einer Personalunion zu sein, nicht erreichbar ist, bin ich auch mit dem Zweitbesten zufrieden und akzeptiere diesen Meilenstein. Eine Frau mit Socken und Sandalen. Endlich bin ich integriert.

Während ich verinnerliche, wie unbewusst wir Verhaltensweisen annehmen, gehe ich weiterhin wählen, damit ich endlich als Bürgerin dieses Landes wahrgenommen werde. Mit Socken und Sandalen. Vielleicht erspare ich mir dann Bemerkungen wie: „Der Workshop ist nur für die Bürger." – Siehe auch Kapitel 2.

Mir ist bewusst, dass das mit den Socken und Sandalen nur ein Klischee ist. Ich finde einige Klischees unglaublich spannend: ihre Entstehung, Verbreitung und vor allem wie wir damit umgehen.

Klischees. Aus meiner Sicht gibt es positive (zum Beispiel Schweizer/Deutsche sind pünktlich), dann neutrale (je nach Perspektive ist für mich die Sache mit Socken und Sandalen neutral) und auch negative Klischees. Toxisch und hemmend wird es nur, wenn dadurch Menschen aufgrund ihrer Kultur oder ihres Andersseins ausgegrenzt werden. Und nein, ich bin auch nicht davon befreit. Ich arbeite jeden Tag gegen „gefährliche Klischees" in meinem Kopf.

Meine Entscheidung im Umgang damit: Es gibt sie. Klischees. Sie hindern uns aber nicht daran zusammenzuarbeiten. Klischees anzunehmen, ihren Ursprung zu verstehen, über sie zu sprechen und doch manchmal darüber zu lachen, wirkt aufklärend und reflektierend. Das „Beobachtungsprojekt Socken und Sandalen" finde ich geradezu amüsant. Das wäre mir im Leben nie eingefallen. Es sollte vielleicht ein Teil des Einbürgerungstests sein. Doch wann genau bin ich integriert? Wann ist es bei dir passiert? Trägst du auch schon Socken und Sandalen?

Es gibt, wie du dir denken kannst, keinen bestimmten Zeitpunkt. Es ist ein Prozess, den wir an der Akzeptanz, Wertschätzung und Anerkennung der Grundwerte der Demokratie festmachen. Wenn wir unseren Teil auch aktiv dazu beitragen. Denn nur dadurch sind wir daheim.

Vor allem ist es mir wichtig, zu erwähnen, dass Nichteinheimische ihre Wurzeln nicht verlieren müssen, um hierher zu gehören. Umgekehrt auch: Wir dürfen hier nicht unsere Grundwerte ablegen, nur um ja nicht diskriminierend zu wirken. Integration lässt Vielfalt zu. Wohlwissend, dass wir einige Denkweisen, die nicht mehr passen, auch hinterfragen und bewusst ablegen dürfen. Genau dann können wir richtig performen, wenn wir nicht alles ablegen müssen, um zu zeigen, dass wir dazugehören. Zu deiner Story zu stehen, hilft dir selbst, dich mit deinen Werten auseinanderzusetzen und bewusste Entscheidungen zu treffen.

Geehrt hat mich einer meiner damaligen Professoren, den ich im Jahr 2021 virtuell wiedersehen durfte, als er mich für eine Alumni-Newsletterausgabe interviewte. Es waren mindestens zwanzig Jahren vergangen und doch sagte er: „Wissen Sie, was ich an Ihnen am meisten bewundere? Sie stehen zu Ihrer Geschichte. Das haben Sie als Studentin immer gemacht. Dass Sie Ihre Mutter als Studentin unterstützten, hat mich damals sehr beeindruckt und das werde ich nicht vergessen.“

Das kurze Gespräch mit meinem damaligen Professor hat mich zu Tränen gerührt und ich erkannte wieder mal: Alles, was wir entscheiden oder tun, bleibt irgendwo hängen, auch wenn wir nicht mehr dort sind. Nicht zu vergessen, wo unsere Wurzeln sind und welche Persönlichkeiten uns Flügel verliehen haben, hilft uns, unsere Botschaften und Lösungen bewusst zu entwickeln.

Denn wahre Hilfe macht nicht klein.

Denn wahre Integration grenzt nicht aus.

Denn wahre Integration ist keine Einbahnstraße. Alle Beteiligten dürfen und müssen ihren Beitrag leisten.

Denn Großartiges entsteht nur, wenn wir jedem in seiner Einzigartigkeit noch mehr zutrauen. Ohne Angst, dabei etwas zu verlieren, – denn Migration und Auswanderung sind bereichernd. Wenn wir es zulassen.

Spätestens dann, wenn dir als Nichteinheimischer gesagt wird: „Ich gehe nicht gerne zu Woolworth. Da sind mir zu viele Ausländer" und du denkst: „Mensch, haben die Probleme" und „Wem sagt sie das?"…

Spätestens dann, wenn dein Bekannter dir sagt – und Achtung, du bist immer (noch) nicht einheimisch –: „Bring ja nicht deine Kinder in den Kindergarten. Da gibt es zu viele Ausländer", schüttelst du unsichtbar den Kopf und denkst wieder: „Wem sagt er das?" Und „Ich wusste gar nicht, dass wir eine Plage sind"…

Spätestens dann, wenn dein Kind dir sagt: „Die Einzige, die sich hier die Hände nicht wäscht, bist du", denkst du: „Okay, wenn Helligkeit (auf der Haut, damit das klar ist) das einzige Zeichen fürs Händewaschen ist, dann habe ich schon verloren"…

Spätestens dann, wenn meine Kinder sich vereinen und mein Sohn Obera mir nach einem wunderbaren Vortrag (dachte ich zumindest) sagt: „Mama, ich sehe schwarz" und seine Schwester Amora ergänzt: „Obera, du hast ins Schwarze getroffen", fühle ich mich in der eigenen Familie gemobbt.

Spätestens dann, wenn meine Tochter meine Hand nimmt und mich aus der Küche herausbegleitet, dabei meine Haut wie eine Ärztin prüfend berührt, mich ansieht und sehr ernst sagt: „Also Mama, wenn die Flamingos aufgrund ihrer Nahrung rosa werden, dann müssen wir uns ernsthaft über deinen Kaffeekonsum unterhalten", weißt du, dass es auch mit Humor geht.

Um es noch mit den Worten ihres Zwillingsbruders zu ergänzen: Als wir ihn vor etwa fünf Jahren darauf ansprachen, warum er im Unterricht „stört", antwortete er schlagfertig: „Wer bringt noch Menschen zum Lachen, wenn alle so ernst sind?" – Da hat er recht.

So klappt es auch mit den Nichteinheimischen.

So klappt es auch mit den Einheimischen.

Dein Weg Nummer 47 lautet: Lege nicht jedes Wort auf die Goldwaage. Nimm es ab und zu mit Humor.

Verzeihe, sollte dein Gegenüber ins Fettnäpfchen treten und gebt einander Zeit. Das wirkt Wunder, denn jeder hat sein eigenes Tempo. Und die Liebe für dieses Land ist vielleicht erst auf dem zweiten Blick nach einer humorvollen Begegnung erkennbar.

Nicht vergessen:

Wenn wir uns aufeinander einlassen, passiert Magie –

Susan Omondi

Schlusswort

Nun hast du eine Vorlage, um die Edelsteine, die in deiner Story und in deinem Werdegang versteckt sind, zu finden und die Magie sowie die Vielfalt in dir zu entfesseln. Vergiss nicht:

Vielfalt und damit verbundene Magie sowie die Herausforderungen fangen zu Hause an. Die Aufklärungsarbeit über unterschiedliche Menschen mit unterschiedlichen Merkmalen erfolgt zunächst durch uns Eltern. Es gibt viele Situationen im Leben, die uns die Gelegenheit geben, mit unseren Kindern darüber zu sprechen. Diese Aufklärungsarbeit dient zum einen dazu, andere Menschen in ihrer Vielfalt zu schätzen. Zum anderen lernen Kinder sich dabei selbst zu schätzen, um aus negativen Erfahrungen noch stärker hervorzugehen.

Vielfalt ist zudem keine Einbahnstraße. Finde deine Tonlage. Du kennst nun meine Art, ohne Fingerzeigen, tiefgründig und zugleich provokativ und humorvoll. Eine andere Tonlage zu erzwingen, würde mich kaum weiterbringen. Danke, dass du Raum für Begegnungen anbietest, damit wir den Hass aufgrund von Unwissenheit nicht auf unsere Kinder übertragen.

Lass uns aus der Geschichte lernen, verzeihen und verstehen. Nur wenn wir loslassen, können wir das Neue und Bessere empfangen und gemeinsame Werte entwickeln, die uns auf magische Weise verbinden, unabhängig von äußerlichen Merkmalen.

Lasse dich auf Begegnungen ein (Du), mache den ersten Schritt (Ich), lass uns Werte definieren und durch Vielfalt gemeinsam erfolgreich sein (Wir). Es braucht uns alle: MICH, DICH, UNS, um VIELFALT zu erleben. Nur so können wir wirkungsvoll die echten Herausforderungen der heutigen Zeit miteinander angehen.

Danke, dass du dich auf dieses Buch eingelassen hast. Sei offen für aufrichtige Begegnungen und denke daran:

Nur weil wir uns ähneln, müssen wir keine Freunde sein.

Umgekehrt gilt auch:

Nur weil wir uns nicht ähneln, müssen wir keine Feinde sein.

Überprüfe regelmäßig deine Sehschärfe. Für gemeinsame Erfolge durch Vielfalt und Integration.

In Gedanken an Prof. Dr. Bernd Richter

„Ist eine rote Rose in der völligen Dunkelheit wirklich auch rot?"

Mit solchen Fragen und mehr prägte unser außergewöhnlicher und geschätzter Prof. Dr. Bernd Richter uns ehemalige Konstanzer BWL-er/-innen.

Als uns die Nachricht über seinen Tod im Jahr 2022 erreichte, während ich gerade dieses Buch schrieb, ließ sie Mary, meine Freundin, und mich erneut reflektieren, weinen und dankbar dafür sein, dass wir ein Teil von ihm waren. Er erreichte uns emotional. Er setzte die Maßstäbe hoch. Ich wünsche mir immer wieder, dass wir alle nur zehn Prozent so vorurteilsfrei wären wie er.

Ich blicke gerne zurück und zähle die Menschen, die mit ihrer Einmaligkeit mein Herz erreichten.

Wir schrieben das Wintersemester 1999. Die Quote für Ausländerinnen war strikt festgelegt. Das allein machte uns zwei bis maximal drei Ausländerinnen „besonders" und zugleich fand ich das auch beängstigend.

Ich unsicher, ob ich „mitkommen" würde, betrat den Hörsaal und wurde wertschätzend und persönlich begrüßt. Ich musste nichts beweisen. Jemand war da, der mich schätzte und von der ersten Minute an zu mir stand. Und er sprach uns alle ausnahmslos und souverän direkt mit Namen an.
Dass ich so zuversichtlich aus der ersten Vorlesung herauskam, verdankte ich meinem ehemaligen BWL-Professor und Dekan des Studiengangs BWL, Prof. Dr. Bernd Richter. Ich durfte erneut erfahren, dass es eine große Rolle spielt, wie wir andere wahrnehmen. Er gewann unser Herz.

Und uns ausländischen Studenten gab er das Gefühl: „Ich nehme dich wahr. Ich sehe die großartige Persönlichkeit und das Talent in dir. Du bist ein Teil von uns."

Mary erzählte über den Tag, an dem sie in Deutschland ihre Stimme zurückbekam:

Die erste Vorlesung wurde auch bei ihr (Jahre später nach mir) von Bernd Richter selbst gehalten. Und sie war, wie ich überrascht, dass er wusste, wer sie war, und ihren Nachnamen richtig aussprach.

Ein paar Monate später wurde sie in das Büro des Dekans gerufen. Herr Richter fragte sie, warum sie in den Vorlesungen schwieg, obwohl er sicher war, dass sie alle oder zumindest die meisten Antworten kannte. Sie versuchte, frech zu sein und sagte: „Sie denken alle, dass ich unter einer Akazie zur Schule gegangen bin und dass ich die Dümmste in der Klasse sein muss!"

Ohne Umschweife antwortete er: „Sie haben recht, sie denken vielleicht, dass Sie unter einer Akazie zur Schule gegangen sind, aber Ihre Schlussfolgerung ist falsch. Sie denken wahrscheinlich: Wenn sie unter einer Akazie zur Schule gegangen ist und es genauso weit gebracht hat wie ich, dann muss sie ein Genie sein!'"

Mary war sprachlos (das passiert selten) und von da an hob sie die Hand oder äußerte ihre Meinung, auch wenn sie dachte, diese sei selbsterklärend und nicht notwendig. Und so hat Bernd Richter ihr ihre Stimme wieder gegeben.

Marys Aussage heute: „Es ist die Macht der Mehrheit, die dafür sorgt, dass die Minderheit aufblüht und wir dadurch alle besser werden." Später pflanzte sie tatsächlich einen Akazienbaum.

Ob es die tiefgreifenden Gespräche waren, wie meine Freundin Mary bewegend berichtet, oder seine Art, uns größer zu machen, als wir uns selbst wahrnahmen – oder durch sein aufrichtiges Zuhören: Er ging über die Diversität-Storys und über den BWL-Inhalt hinaus und das waren prägende Momente. Wir durften unsere Gedanken hinterfragen, etwa durch wertvolle Erzählungen wie „Der Mann mit dem Hammer“ oder mit solchen prägenden Fragen wie die nach der roten Rose. Wir durften über uns hinauswachsen, sodass Mary und ich zu den besten ausländischen Studierenden wurden. Wir hatten keine Ausrede mehr.

In Momenten des Zweifels zeigte er uns die andere Seite. Er half uns auch zu verstehen, was selbsterfüllende Prophezeiungen mit uns Menschen machen.

Lieber Herr Professor, es war Mary und mir eine Ehre, von Ihnen begleitet zu werden. Mögen Ihre außergewöhnliche Lehrmethodik und Weitsicht weiterhin Menschen berühren und zum Handeln bringen. Sie schafften es, über die Diversität hinauszugehen, ohne diese Begriffe zu verwenden.

Durch Sie lernte ich zu meiner Story zu stehen.

Um meinen ehemaligen wertvollen Professor zu würdigen, lade ich dich zu dieser Frage ein:

Ist eine rote Rose in der völligen Dunkelheit wirklich auch rot?

Wo wäre ich ohne euch?
Danke!

Danke an dich, mein Mann Thomas Bergmann, dass du mich immer zu Bestleistungen herausforderst. Deine kritischen Rückmeldungen bringen mich zu einer tiefgründigen Selbstreflexion. Danke für ein liebevolles Zuhause, in dem wir Raum für Vielfalt schaffen, ohne Tabus, mit Ernsthaftigkeit und zugleich mit Humor.

Danke an dich, mein Sohn Sammy Omollo, dass du meinen Blick auf Dinge radikal veränderst und mich unverschont und zugleich charmant aus meiner Blase holst. Durch dich und mit dir entdeckte ich die ersten Juwelen der Vielfalt in Deutschland. Dein Empathievermögen ist unerreicht. Du lehrst mich zu verzeihen.

Danke an dich, meine Tochter Amora Bergmann für deine Schlagfertigkeit und deine unübertroffene Ironie. Danke, dass du mich nicht verschonst und mich dadurch herausgefordert hast, endlich dieses Buch fertigzuschreiben. Deine Finesse und die Kreation meiner „magischen Bilder" sind mein Schreibelixier.

Danke an dich, mein Sohn Obera Bergmann, für deine aufrichtige und klare Positionierung sowie für deine unverwechselbare Situationskomik, die mir Futter für meine Werke gibt. Deine scharfsinnigen Feststellungen zu meinen Beiträgen sind einmalig. Dein schwarzer Humor bringt Vielfalt ins Leben.

Danke an meine Eltern Dorcas und Fredrick, durch die ich Vielfalt auf einer tieferen Ebenen kennen und schätzen lernen durfte, der eine Erzählung nicht gerecht wird. Danke, dass ich für euch immer der Star und die Brücke war und bin, egal was ich anstellte.

Danke an meine Familie in Kenia und nun überall auf der Welt verteilt für die unvergesslichen Momente als Kind und Jugendliche. Selbst mit leeren Mägen ließen wir uns nicht die Laune verderben. Danke an meine Halbgeschwister, die mit mir die Brücke bauen.

Danke an meine Schwiegereltern Mathilde und Werner für die bedingungslose Aufnahme und Liebe, die mir nach zahlreichen negativen Erlebnissen in Deutschland wieder Hoffnung gaben.

Danke an meine Schwägerin Carmen und ihren Mann Martin sowie ihre Kinder Adriana und Florian für die schönen und unvergesslichen Momente, für eure Ermutigung in meinem Tun sowie für eure großartige Unterstützung.

Danke, liebe Mary, lieber Omondi, Okwany und Osewe für die gemeinsame und doch parallele Reise in fremde Länder, die nun unsere Heimat geworden sind. Durch eure Storys und die aufrichtige Freundschaft darf ich jeden Tag positiv in die Zukunft blicken.

Danke an alle meine ersten Begleitungen, Freunde und Bekannten in Deutschland, dass ihr mein Unwissen, meine Naivität, meine nervenden Fragen verziehen habt und dass ihr mich aufnahmt, wie ich bin. Meinen Dank an unter anderem: Steffi, Regina, Mario, Verena, Nele, Matilda, Davor und Luitgard.

Danke an die großartigen Persönlichkeiten, die wie ich in Kenia geboren wurden und nun hier (in Deutschland, der Schweiz und Österreich) ihre Wege gehen und ihren Erfolg selbst in die Hand genommen haben. Danke, dass ihr die vielen Möglichkeiten seht, trotz der Hindernisse, mit denen ihr nicht gerechnet habt. Unter anderen seien hier besonders Rachel, Eddy, Shatlas, Conny und Billy erwähnt.

Weiters sage ich Danke an das Team des Studienkollegs in Konstanz unter der Leitung von Burkhard Piper (möge seine empathische Seele in Frieden ruhen) wie auch an das Team des Studiengangs BWL an der Fachhochschule Konstanz (jetzt HTWG Konstanz) unter der Leitung von Prof. Dr. Bernd Richter (möge seine wegweisende Seele in Frieden ruhen) und der Begleitung von Elisabeth Reith.

Danke an Alexandra, meine Co-Autorin des Buches „Eigenverantwortung" sowie an Christian, meinen Co-Autor des Buches „Audits mit Gewinn" für euer starkes Vertrauen.

Danke an Janis McDavid für deine klare Botschaft. Danke für die unvergesslichen und bereichernden Sessions. Danke, dass du dich nicht aufhalten lässt und für deine klare Vision, die lautet „Ich will in einer Welt leben, in der Merkmale, die uns unterscheiden, nicht zur Unterscheidung führen."

Danke an mein Team von „Beyond Diversity Stories" – Raffaele, Ruth und Collince. Danke, dass ihr mit mir über die Diversity hinaus geht, dass ihr bereit seid, die andere Seite der Storys zu erforschen und auch die Auswirkungen unserer Botschaften, Programme und Lösungen hinterfragt. Mein Dank gilt ebenfalls jenen, die bereits zu Beginn eine großartige Unterstützung für mich waren, insbesondere an Billy, Raffaele und Andreas von Allmen (möge deine feinfühlige Seele in Frieden ruhen).

Danke an meine LinkedIn-Community für eure treue und grandiose Begleitung und für die Hinterfragung meiner Storys und Posts. Danke, dass wir gemeinsam einen Titel und das Cover für dieses Buches gestaltet haben. Es war eine spannende Reise bis zur endgültigen Entscheidung. Lasst uns weiterhin gemeinsam diese Magie online und offline entdecken.

Danke an dich, liebe Probeleserin, lieber Probeleser für die kritischen Bemerkungen und für dein klares GO, dieses Buch unbedingt zu publizieren.

Danke an dich Thomas Wall und das Sinaveria-Team für die ansteckende Freude am Arbeiten und für die überaus kompetente Begleitung, damit Menschen endlich dieses Buch in den Händen halten.

Zum Schluss danke ich auch dir, liebe Leserin, lieber Leser, von ganzem Herzen, dass du mir vertraust und dass du auch ein Leuchtturm bist, vor allem für diejenigen, die noch nicht so weit sind.

Über die Autorin

Susan Omondi, geboren in Kenia, kam 1997 nach Deutschland, um zu studieren. Mit mehr als achtzehn Jahren Erfahrung in namhaften Unternehmen weiß sie, auf welche Weise Diversität Menschen privat und geschäftlich berührt, ängstigt und teilweise sogar hemmt.

Sie begeistert Menschen und Unternehmen für Digitalisierung, für das Qualitätsmanagement sowie für Ethik und Diversität im Design und in der Technologie als Keynote-Speakerin, Trainerin, Projektleiterin, Auditorin und Moderatorin.

Das Thema Vielfalt und die damit verbundenen Herausforderungen geht sie trotz der Ablehnung, die sie selbst erfahren hat, sehr positiv an. Durch eigene Storys untermauert, begeistert sie Menschen mit tiefgründigen und zugleich humorvollen Beiträgen und Vorträgen. Ihre Fans nennen sie „lebensverändernd". Ihre Art, eine Botschaft zu transportieren, sei „locker, wegweisend und rege zugleich zum Nachdenken" an. Damit nimmt sie Menschen die Angst.

Ihr Leitsatz lautet: „Wenn wir uns aufeinander einlassen, passiert Magie." Sie ist überzeugt, dass Großartiges nur entsteht, wenn wir Menschen in ihrer Einzigartigkeit noch mehr zutrauen.

Ihre Mission ist es, die Magie in den Menschen und in der Vielfalt zu entfesseln, und zwar über die Diversity Storys hinaus.

Ihre Vision: eine Welt zu gestalten, in der unsere Botschaft, Produkte und Lösungen eine verantwortungsvolle Auswirkung auf die Menschen haben.

Susan Omondi lebt mit ihrem Mann und ihren Kindern in Süddeutschland.

www.susan-omondi.de www.linkedin.com/in/susanomondi/

Wenn du das Gefühl hast, dass dir der ein oder andere Weg aus diesem Buch etwas geholfen hat, freue ich mich sehr. Auch würde ich mich sehr über eine Rezension auf Amazon von dir freuen. Unter diesem Link findest Du die Möglichkeit mir eine Rezension zu hinterlassen.

Diesen Code einfach mit dem Handy einscannen und mir eine Rezension schreiben.

Ich freue mich auf dein Feedback!

PS: Auch möglich, wenn du das Buch außerhalb von Amazon gekauft hast.

Wenn du weitere Inspiration zum Thema Vielfalt, Integration oder weitere spannende Geschichten lesen möchtest:

Folge mir auf LinkedIn

https://www.linkedin.com/in/susanomondi/

- *Deine Susan Omondi*

Diese Bücher könnten ebenfalls für dich interessant sein:

Eigenverantwortung: Das Beste was dir passieren kann

von Susan Omondi und Alexandra Lang

Bist du bereit für ein kompromisslos eigenverantwortliches Leben? Bist du bereit, souverän dein Ding zu machen? Ja? Dann ist dieses Buch das richtige für dich. Susan Omondi und Alexandra Lang illustrieren, warum Eigenverantwortung wirklich das Beste ist, das dir im Leben passieren kann. Doch warum nehmen wir unsere großartige Eigenverantwortung, nicht wahr? Warum verlassen wir uns auf die Entscheidungen anderer? Antworten liefert dieses Buch. Eigenverantwortung heißt, sich seine Freiräume zu schaffen. Dazu benötigen wir zum einen Klarheit über unsere Bedürfnisse und Wünsche. Zum anderen ist es essenziell, sie bewusst wahrzunehmen. Erst dann können wir Verantwortung für unsere Entscheidungen, unser Handeln übernehmen. Das sind die ersten Schritte von der Fremdsteuerung, der Opferrolle zum selbstbestimmten Handeln. Anschaulich zeigen die Autorinnen, wie du deine bremsenden Glaubenssätze erkennst und eliminierst. Sie illustrieren, wie du schon durch kleine Veränderungen neue Freiräume schaffst und deinen Einflussbereich privat und beruflich erweiterst. Keine Ausreden mehr! Du entscheidest, du machst dein Ding!

Einscannen und bestellen

Audits mit Gewinn: Qualitätsaudits als wirksames und nützliches Instrument einsetzen

Von Susan Omondi und Christian Braun

Audits werden bislang eher als lästiges, aber notwendiges Übel empfunden. Das Potenzial, das in solch einer Überprüfung mit dem Aufzeigen der Verbesserungsmöglichkeiten steckt, wird weder erkannt, geschweige denn genutzt! Susan Omondi und Christian Braun zeigen, wie dies anders geht. Das Buch hilft, sinnvolle Audits einfach und fokussiert zu planen, objektiv durchzuführen und effizient nachzuarbeiten. Mit praxisbezogenen Hilfsmitteln und Anleitungen für ein erfolgreiches Audit!

Einscannen und bestellen

- Audits als wirksames und erfolgsbringendes Instrument einsetzen
- Mit Audits Unternehmensziele und die strategische Ausrichtung unterstützen
- Hohe Akzeptanz von Audits erreichen
- Mit konkreten Umsetzungstipps und praktischen Hilfsmitteln
- Mit Downloadmaterial

Printed in Poland
by Amazon Fulfillment
Poland Sp. z o.o., Wrocław

29422353R00181